JN139608

中国五代国家論

山崎覚士 著

佛教大学研究叢書

思文閣出版

第二部　天下のそと篇

中国五代国家論

序論　五代政治史研究の成果と課題

第一節　五代史の語られ方

本研究は、中国の五代十国時代における「国家」の諸相を明らかにすることを目標としている。ここにいう「国家」とは、古代中国において「天下」と呼ばれた、皇帝支配にもとづく帝国的相貌を持つ社会統治組織を指している。「天下」に関する議論については第二節で詳しく見ることとし、本論の手始めとして五代という時代が歴史上、如何に語られてきたかを見ておきたい。それには理由がある。五代十国という時代は、今より一一〇〇年前、華北に後梁・後唐・後晉・後漢・後周の五つの王朝と、華南に呉・南唐・前蜀・後蜀・南漢・呉越・楚・閩・荊南・北漢（北漢のみ華北）の一〇の地方国家が、およそ一〇〇年の間に興亡を織り成した時代と規定されている。この五代に対しては、これまでの歴史上〝定まった〟史観が存在しつづけている。しかも五代の研究史上でも意識的にしろ、無意識的にしろ、その史観がインプリンティングされている。五代を研究する上では、この点を必ず確認しておく必要があり、かつ相対化しておかねばならない。歴史家というものが、可能な限り客観的に歴史に向き合うことが求められる限りにおいて、この手続きは不可欠である。

五代に対する評価・史観の代表として、欧陽脩『五代史記』を検討しておこう。いうまでもなく、欧陽脩『五代史記』は五代のあとを受けた宋王朝の文人の私撰史書で、欧陽脩の死後、国子監に収められて正史となった。そののち、金の章宗・泰和七年（一二〇七）には『旧五代史』が放棄され、『五代史記』がもっぱら用いられるようになり、『五代史』といえばこの書を指すまでになる。かつ、五代に対する決定的な視座を最初に提示し、後世に与えた影響は甚大である。欧陽脩の五代に対する評価は、春秋の筆法に倣った『五代史記』の論賛に遺憾なく述べられている。いま、その論賛を拾い出してみると、

五代は乱世なり、其の事は法無く、理に合せざる者多し。
五代、乱世也、其事無法而不合於理者多矣。（巻一〇）

嗚呼、五代の本紀備われり（徐無党注、備は喪乱の事、有らざる所無きを謂う）。……父子骨肉の恩義、幾何ぞ其れ絶えざる。……夫婦の義、幾何ぞ其れ乖らずして禽獣に至らざる。……礼楽刑政、幾何ぞ其れ壊れざる。……中国、幾何ぞ其れ夷狄ならざる。乱世なりと謂うべけんか。

嗚呼、五代本紀備矣。（徐無党注、備謂喪乱之事、無所不有）……父子骨肉之恩義、幾何其不絶矣。……夫婦之義、幾何其不乖而不至於禽獣矣。……礼楽刑政、幾何其不壊矣。……中国、幾何其不夷狄矣。可謂乱世也歟。（巻十二）

唐の衰うるより、干戈飢饉あり、父は其の子を育むを得ず、子は其の親を養うを得ず。其の始まるや、骨肉は相い保つ能わず、蓋し不幸より出で、之れに因りて礼義は日ごとに以て廃れ、恩愛は日ごとに以て薄れ、其の習久しくして遂に以て大いに壊れ、父子の間、自ら相い賊害するに至る。五代の際、其の禍害勝げて道《い》

うべからざるなり。

自唐之衰、干戈飢饉、父不得育其子、子不得養其親。其始也、骨肉不能相保、蓋出于不幸、因之礼義日以廃、恩愛日以薄、其習久而遂以大壊、至於父子之間、自相賊害。五代之際、其禍害不可勝道也。（巻五一）

と見えている。欧陽脩のいうところを要約すれば、五代は衰退した唐王朝のあとを受け、戦争や飢饉が続き、父子や夫婦などといった秩序の根本が壊れてしまい、結果として儀礼や政治が乱れて、夷狄となんら変わらない時代であったのであり、まさに「乱世」であった、ということだろう。それは物事に法則もなく、不合理が渦巻く社会であって、そのわざわいは数え切れないほどであったという。欧陽脩は、五代をこのように世の秩序が廃れ「乱れた世」と見ていた。

ならばこのような「乱」の状態はどこから来るのか。それは巻五一の論賛の冒頭で述べるように「唐の衰退」が起因していた。巻六〇、職方考にはこう述べる。

唐の盛時、天下を名じて十道と為すと雖も、其の勢未だ分かたず。既にして其の衰うるや、軍節度を置き、号して方鎮と為し、鎮の大なる者は州十餘を連ね、小さき者は猶お三四を兼ね、故に其の兵驕れば則ち帥を逐い、帥彊ければ則ち上に叛き、土地は其の世有と為り、干戈起こりて相い侵し、天下の勢、茲より分かつ。……僖・昭より以来、日びに益ます割裂す。梁の初め、天下別れて十一国と為り、南に呉・浙・荊・湖・閩・漢有り、西に岐・蜀有り、北に燕・晉有り、而して朱氏の有する所七十八州以て梁と為す。

唐之盛時、雖名天下為十道、而其勢未分。既其衰也、置軍節度、号為方鎮、鎮之大者連州十餘、小者猶兼三四、故其兵驕則逐帥、帥彊則叛上、土地為其世有、干戈起而相侵、天下之勢、自茲而分。……自僖・昭以来、日益割裂。梁初、天下別為十一国、南有呉・浙・荊・湖・閩・漢、西有岐・蜀、北有燕・晉、而朱氏所有七十八州以為梁。

唐代では天下を十道に分割して統治していたが、これは分裂した状態ではなかった。唐王朝が衰退に向かうと、設置された節度使が互いに戦争を起こし、天下が分裂した状態となった。唐末の僖宗・昭宗のころとなると、より分裂が進み、後梁の時代には天下は十一の国に分離することとなった、とする。唐の衰退に伴う天下の分離状態こそが五代の世相であった。こうした天下の分離・分裂状況は、望まれたものではなかった。続く巻六一、十国世家では、

嗚呼、唐其の政を失いてより、天下時に乗じ、黥髡は盗販し、袞冕は峨巍す。……百年の間、並びに起ちて雄を争い、山川も亦た絶し、風気通ぜず。

嗚呼、自唐失其政、天下乗時、黥髡盗販、袞冕峨巍。……百年之間、並起争雄、山川亦絶、風気不通。

と述べ、群雄が並び立つために、天下の山川は脈絡を絶たれ、風気が滞ってしまう世とされるのである。

総合すれば、唐の衰退を受け天下は分離し、戦争が絶えず飢饉も人民を苦しめ、秩序が乱れた世、それが五代というのである。秩序の不条理を「乱」、天下の分裂した状態を「離」と仮に規定すれば、「離」の状態が「乱」を生み出すという構図が欧陽脩の頭にはある。無論、「離」（天下の分裂）が生まれるには「乱」（政治の失敗）の状態が唐末に引き起こっているのであるから、その実、両者は相互転用してともに根拠となるという論理の超越性を含有しているともいえるだろう。

とにかく、五代を終息させた宋王朝の官僚たる欧陽脩は、五代をかくのごとく「乱離」(1)と見ていた。宋が天下分離の五代を統一したことの正当性にもとづき、社会を秩序崩壊から救済したと暗黙に宣言しているのである。それは天下とは分離・分裂されてはならず、その統一の下で秩序が保たれるとする理解の表れであった。

これは欧陽脩に限った事ではない。同じ宋の司馬光は『資治通鑑』巻二九一の馮道死する条に欧陽脩の所論を付したのち、自身の記述を加えて、

臣光曰く、天地は位を設け、聖人は之れに則り、以て礼を制して法を立て、内に夫婦有り、外に君臣有り。婦の夫に従えば、終身改めず、臣の君に事うれば、死有れども貳無し。此れ人道の大倫なり。苟も或いは之れを廃せば、乱焉れより大なるなし。

臣光曰、天地設位、聖人則之、以制礼立法、内有夫婦、外有君臣。婦之従夫、終身不改、臣之事君、有死無貳。此人道之大倫也。苟或廃之、乱莫大焉。

と述べる。五朝・八姓に仕えた馮道に対する評価を下すくだりでの言葉であるが、五代を人道の大倫の廃れた乱世と見ていることは間違いない。このような評価は、宋代を代表するものといえよう。

この『資治通鑑』から自身の史観を展開するのは、明末清代初の学者王夫之である。彼もやはり「乱離」の構図を受け、論を展開する。いま欧陽脩・司馬光の議論と関連する箇所を抜粋すると、

君臣・父子は、人の大倫なり。世衰え道喪ぶるの日、君臣無くして猶お父子有る者有れども、未だ父子無くして君臣有るを得る者有らざるなり。朱温より以て柴氏に至るまで、七姓十五人、中土に拠りて帝を称し、天下後世因りて之れを帝とす。乃ち当時の臣民は、固より心を傾けて之れを奉じ以て君と為さず、其の威に劫え而して姑く之れを号して天子と曰う。君臣の倫、此に至りて滅裂すること尽し。尤も憫うべきは、其の父子を併せて之れを乱し、漫りに一人を取りて之れを子とし、遂に之れを子と謂い、漫りに一鬼を推して之れを祖考とし、遂に之れを祖考と謂う。是において神は上に怒り、人は下に迷い、父子の恩、名を以て相い假り、利を以て相い蒙り、其れ禽獣の聚散と奚にか別たん。是の如くして猶お天下の君臣有らんと望むるは、

必ず得べからざるの数なり。

君臣・父子、人之大倫也。世衰道喪之日、有無君臣而猶有父子者、未有無父子而得有君臣者也。自朱温以至柴氏、七姓十五人、拠中土而称帝、天下後世因而帝之。乃当時之臣民、固不傾心奉之以為君、劫於其威而姑号之曰天子。君臣之倫、至此而滅裂尽矣。尤可憫者、併其父子而乱之、漫取一人而子之、遂謂之子、漫推一鬼而祖考之、遂謂之祖考。於是神怒於上、人迷於下、父子之恩、以名相假、以利相蒙、其与禽獣之聚散也奚別。如是而猶望天下之有君臣也、必不可得之数矣。(『読通鑑論』巻二八、五代上)

と述べる。この箇所は、唐末五代に見られた、節度使とその配下間の假父子関係を非難するくだりだが、人間《じんかん》の大きな道筋である父子関係・君臣関係が崩れさっていたことを述べ、五代の混乱を招いていたことを示唆している。

そもそもにおいて、王夫之は五代を五代と呼ぶことに賛成しない。

五代と称するは、宋人の辞なり。夫れ何ぞ以て代と称するに足らんや。代は、相い承けて相い易わるの謂いなり。統は相い承け、道は相い継ぎ、制を創め庸を顕わし相い易わる、故に湯・武革命し、天下を統一し、其の礼に因りて之れを損益す、之れを三代と謂う。朱温・李存勗・石敬瑭・劉知遠・郭威の瑣瑣、窃かに唐の京邑に拠る、而るに遂に之れを代と謂わんや。……故に温一たび唐を簒し、存勗一たび温を滅し、而るに淫虐猥賤にして、復たは生人の理有らず、臣民を迫脅し、止だ其の無厭の求を供し、制度設施は、唐末の稗政に因り、益すに藩鎮の狂為を以てす。則ち劉守光・孟知祥・劉龑・王延政・馬希萼・董昌と志は相い若《おな》じきなり、悪は相い均しきなり、紜紜たる者皆な帝なり皆な王なり、而らば何ぞ五人を取りて、之れを私して以て代と称せんや。初めに天下に君たるの志無く、天下も亦た之れに君たるの心無く、燎原の火、旋《たちま》ち起こりて旋ち灰す、代なりと云わんや。

称五代者、宋人之辞也。夫何足以称代哉。代者、相承而相易之謂。統相承、道相継、創制顕庸相易、故湯・武革命、統一天下、因其礼而損益之、謂之三代。朱温・李存勗・石敬瑭・劉知遠・郭威之瑣瑣、窃拠唐之京邑、而遂謂之代乎。……故温一簒唐、存勗一滅温、而淫虐猥賤、不復有生人之理、迫脅臣民、止供其無厭之求、制度設施、因唐末之稗政、而益以藩鎮之狂為。則与劉守光・孟知祥・劉龑・王延政・馬希萼・董昌志相若也、悪相均也、紜紜者皆帝皆王、而何取於五人、私之以称代邪。初無君天下之志、天下亦無君之之心、燎原之火、旋起旋灰、代也云乎哉。（巻二八、五代上）

やや長い引用となった。「代」というのは、正統・道理を受け継ぎ、創成することをいうのであって、五代の中原の主のようなちっぽけな存在がこっそりと長安・洛陽を占拠しているに過ぎないのに、どうして代といえようか。朱温や李存勗も猥雑かつ残虐で、人を生かす道理もはや無く、人民を脅迫して、飽くことない欲望を振りかざし、設けた制度は唐末の疲弊した政治に寄りかかり、藩鎮の悪弊を加えただけである。中原の主は他の跋扈した群雄となんら変わらず、天下を治める志もなく、天下も彼らを君たらしめず、野辺の火が燃えては消えるような世を代といえようか、と評価するのである。

王夫之のこのような評価の根底にもやはり、「離」の論理が働いている。『読通鑑論』巻末の叙論には、統とは「合して之れを併せるの謂いなり、因りて之れに続くの謂いなり」と規定し、歴代を統の有無、合不合・続不続で説く。このうち五代については、

唐亡び、而して汴・晉・江南・呉越・蜀・粵・楚・閩・荊南・河東、各帝は制して以て自ら崇ぶ。其の土を土とし、其の民を民とし、或いは迹《たず》ねて臣属を示すに而るに終に相い維繋せず、統ぶる所無きなり。……五

代離して、宋乃ち之れを合す（傍点引用者）。

唐亡、而汴・晉・江南・呉越・蜀・粵・楚・閩・荊南・河東、各帝制以自崇。土其土、民其民、或迹示臣属而終不相維繫也、無所統也。……五代離而宋乃合之。

といい、五代の分離状況は決して統と呼べるものではなく、「合」の状態は宋を待たねばならないとする。先に見た秩序崩壊の乱と、天下分裂の離は、宋代から明清にまで及ぶ中国知識人の忌避すべき世の中であり、それは統一され秩序の保たれた天下こそ、望まれた世の中であったと考えているのである。

このような、天下は統一されるべきであり、そうでなければならないという思想は頑固で、分離・分裂の世を認めず、加えて世の道理・秩序までも壊れた世と規定してしまう。故に、「離」の時代の国家構造までも否定し、かつ見えなくなってしまっているのである。しかし、われわれはこうした中国知識人の束縛ともいえる思想・史観から自由であるし、自由でなければならない。「離」ならば、それを無秩序・不条理の国家状態と理解するのではなく、そこに働く構造を見抜かなくてはならない。王夫之が活論した合離の中国を理解するためには、統一体としての天下国家を究明するのみでは不十分であり、分離体としての天下国家も考究しなければならないのである。では、従来の研究はこの桎梏から自由を得てなされてきただろうか。次節にこれまでの研究を振り返ってみよう。

第二節　五代十国政治史研究の成果

五代十国という時代は、歴史上においてもまた研究史上においても、中国史の中で異彩を放っている。中国史において天下分裂の時代は、三国時代や南北朝のようにしばしば見られるが、唐から宋へかけての一〇〇年弱の分裂期を最後に、以後天下中国に種々の国家が中長期、並存する状況は生まれなかった。天下分裂の最後の時代として五代十国は特異であろう。また研究史上においても、いわゆる唐宋変革の過渡期にあたることから、その文脈の中で五代十国が論ぜられることが多い。以下、五代十国政治史の研究状況を概観しておきたい(2)。

現在の日本の五代十国史研究の基礎を築いたのはやはり日野開三郎氏であろう。氏の研究は戦前より進められ、安史の乱以後の唐後半期から五代、さらに宋代にかけてさまざまな分野にわたる基礎的研究を積み重ねられており、現在にいたるまでその厚みと重みは失われていない。ここでその膨大な成果の一々を挙げる労力はないので、各論については各章で見ることとして、五代に限り氏の見解を記すに止めておこう(3)。氏は唐後半期から跋扈した藩鎮の消長を捉え、その滅亡期を五代に求める。五代中央政権は地方に飛揚跋扈する軍閥（＝藩鎮）を抑制する政策を取り、地方分権的であった五代が宋代にかけて中央集権化するさまを跡付けた。氏の図式としては、中央対地方（藩鎮）の対立史として唐五代宋を論じ、やがて中央が地方を取り込み、宋代の強固な中央集権政府を用意するとされる。五代の混乱は、こうした諸制度の過渡的性格にあり、また制度の過渡的混乱も当時の目覚しい経済発展に求められる。五代は社会の過渡期であり、故に混乱期であると定立された氏の見解は、当時の史料を博覧された結果として導き出されたものであり、以後の研究動向に大きな影響を与えたことは否定できない。

唐から五代、宋にかけての広義における社会の変動・過渡性はいわゆる唐宋変革の根本に据えられ、戦後五代十国史研究はその跡付けに専念したといって過言ではない。内藤湖南氏(4)によって提言されたこの変革は社会経済・政治制度・芸術文化など多方面にわたるものであるが、五代十国史の研究の中では特に五代宋に生起した新興地主階級の問題と、唐末五代の武人政治から宋代の文治主義の移行問題が主として論じられてきた。日野氏自身は唐宋変革の語を用いることを善しとしなかったが、藩鎮の消長と中央集権政府の誕生を論じているから、同じ脈絡の中でとらえることができるだろう。こうして戦後の五代十国史研究は、その実証に迫われることになる。

五代諸王朝の支配体制の変革過程については一九五〇〜六〇年代にかけて菊池英夫氏、堀敏一氏、西川正夫氏、室永芳三氏などが代表として挙げられる。菊池氏は中央禁軍の発達を[5]、堀氏は藩鎮権力内構造の過渡性を[6]、西川氏は文臣官僚の成長過程を[7]、室永氏は裁判機構・財政機構の中央集権化を論及された[8]。その他さまざまな事象にわたり、中央集権化・武から文への流れを確認する研究が鋭意なされ続けた。

中原王朝のみに限らず、江南諸国においても西川正夫氏、渡辺道夫氏、七〇年代には清木場東氏、八〇年代には鳥谷弘昭氏などの研究が同じ主題のもとでなされている。西川氏[9]は呉・南唐下において兵力の中央集中政策が行われた結果、節度使・刺史体制が弱体化し、武臣に代わって文臣が国制の担い手となることを明らかにされた。渡辺氏[10]の研究は呉越国においてその変化を見る。清木場氏[11]は呉・南唐における地方長官の権限狭小化による中央の行政施行の徹底化を論じ、中原に先んじた官僚制国家を形成したとする。鳥谷氏[12]は呉朝における文人官僚の動態と南唐における文人官僚の素養などを問題とされる。

やがて中央集権化、文治主義への移行に対する研究が成果を挙げ一到達点に達すると、七〇・八〇年代からは特に江南諸国の独自性に着目した研究が見られるようになる。そこには全体史に包括されえない地方史の独自性を歴史の主題にすえる動向が現れ始めていた[13]。十国の地域性に注目した論文としては佐竹靖彦氏[14]、伊藤宏明氏[15]、岡田宏二氏[16]などのものがある。

また唐後半期より生起した藩鎮を中央との対抗勢力としてではなく、当時の唐王朝支配体制のひとつとして積極的に評価する向きも出てきている。これは八〇・九〇年代の特色であり、辻正博氏[17]、中砂明徳氏[18]、鄭炳俊氏[19]、渡辺孝氏[20]、松浦典弘氏[21]などの研究が挙げられるが、やはり五代を混乱史として見る向きがある。

こうして五代十国史研究は、政治史の分野において特に五代諸王朝と江南諸国とに分離されて述べられるようになり、現在にいたっている。

中国大陸における五代十国政治史の研究状況は、隋唐の状況に比べ薄弱であり、一九八〇年代後半になりようやく重視されるようになってきた(22)。それまでには、やはり日本の状況と同じく唐朝の崩壊した天下混乱期と見る研究が多く、概ね唐朝の終焉期に当てるものが多い。韓国磐氏(23)、呂思勉氏(24)、王仲犖氏(25)などの論著がそうである。そして一九八〇年代からの政治史研究の主題としては枢密使、禁軍関連が多く論及されている。また江南諸国興亡に関するものも増えているのが特徴である。その点、日本の研究動向とやや軌跡を同じくするといえる。こうした研究動向の一成果として鄭学檬氏の研究を挙げることができる(26)。五代十国史を積極的に一時代史として総合的に取り上げた点が評価される。五代と十国における枢密使、翰林・端明殿学士などの政治制度や禁軍などの軍事制度、田畝や両税、専売などの経済制度、さらには当時の文化にまでわたり論及される。しかし五代を混乱と見る研究の方向性は日本の場合とほぼ符合しているといってよいだろう。

欧文の研究は非常に少ないのが現状である。五代の政治史を専論とした著作として、東南アジア華僑史研究で有名な Wang GungWu（王賡武）氏 *The Structure of Power in North China during the Five Dynasties*(27)（『五代華北の権力構造』）を挙げうるのみである。氏は唐末五代（八八三年黄巣の乱から九四七年後漢朝初期まで）を、中央権力と地方（道）との関係を基礎に三つに時期区分する。安史の乱より衰微した中央権力の成長期としての八八三年から九〇七年、後梁朝から後唐朝にかけて地方に対する統制権確立期としての九〇七年から九二六年、地方の衰退と新たな政治機構の出現期としての九二六年から九四七年である。Wang 氏の研究は、主として軍事（節度使）権力構造の中央集権を取り上げての時期区分であるが、唐宋間の政治権力の変革を節度使権力の解消に求めるのではなく、節度使の制度的基礎を積極的に再編成した結果に求める。氏の見解は今後唐宋間の中央集権化問題を考える上で、従来では藩鎮削除政策＝中央集権化[28]として語られてきた見解に対し新たな地平を開くと思われる。

現在手詰まり観のある五代十国政治史研究の現況は以上の如きである。五代という時代を混乱・過渡期としてとらえ、その歴史的具体像を探求する研究が一段落すると、地方史に目が向けられた結果、まさに五代さながらの研究上の分裂期、はたまた終焉期を迎えているとも思われる。

しかし、それでは五代という時代の本質を見逃してはいまいか。一〇〇年弱の間、華北の五代諸王朝と江南諸国との安定した関係が続いていたことの原因は何か。天下を支配した唐が倒壊し、あいだに五代を挟みながら、また宋が一部契丹に奪取されながらも天下を一統できたのはなぜだろうか。それらの問いに答えるためには、混乱・過渡期の眼差しでは決して見えてこないだろう。第一節で見たように、五代「乱離」をアプリオリに前提とするのではなく、その価値観を廃して捕捉しなければならない。この問いの根幹には、天下統一期でない中国での「国家」構造への視座が据えられている。つまりその分裂時代に通底する「国家」構造を見据えなければならない。

従来「国家」構造の研究といえば、主として秦漢や隋唐、明清帝国という天下一統時代を扱ってきた。そこには前近代中国の帝国あるいは国家の一完成期として研究の主題とすることを当然視する向きがある。確かにその視点は妥当性を持つものであるが、統一時代と統一時代との間に介在する分裂時代の「国家」構造を等閑視してよいものではない。王夫之のいう一合一離を繰り返す中国史の連続性への理解を進めるためにも、つまり分裂から統一をもたらす原因を探求するためにも、中国分裂期の「国家」構造研究は重要であろう[29]。

その意味では、従来の五代十国史研究上に「国家」構造の研究がなかったといってよい。先の各氏や、志賀義雄氏[30]、周藤吉之氏[31]、栗原益男氏[32]などの国家支配体制の研究はなされていても、天下統一を担保する「国家」の空間的構造の研究は皆無であった。「国家」の空間的要素という視座に立ち五代を俯瞰すると、中原王朝と江南諸国とが全く分離しておらず、そこには一定の「秩序」が働いていることが見て取れる。その「秩序」の働きによって緩やかに両者は結合し、中国大陸を埋め尽くしている。故にこの「国家」空間構造の解明にこそ、現在停滞しつつある五代十国史研究の突破口を見出しうると考える。

政治社会における空間構成の問題は近年取り上げられつつあり、妹尾達彦氏、斎藤道子氏などの研究が挙げられる。妹尾氏[33]は唐代首都である長安の都市空間の問題や、また中国大陸を外中国と八地域よりなる内中国とに分け、その空間構成に応じた首都の移転問題を取り上げられた。斎藤氏[34]は春秋時代の諸侯の住む邑＝「国」内には固有の意味と時間とをもった空間が種々存在していたとし、「国」空間の構造を問題とされる。

帝国・「国家」という政治社会の場合ではすでに栗原朋信氏、松井嘉徳氏、李開元氏などの研究がある。栗原氏[35]は漢帝国が徳礼法の三条件にもとづく内臣の地域・外臣の地域・朝貢国の地域によって構成されるとした。松井氏[36]は周王朝を王都・内服の地（畿内）・外服の地（諸侯）に分け構造的に支配空間をとらえる。李氏[37]は漢帝国が侯国・王国・王朝・帝国の四つの部分からなる国家連合体であり、うち侯国・王国は王朝の政治勢力が及び、そうして帝国が形成されると説く。いずれも帝国あるいは「国家」の構造を考える上で興味深いが周代や漢代に限られている。また唐代では「国家」の空間構成の一端にかかる冊封体制論を述べた西嶋定生氏[38]、あるいは金子修一氏[39]などが挙げられるが、いずれも中国と外夷の関係性のみ扱い、その中国内の構成については触れられていない。そこで帝国・「国家」の空間構成の問題を論じる必要を覚えるのである。

前近代中国における「国家」的空間は「天下」と呼ばれた。以下節を改め、天下を含めた「国家」の空間的要素の研究を見て、五代の「国家」構造を解明する糸口を探りたい。

第三節　五代十国史研究の課題――天下論を参考に――

「天下」の意味する説として大きく二つに分けることができる。いわゆる果てない〝世界〟を指すとする説と、より現実的限定的な領域、つまり九州であるとする説である。

天下＝世界説としてはまず平岡武夫氏の説がある。(40) 氏によれば「天」（括弧引用者）の観念とは、王朝興亡を貫く原理として、過去より未来にわたりすべての歴史を貫くものとして周の人々に認識されたものであった。そして殷周革命を連続してとらえようとする周の人々の認識では、その「天」には初めから超氏族的観念が統合されていたとする。また「天」はすべての王朝、すべての王を越えた合理的な理法であって、王者のための「天」ではなく、民の存在によって根拠づけられる。このような観念を平岡氏は天下的世界観と名付けた。平岡氏の天下とは超氏族的・超国家的であり、無限の広がりを持つものとして描かれる。

同じ見解として堀敏一氏(41)の研究がある。堀氏によれば、天下観念には中国のみを指す場合と、夷狄とを含む広い世界を指す場合との両義があるが、公羊学者による天下一統の思想により、中国のみならず夷狄をも統治せんとする観念が生まれ、天下は天子によって支配される、異民族を含む広範な世界を指すものとなる。堀氏の天下＝世界説は、中国外延の異民族を含むものとして天下を想定される。

一方、天下を中国大陸に限定する天下＝九州説をとなえるのは山田統氏、安部健夫氏、渡辺信一郎氏である。山田氏(42)は天下とは万国の国家ある国際同一共通政治圏であり、天下の外は常に四海が考えられ、封鎖的有極限界的観念であると規定した。四海は夷狄戎蛮が居住し、日月照臨せぬところである。天子の居る所＝中国と、同一交通圏＝諸夏とが天下であって、四海はその外延にあると観念された。山田氏が天下をいわゆる国家の概念に据えず、諸国家の集合的統合的観念、国家の上位概念としている点は重要である。

安部氏[43]も天下を限定的に把握する。天下は唯一の強力な主権によって統治された領土と人民とを包括する領域であり、まさしく「国民国家」であったとする。氏は欧米からの「中国に国家、国民観念は過去存在しなかった」とする見解に対抗するために天下を国家として認識するよう力説されるが、そのあまり国民国家概念に束縛されている。その点に関し堀氏の批判がある。安部氏の場合、山田氏のように国家の上位概念として天下を想定しえなかった点に限界があるように思われる。

渡辺信一郎氏[44]は天下無限説と有限説を止揚しつつも、山田氏、安部氏の説を受け天下を極めて現実的に捕捉する。本研究とも深くかかわるので少し詳しく見ておこう。その著書『中国古代の王権と天下秩序』は、紀元前後の前漢・後漢交替期を中核とするほぼ一〇〇年間に、皇帝権力の正統的イデオロギーである儒学にもとづく国土観念や諸儀礼・諸祭祀および国家諸制度が体系的に整備され、中国における古典的国制として、その後の中国古代国家の成り立ちに根底的な影響を与えたことを論じたものだが、本研究と主に関係するのは第一章と第二章である。「第一章　天下のイデオロギー構造――唐代中国と日本律令制国家との比較を中心に――」では、唐代中国の天下を取り上げ、天下を以下のように規定する。唐代天下とは、現実に共有される法令にもとづき、王朝の統治機構と戸籍・地図の編成によって実効的に支配される領域で、戸籍に登記された個人・戸・郷・県・州・道の集積として現れる中国＝禹跡をさす。禹跡＝九州の観念領域を中核として州県―編戸百姓支配を実体とする天下は、天可汗となった太宗期に夷狄をも含むものとして膨張するが、原則的には唐王朝皇帝が専制的に支配する確定された実効支配領域であった。こうした天下を支配空間とする天子は、自治能力のない生民を統治するために天より委任される存在であり、天子によりなされる天下統治は「公」的・均一的になされるべき（生民論）でありながら、天子・皇帝権力は一家の独占という専制主義であるという矛盾を内包するものであったとする。

「第二章　天下の領域構造――戦国秦漢期を中心に――」は、そうした天下が経学上どのように観念され来たったかを論じる。簡単にいえばそれは方三千里説から、方五千里説、そして方万里説へと拡大していくものとなる。『礼記』王制篇にもとづく方三千里の九州＝中国説は、戦国中期の天下観を反映していた。また『尚書』禹貢篇に対して経今文学は、その九州説と五服説とを接合して方五千里と解釈する。それは戦国後期から漢代にかけての認識である。そして経古文学の代表的経典とされた『周礼』では方万里説が展開され、しかも四海が領域化され夷狄を構造的に包摂されるにいたった。そしてこの説が前漢後期以降に成立するものとする。そしてこの説を受け、『尚書』禹貢篇に対して経古文学派は両書の整合性を図るため、経今文学の方五千里説を増し広げて方万里の解釈を作り上げたとする。

これら三つの天下に対する基本認識は、九州＝中国の単一政治社会ととらえる経今文学系と、中国に夷狄を含んだ複合的政治社会ととらえる経古文学系とに二分することができる。天下に対するこの二つの解釈は、専制国家の実効支配の実態（単一政治社会と複合的政治社会）に即応するものであるが、その決定的側面は単一政治社会的相貌（天下＝中国＝九州）にあるとする。それは皇帝支配のもつ性格に起因する。皇帝の行う天下支配は戸籍を通じた限定的な実効的支配を根幹とするが、その徳による支配（徳治）の無限の拡大可能性を否定しない。しかしながら徳治というイデオロギー支配は、その及ぶ夷狄の主体的・政治的条件によって左右される不安定なものであるから支配とはいえず、結局実効的支配にもとづく単一政治社会に回帰するとする。そしてこうした政治社会を天下型国家と規定した。

天下をめぐる以上の議論は、その領域性の問題が主として論じられている。天下が無限か有限かの意見の相違は、極端にいえば天下を理念的観念的にとらえるか、あるいは実際の政治世界におけるものととらえるかにあると思われる。しかし天下には当然その両義を含み、またそれこそ理念と実体が相互作用して歴史上に現出するのであるから、渡辺説のような決着を迎えるのも当然といえる。しかしここで取り上げたいのは、天下という領域の空間構成の問題である。諸氏が取り上げているように、理念的に天下には五服あるいは九服が構造的に想定され、その総体として天下が構成されている。それに対し例えば渡辺氏の場合、実社会において天下は州県の集合体としてある。つまり理念的には天下は構造体として想定されるのに、実体的には州県という小領域の集合であって、理念と実体が整合していない観があるように思われる。天下に先の両義性が認められる以上、その土壌に立って論じる必要があろう。より具体的にいえば、政治社会としての天下の空間構成およびそれを成り立たせる秩序そのものを捕捉するべきであって、そうして初めて、山田氏が説いた国家の上位概念としての天下を歴史上に描写できる。

安部・山田・渡辺氏の定義である、天下を有限領域であり九州＝中国とする説に対して基本的に賛成する。五代においても天下のさす領域は基本的に九州であり、唐代天下とブレはさしてない。渡辺氏も天下の領域を論じる際に利用した地図に関連して述べれば、後唐明宗の長興三年（九三二）四月にそれまでの十道図を新定する。従来の十道図では京師のある関内道が各道の中で第一の地とされていたが、後唐明宗期には宮闕・宗廟が洛陽城に置かれていたため、その所属する河内道を第一とし、関内道を第二、河東道を第三、河北道を第四、剣南道を第五、江南道を第六、淮南道を第七、山南道を第八、隴右道を第九、嶺南道を第十とするよう決められた。また鳳翔・河中・成都・江陵・興元・興唐・真定を七府とし、陝・霊・幽・揚・潞・徐・越・杭・福・潭州を大都督額と規定した[45]。旧来の十道図を当時の政治状況にかんがみて改変された長興十道図は、中原王朝の実効支配が及ばない地域も含みこむものであり、その指し示す領域は『禹貢』九州に該当する。従来の十道図とはおそらく李吉甫撰『元和郡県図志』に付された十道図一〇巻であろうと思われ、またそれに先立って長安四年十道図、開元三年十道図が唐の歴朝でつくられたが、この十道とは貞観元年二月に天下を十道に分立したことにもとづくものであることは自明である。長興十道図は明らかに天下を意識して改定されていた。五代歴代王朝が発令する詔勅に現れる「応天下見禁罪人」「天下州府」「応天下節度使・刺史下賓席郡職及将校等」などの語を見ても、天子の発令する詔勅は天下に布告されるものとして現れている。しかしそれは実態を伴わないイデオロギー領域でしかない。

故に問題は複雑である。渡辺氏がいうように、唐代天下は州県—編戸百姓支配にもとづく実効支配領域をさすものであり、徳治イデオロギーの及ぶ領域でもあった。五代の天下はそうではなかった。実効支配の及ぶ範囲はより極限されている。それは実行支配領域とイデオロギー支配領域としての天下が相違する時期である。ゆえに欧陽脩も王夫之も五代を「離」して「乱」した時代と規定した。が、この時期の天下を理解するためには、欧陽脩や王夫之、それに渡辺氏の所論に新たに別の観点を用意せねばならない。それは、奇しくも欧陽脩の天下論が参考となる。

先にも引いた『五代史記』職方考の中で欧陽脩は、天下が中原王朝の支配する「中国」とそれ以外の「十国」（あるいは外属とも）で構成されていたと考えている。

梁の初め、天下別れて十一国と為り、南に呉・浙・荊・湖・閩・漢有り、西に岐・蜀有り、北に燕・晉有り、而して朱氏の有する所七十八州以て梁と為す。……一百一十八州を合して以て周と為す。宋興りて之れに因る。此れ中国の大略なり。其の餘の外属は、彊弱相い幷せ、其の得失を常にせず。周末に至り、閩已に先に亡び、在る者七国なり。

梁初、天下別為十一国、南有呉・浙・荊・湖・閩・漢、西有岐・蜀、北有燕・晉、而朱氏所有七十八州以為梁。……合一百一十八州以為周。宋興因之。此中国之大略也。其餘外属者、彊弱相幷、不常其得失。至於周末、閩已先亡、而在者七国。

つまりいくつかに分離分裂しながらも、天下というものは「中国」を中心として、その外属が存立する時代と欧陽脩は見ていた。それは時代もへだたって、五代「中国」も群雄となんら変わることないと見なした王夫之とは異なり、五代の「中国」より正統を受け継いだ宋王朝の官僚として「中国」を認めざるをえなかったからであろう。五代天下の理解のためには、欧陽脩の五代天下の理解を参考にして、イデオロギー支配領域としての天下と、その天下の中心に位置する「中国」および外属とされた「十国」の関係性を解き明かす必要がある。そのためには、そもそもにおいて「中国」とはいかなる領域で、どのように構成されるのか、そしてその「中国」は外属と呼ばれた諸国といかなる関係を持ち続けていたのかを究明せねばならない。その結果として、五代という時代が単なる「乱離」の世として消極的に認識されるのではなく、分離しながらもある一定の「秩序」下にあって、天下がイデオロギッシュに保全される時代であり、ある積極性をもって前近代中国国家（帝国）史の中に位置づけがなされるようになるだろう。

以上のように、五代の「中国」と諸国とにおいて、天下という一定の「秩序」下のもとに緩やかな統合の存在を予見し本研究で論じられるわけだが、実はそれでも五代という世相を理解するためには一面的である。逆説的な言い回しとなるが、分離の形勢の中に統合の諸相を見ようとする一方で、それでも分離の形勢をとらえねばならない。五代の中に統合性を見たからといって、天下分離の状況を見逃すわけにはいかないのである。そして、目を諸国に移した場合、緩やかでも統合の契機をもつ天下イデオロギーに包摂されながら、かつはみ出して独自の「国家」・帝国を目指し、分離の形勢をつくった地方国家も存在するのである。そのうち、もっともヴィヴィッドに歴史上登場するのが、呉越国であった。呉越国は、黄土大陸をその領域の根本とする「天下秩序」に包摂され、かつその形成維持に深くかかわりつつも、当時の海域へと覇権を伸べていた。それは「天下秩序」の外皮からはみ出るものでもある。このような呉越国の活動は、イデオロギーとしての天下が保全されながら、諸国が分立し、かつその諸国のうち呉越国が独自の「国家秩序」を模索するものであり、五代という歴史像の鮮やかな特徴を示すといえるだろう。よって、天下の外縁で天下を越えて活動する地方国家の誕生する要件とそのありさまも加えて論じ、五代という時代像を再構築しなければならないのである。極言すれば、天下のうちとそとにおける、「中国」と諸国の統合と分離がない交ぜとなり、共存・競合しあうものとして五代史を再構成することこそが、本研究の目論見である。

第四節　本書の構成

本研究の鍵となる用語について説明しておきたい。本研究全体において「秩序」という語は五代の「国家」を論ずる上での鍵概念として設定されている。そこにいう「秩序」とは、いわゆる国家が自国を中心に含め、かつ外世界に及ぶ政治的秩序構造体という意味であり、それは秩序内を構成する諸要素（自国を構成する領域や自国という領域、および外世界などの諸領域）を上下立てると同時に、空間的にも特別の意味を持たせて諸要素を布置する体制を指す。つまり「秩序」とは単なる上下関係を元に展開される条理ではなく、いわばモザイク画のように各要素が独自の意味を持ち空間に敷き詰められることによって一つの絵を構成するような、空間的性格をも併せ持つものである。しかし一方では、「秩序」を形成する国家にとって構成要素となる外部からも、その「秩序」形成に際して積極・消極に参画を果たすのであり、その結果として双方の向き合う磁場として生成される超国家的政治秩序と規定したい。前近代中国国家で普遍的に用いられてきた一例を挙げると、いわゆる中華秩序とは中華と外夷とを上下立てる構造をいうが、と同時に外夷に対し東夷・西戎・南蛮・北狄というように四方に区別して名称を与え、東西南北に配置する構造をも持つ。さらに外夷は貢献など政治的従属関係を創出する政治行為を通じて、帝国的相貌を持つ中華秩序形成に〝一役〟を買うのである。ただ、こうした外部が行う「秩序」への参画が自主的であるか・強制的であるかという中心的政治権力への参加の主体性を問題とすることを、本書では行わない。(46)

この「秩序」のイメージは「帝国」秩序の概念に近い。しかし「帝国」概念は近日にいたって幾種の意味合いを持つようになった。一つは従来から存在する、ローマ帝国・中華帝国・ムガル帝国などのような、前近代における専制君主による中央集権的独裁体制を表す語である。また「帝国」は、その境界において支配権力がグラデーションするに随い不明確になるという境域を領有する。ただこの場合の「帝国」もそれぞれの文明文化が悠久の歴史の中で生成してきた歴史的素地の中より生み出されてきたものであるから、一括して諸文明の国家形態を「帝国」と呼称することに疑義がないでもない。二つ目は、近代における植民地主義を根とする「帝国主義」である。資本の投下地として国民国家がアジア・アフリカ諸地域を植民地支配するという、資本主義下における従属関係を含むものとして「帝国」という語は用いられる。しかし近年では、こうした近代「帝国」は、国民国家を礎に、その自己保存・発展のために不断の市場拡張を行い、結果的に広域的多民族統治・遠隔支配を行う統治形態であると認識されるにいたっている[47]。近代帝国は国民国家を出発点とする関係上、前近代帝国とは性格を異にする。最後には、近日になり喧伝される、国民国家崩壊後の新たな人類社会の統治組織としての「帝国」である。ネグリ、ハート共著『帝国』[48]で開陳される概念であり、そこでは国際共通法体系を遵守し、中心国を持たない超国家的な組織体の〝世界〟として「帝国」は語られる。「〈帝国〉とは脱中心的で脱領土的な支配装置なのであり、これは、そのたえず拡大しつづける開かれた境界の内部に、グローバルな領域全体を漸進的に組み込んでいく」とする。また山下範久氏は「近世帝国」という用語により、近代世界システムを生み出す諸文明の共通する「世界」観を導き出そうとしている[49]。山下氏の「帝国」は理念的な空間秩序の共有範囲と定義され、氏の理論上の概念として用いられている。このような議論に共通するのは、「帝国」に実際上の中心権力による領域支配システムとしての意味を持たせず「世界」としての意味合いを持たせようとしている姿勢である。

またこのようなさまざまな意味に用いられる帝国を前近代・近代含めてある共通した概念規定を設け、そこからさまざまに類型しようとする試みもなされている。山本有造氏[50]は帝国を通時的概念として規定し、「帝国は多民族的な政治共同体であり、その内部は（多くの場合）エスノ・ナショナルな相違をもとに複数の領域（法域・行政域）に分割され、それらの間に階層的な秩序が形成されている」とする。また同書で杉山正明氏は、帝国の概念を「複数の共同体・部族・社会・地域・権力・政権・国家などをこえて、その上に立つ統合的な権力、およびそれが中核となってつくられる関係・勢力圏・秩序」であり、「なんらかの中央機能は存在」しながら「重層的かつ多元的な下位単位をそれなりに広がりにもつ広域結合」であるとし、歴史上の諸国家・諸勢力を類型化する[51]。ここでは帝国の意味するところを、いってしまえば最大限に引き伸ばして歴史上の帝国を補足しようとする態度であり、歴史上に存在した諸国家・諸勢力をいわば比較可能な俎上に載せようとする試みである。あらゆる国家・諸勢力を帝国範疇に加える姿勢に危うさを感じるが、このような試みに答えるためにも、五代における「天下秩序」を明らかにする必要を感じ、であるからこそ、ここまで広げられた帝国を今用いることは避けねばならない。

このようにさまざまな次元で用いられる「帝国」という語をここで利用することはもはや得策ではない。杉山氏も注意されるが、さまざまに帝国が規定されるものの、われわれが普段耳にし、イメージし理解する「帝国」はすでにわれわれの頭脳の中に存在し、「帝国」の語を使うことで筆者の意図するところとズレを生ずる可能性を否定できないからである。また「世界」という語も考えられるが、われわれの場合、それは「東アジア世界」をまず想起することになる。しかし、西嶋定生氏に提唱されるこの概念も、文明文化の中心から低地へ文化・諸制度が流入《フロー》するという点に関し、すでに堀敏一などにより批判されているし、本論で含意するところも異なる。

また家島彦一氏[52]は「インド洋海域世界」を想定し、その理解のために構造・空間・時間の三要素を用意する。氏のいう構造とは「ネットワーク」であり、「広域的な地域間を結ぶ複数の交通ネットワークが組み合わさることによって、より広い面を統合する関連体＝「空間」が形成される」のであり、比較的長い時間軸の中でその展開過程をとらえるメソドロジカルな枠組みを氏は「世界」として規定する。その方法論はF・ブローデル『地中海』[53]に近いが、インド洋海域世界の独自の面は、そこに帝国のような統一的中央機能が存在しない点であろう[54]。このように海洋においては中央機能が存在する帝国ではなく、むしろより多元的・並立的な意味合いとして「世界」の語が用いられている。先ほどのネグリ、ハートの「帝国」論に近い。確かに五代は諸国が並立する時代であり、王夫之が述べるように「中国」も諸国のひとつと見なす見解もあり、「世界」の語でもよさそうであるが、しかしそれでは五代当時の「国家」像を完全には把握しきれないだろう。中心は存在するのである。

以上によって、「帝国」「世界」の語はいったん措き、五代の情勢をまず表す概念として「秩序」を使用することとする。

繰り返すが、いわばX軸とY軸、空間的平面的配置と上下関係の双方向性を立体的に構造化する政治体制を「秩序」と呼ぶこととする。そしてこの「秩序」構造によって形成される国家を「国家」（あるいは「天下」）と記すこととする。また中華秩序という歴史用語も以上のような概念を含むものとして再認識される必要があるだろう。なおこうした「秩序」については第七章、「国家」については第一章の「はじめに」で触れているので併せて参照されたい。

本論は以下のように二部で構成される。

第一部では五代「天下」のうちなる構造を明らかにする。第一章「五代の「中国」と平王」では、「平王」という王号が当時の中原直接実効支配＝「中国」の境界内に設けられ、その境域画定の役割を担っていたことを明らかにし、五代の「中国」像を再検討する。第二章「五代「中国」の道制——後唐朝を中心に——」では、平王によって境域画定された「中国」の具体的支配空間体制を、当時制度的到達点に達した藩道—支郡体制（道州制）に見る。五代「中国」の支配空間を埋め尽くした道と州の分置状況と、その統属関係、および財政的実情を考究する。

第一章・第二章は「中国」を中心に扱うものであったが、第三章「呉越国王と「真王」概念——五代天下の形成、其の一——」では「天下秩序」を形成・維持する装置であった呉越国王＝真王を扱う。呉越国王は「中国」より最上位の王号が授けられ、また他の諸国に対する統制・征伐権を持つとされていた。「真王」と概念化された呉越国王は、貢献と元帥の職によって実体的に五代を通じ「天下秩序」を維持する役目を持つことを明らかにする。第四章「五代における「中国」と諸国との関係——五代天下の形成、其の二——」は諸国と「中国」との政治的関係性をとりあつかい、天下の構成契機を見る。中原皇帝を主体に、諸国との国書交換時に見られる「肩書」を分析し、タイプ分けを試みている。また中原皇帝と「国主（敵対国）」・「国王（封爵国）」との間で行われた進奉と貢献および上供を取り上げ、両者の実体的関係性を考察し、「中国」外の「天下」に敷き詰められた諸国という部分を明らかにする。

第二部では五代の「天下」に含まれながらも、「天下」のそとにはみ出した呉越国の成立の背景から成立過程、およびその「国家」像、そしてその影響を明らかにする。第五章「九世紀における東アジア海域と海商——徐公直と徐公祐——」では、呉越国が成立する以前の両浙地域の状況をあつかう。浙東地域の海商が浙西地域へと移住し、海上交易に携わる様を見、九世紀後半における両浙地域の東アジア海域世界における位置づけを確認する。つまりは五代十国という分裂の時代が生まれる背景を論じる。第六章「唐末杭州における都市勢力の形成と地域編成」は呉越国前史を論じ、海商の活動や国内商業流通の発展によって誕生した呉越国の形成過程を見る。ここでは中国内地でもあった両浙地域の諸特徴を主に取り上げ、浙西地域の武装勢力が血縁関係を媒介として運河上に連携し、そして浙東地域を併呑して、呉越国を建国していく様子をたどる。

第七章「未完の海上国家——呉越国の試み——」では、初期呉越国が目指した「国家」像を論じる。古来の「天下秩序」ではない新たな「秩序」を有する「国家」を目指す呉越国の事例を考究することによって、中原王朝の構想する「五代天下秩序」に包摂されない「国家」の胎動とやがて「未完」のままに「五代天下秩序」に包摂されてゆく動態を見ることになる。そこでは唐末五代というさまざまな「秩序」の可能性の模索がなされた時代像を見ることになるだろう。第八章「港湾都市、杭州——五代における都市、地域、海域——」は、前章で見た呉越国の海上国家としての性格が、その首都となった杭州を地域の中核都市へ変貌させ、さらには港湾都市の機能を備えるようになったことを見、五代の地方国家による海上覇権が地域形成に果たした役割を論じる。

第一部の第一章と第二章は、「天下秩序」の根幹を形成する「中国」の領域規定とその支配構造をあつかい、第三章・第四章はその「中国」と諸国とがいかなる関係性の中で「天下」が形成され、かつ維持する志向性を持ったかを論じている。次に第二部第五章から第八章までは、そうした「天下」の外縁で、「天下」外に「国家秩序」「海上秩序」を形成しようとした一地方国家の成立とその特徴を論じることになる。本論の構成は、前半に「天下」内の「中国」と「天下」の構造を把握し、後半において「天下」外の「秩序」とその発生原因および構造をみるとなっている。「天下」のうちとそと、大陸に根ざす「天下秩序」と海洋に浮かぶ「海上秩序」、そのありさまと関係性を以下八章にわたって論じ、五代における「国家」を検討してみたい。

（1）「乱離」とは本来、『毛詩』小雅・四月「乱離に瘼ましめらる、奚くにか其れ適き帰らん」に付す毛伝に「離は憂うなり」とし、孔穎達は「王政既に乱れ、則ち国将に憂病有らんとす」と解釈するように、乱への憂いを意味する。しかし、本書では欧陽脩の立論にもとづき、「離」に分裂・分離の意味を持たせ、天下の分裂した形勢での秩序不合理状態を乱離と規定しておきたい。

（2）なお、五代政治史に限らない五代史の全般的な学界動向は、拙稿「五代十国史研究」（『日本宋史研究の現状と課題――一九八〇年代以降を中心に――』汲古書院、二〇一〇年）を参照。

（3）日野開三郎「五代史の基調」（『日野開三郎東洋史学論集』二、三一書房、一九八〇年）。また「藩鎮体制と直属州」（『東洋学報』四三―四、一九六一年三月）など。

（4）内藤湖南『中国近世史』（弘文堂、一九四七年）。

（5）菊池英夫「五代禁軍における侍衛親軍司の成立」（『史淵』七〇、一九五一年一〇月）、同「五代後周における禁軍改革の背景」（『東方学』一六、一九五八年六月）、同「後周世宗の禁軍改革と宋初三衙の成立」（『東洋史学』二二、一九六〇年三月）。

（6）堀敏一「朱全忠政権の性格」（初出一九六一年）、同「朱全忠の庁子都」（初出一九六〇年）、同「藩鎮親衛軍の権力構造」（初出一九六〇年。以上『唐末五代変革期の政治と経済』汲古書院、二〇〇二年）。

（7）西川正夫「華北五代王朝の文臣官僚」（『東洋文化研究所紀要』二七、一九六二年）、同「華北五代王朝の文臣と武臣」（『仁井田陞博士追悼論文集一　前近代アジアの法と社会』勁草書房、一九六七年）。

（8）室永芳三「五代軍閥の刑獄機構と節度使裁判権」（『東洋史学』二八、一九六五年）、同「五代時代の軍巡院と馬歩院の裁判」（『東洋史研究』二四―四、一九六六年三月）、同「五代節度使府の糧料使について」（『東方学』一二、一九六一年）、同「五代の北面転運使について」（『史淵』八九、一九六二年）、同「五代三司軍将の名称と性格について」（『長大史学』八、一九六四年）、同「五代における租庸使の成立とその性格」（『東洋学報』五三―三・四、一九七一年三月）。

（9）西川正夫「呉・南唐両王朝の国家権力の性格」（『法制史研究』九、一九五九年）。

（10）渡辺道夫「呉越国の建国過程」（『史観』五六、一九五九年）、同「呉越国の支配構造」（『史観』七六、一九六七年）。

（11）清木場東「呉・南唐の地方行政の変遷と特徴」（『東洋学報』五六―二・三・四、一九七六年）。また中原王朝に関するものとして同「五代の知州に就いて」（『東方学』四五、一九七三年）。

（12）鳥谷弘昭「呉―南唐朝の兵力基盤に関する一考察」（『歴史における民衆と文化――酒井忠夫先生古稀祝賀記念論集――』国書刊行会、一九八二年）、同「呉王朝の文人官僚について――幕僚を中心に――」（『史正』一三、一九八四年）、同「南唐の文治主義について」（『立正史学』五九、一九八六年）。

（13）その提言を行った論文として大沢正昭「唐末五代政治史研究への一視点」（『東洋史研究』三一―四、一九七二年三月）を挙げておく。

（14）佐竹靖彦「杭州八都から呉越王朝へ」（初出一九七八年）、同「王蜀政権成立の前提について」（初出一九八六年。）、同「王蜀政権小史」（初出一九八六年。以上『唐宋変革の地域的研究』同朋舎、一九九〇年）。

（15）伊藤宏明「淮南藩鎮の成立過程――呉・南唐政権の前提――」（『名古屋大学東洋史研究報告』四、一九七六年）、同「五代楚政権の性格」（『名古屋大学文学部研究論集（史学）』二七、一九八一年）、同「南漢政権の性格――地域公権力と私権化――」（『名古屋大学東洋史研究報告』一四、一九八九年）。

(16) 岡田宏二「五代楚王国の建国過程」(初出一九八一年)、同「五代楚王国の性格」(初出一九八一年。以上『中国華南民族社会史研究』汲古書院、一九九三年)。
(17) 辻正博「唐朝の対藩鎮政策について——河南「順地」化のプロセス——」(『東洋史研究』四六—二、一九八七年九月)。
(18) 中砂明徳「後期唐朝の江淮支配——元和時代の一側面——」(『東洋史研究』四七—一、一九八八年六月)。
(19) 鄭炳俊「唐後半期の地方行政体系について——特に州の直達・直下を中心として——」(『東洋史研究』五一—三、一九九二年一二月)、同「唐代の観察処置使について——藩鎮体制の一考察——」(『史林』七七—五、一九九四年九月)。
(20) 渡辺孝「中晩唐期における官人の幕職官入仕とその背景」(松本肇・川合康三編『中唐文学の視角』創文社、一九九八年)、同「唐後半期の藩鎮辟召制についての再検討——淮南・浙西藩鎮における幕職官の人的構成などを手がかりに——」(『東洋史研究』六〇—一、二〇〇一年六月)。
(21) 松浦典弘「唐代の文官人事」(『史林』八〇—二、一九九七年三月)、同「唐代後半期の人事における幕職官の位置」(『古代文化』五〇—一一、一九九八年一一月)。
(22) 張国剛主編『隋唐五代史研究概要』(天津教育出版社、一九九六年)、第一章一一「(二)五代史上的事件与人物」。
(23) 韓国磐『隋唐五代史綱(修訂本)』(人民出版社、一九七九年)。
(24) 呂思勉『隋唐五代史　上下』(上海古籍出版社、一九八四年)。
(25) 王仲犖『隋唐五代史　上下』(上海人民出版社、一九八八・一九九〇年)。
(26) 鄭学檬『五代十国史研究』(上海人民出版社、一九九一年)。
(27) Wang GungWu, *The Structure of Power in North China during the Five Dynasties*, Kuala Lumper, University of Malaya Press, 1963. のち、California, Stanford University, 1967.
(28) 前掲注(3)日野論文や李昌憲「五代削藩制置初探」(『中国史研究』、一九八二年第三期)。
(29) 右記Wang氏の著作中でも、中国王朝分裂期である五代に対し、伝統的な統一王朝史観より離れて研究する必要性を説いている。
(30) 志賀義雄「五代王朝の支配構造」(『桐蔭高等学校紀要』一、一九五三年)、同「五代藩鎮構成の拡大過程について」(『桐蔭高等学校紀要』二、一九五六年)。

(31) 周藤吉之「五代節度使の支配体制」（初出一九五二年。『宋代経済史研究』東京大学出版会、一九六二年）。
(32) 栗原益男『五代宋初藩鎮年表』（東京堂出版、一九八八年）。
(33) 妹尾達彦「中華の分裂と再生」（『世界歴史』九、岩波書店、一九九九年）。また『長安の都市計画』（講談社、二〇〇一年）。
(34) 斎藤道子「春秋時代の境界空間と秩序――「国」の空間構造――」（『東海史学』二五、二〇〇〇年）。またそれにかかわる論文として同「春秋時代の「国」――「国」空間の性質とその範囲――」（『東海大学紀要　文学部』七一、一九九九年九月）。
(35) 栗原朋信「中華世界の成立」（『中国前近代史研究』雄山閣、一九八〇年）。
(36) 松井嘉徳「西周期鄭（奠）の考察」（初出一九八六年）、「周王子弟の封建――鄭の始封・東遷をめぐって――」（初出一九八九年）。またそれにかかわる論文として「周の領域とその支配」（初出一九九九年。以上『周代国制の研究』汲古書院、二〇〇二年）。
(37) 李開元『漢帝国の成立と劉邦集団』（汲古書院、二〇〇〇年）所収「終章　結論」。
(38) 西嶋定生『中国古代国家と東アジア世界』（東京大学出版会、一九八三年）。
(39) 金子修一『隋唐の国際秩序と東アジア』（名著刊行会、二〇〇一年）。
(40) 平岡武夫「天下的世界観」（『経書の成立』所収、全国書房、一九四六年）、同『経書の伝統』（岩波書店、一九五一年）所収「はしがき」。
(41) 堀敏一「中華思想と天下観念」（『中国と古代東アジア世界』岩波書店、一九九三年）。
(42) 山田統「天下という観念と国家の形成」（初出一九四九年。『山田統著作集』一、明治書院、一九八一年）。
(43) 安部健夫「中国人の天下観念――政治思想史的試論――」（初出一九五六年。『元代史の研究』創元社、一九七二年）。
(44) 渡辺信一郎『中国古代の王権と天下秩序――日中比較史の視点から』（校倉書房、二〇〇三年）。
(45) 『旧五代史』巻四三明宗紀、長興三年四月戊午条および『五代会要』巻二〇州県分道改置条。
(46) 『礼記』曲礼下第二。および『爾雅』釈地第九に「九夷・八狄・七戎・六蛮、謂之四海」とあり、刑昺注疏に「九夷在東、八狄在北、七戎在西、六蛮在南、次四荒者」とある。

(47) 山室信一「「国民帝国」論の射程」(山本有造編『帝国の研究——原理・類型・関係』名古屋大学出版会、二〇〇三年)。また山室氏は論題にあるように、近代帝国を国民国家形態をとる本国と植民地・遠隔支配地からなる統治形態という特質に注目して「国民帝国」と名づける。
(48) アントニオ・ネグリ、マイケル・ハート著/水嶋一憲ほか訳『帝国——グローバル化の世界秩序とマルチチュードの可能性』(以文社、二〇〇三年)。
(49) 山下範久『世界システム論で読む日本』(講談社、二〇〇三年)。
(50) 山本有造「「帝国」とはなにか」(前掲注(47)山本編著)。
(51) 杉山正明「帝国史の脈絡——歴史のなかのモデル化にむけて」(同右)。
(52) 家島彦一『海が創る文明——インド洋海域世界の歴史』(朝日新聞社、一九九三年)。
(53) フェルナン・ブローデル著/浜名優美訳『地中海』(藤原書店、一九九九年)。
(54) もちろん、その時々にインド洋海域世界をリードした勢力が存在するものの、家島氏の含意するところは東は中国海域、西はアフリカ東海岸にいたる海洋において、さまざまな諸勢力の織り成す関係複合体にある。

第一部　天下のうち篇

第一章　五代の「中国」と平王

はじめに

欧陽脩撰『五代史記』巻七一、十国世家年譜には、欧陽脩がとある人物と問答を繰り広げることを通じて、彼自身の五代十国時代に対する思索を披瀝するくだりがある。

問う者曰く、四夷・十国は、皆な中国の有にあらざるなり、四夷の封爵・朝貢は則ち書く、而るに十国の書かざるは何ぞや。(欧陽脩)曰く、中国を以て夷狄を視るに、之れを夷狄とするは可なり。五代の君を以て十国を視るに、之れを夷狄とすれば則ち未だ可ならざるなり。故に十国の封爵・朝貢は夷狄の如《こと》からず、則ち以て之れを書くこと無し。……是を以て外して書かず、其れ自ら中国に絶するを見《あら》わすのみ。

問者曰、四夷・十国、皆非中国之有也、四夷之封爵朝貢則書、而十国之不書何也。曰、以中国而視夷狄、夷狄之可也。以五代之君而視十国、夷狄之則未可也。故十国之封爵朝貢、不如夷狄、則無以書之。……是以外而不書、見其自絶於中国焉爾。

ある者が四夷と十国とはともに「中国」の領有ではなかったのに、『五代史記』の中で両者の記述スタイルに相違があるのはなぜかと問うてみた。その問いに対し「十国を夷狄とみなすのは行き過ぎだから、両者の記述に段階的に区別を設けて「中国」ではなかったことを表現したかった」というのが欧陽脩の答えである。この問答から欧陽脩の五代十国観を観察すると、「五代の君」が治める中原王朝を指す「中国」と、その中国とは別に十国と四夷とを分け、この三つの概念区分を設けて当時の〝世界〟を認識していたことが分かる。そして欧陽脩はこの世界をまた「天下」とも認識していた。同じく『五代史記』の巻六〇、職方考の序文では、

梁の初め、天下は別れて十一国と為り、南に呉・浙・荊・湖・閩・漢有り、西に岐・蜀有り、北に燕・晉有り、而して朱氏の有する所七十八州以て梁と為す。……一百二十三州を合し以て唐と為す。……一百一十八州を合し以て周と為す。宋興りて之れに因る。此れ中国の大略なり。其の餘外属なる者は、彊弱相い幷わさり、其の得失を常にせず。周末に至り、閩已に先に亡び、而して在る者は七国なり。

梁初、天下別為十一国、南有呉・浙・荊・湖・閩・漢、西有岐・蜀、北有燕・晉、而朱氏所有七十八州以為梁。……合一百二十三州以為唐。……合一百一十八州以為周。宋興因之。此中国之大略也。其餘外属者、彊弱相幷、不常其得失。至於周末、閩已先亡、而在者七国。

と、五代後梁の時代には天下が分かれて十一国になったと述べ、そのうち後梁や後唐、後周など中原王朝は八〇から一二〇前後の州を総べて「中国」となしたとする。ここでは「天下」の内に「中国」が含まれており、外属の諸国を加えて「天下」が構成され（四夷は「天下」の外に置かれ）ると欧陽脩は認識していた。この欧陽脩の見た時代像に示唆されるところも多い。ここでは欧陽脩の認識に導かれて「天下」の中核を構成する「中国」の問題について考察したい。そして本章の最後には、彼の五代「十国」という、いまや常識的な歴史観を越えることも目指される。

渡辺信一郎氏は前近代中国国家をその具体的側面から「天下」と規定した(1)。「唐代中国における天下とは、現実

に共有される法令にもとづき、王朝の統治機構と戸籍・地図の編成によって実効的に支配される領域であ」り、無限に広がる〝世界〟ではなくて有限の領域であるときわめて実体的に天下国家を把握している。氏の規定は一面には肯首されるものの、より前近代中国国家を実体に即して把握しようとするならばまだ不十分であろう。それは分裂期の天下の構造と秩序化について、充分な説明をなしえていないからである。実効支配地としての実体的天下と、中国皇帝政治において統一すべき領域としての理念的天下が乖離するいわゆる分裂時代には、実効支配地が「中国」として登場することになる。天下と「中国」とが符合する唐王朝などの時期では、「中国」は吐蕃やウイグルなど夷狄に対する語として見えるが[2]、五代期にはいわゆる中原王朝を指す語として「中国」が使われるようになる。しかしこの「中国」は自明の領域ではない。そこにはやはり、実体的にも理念的にも時代的特徴を含んだ自ら支配する領域を画定する国家的政治秩序が働いている。この分裂期における両側面の「中国」を究明することなしに、その時期の「天下」も解けないであろうし、引いては「天下秩序」そのものの解明も不十分なものとなるだろう。

かくして本章では五代十国期の「中国」（中原王朝直接実効支配領域）内外を地理的に画定する空間装置をとらえてみたい。そもそも前近代中国国家を検討する場合、近代国家とは異なり、国家とその周辺に対する政治的秩序が理念の面でも実体の面でも、その国家の政治制度内に構造化されていることに注意すべきである。その国家構造にとっては、自国と周辺に対する地域の画定と政治的秩序化とが不可避であった。故に、前近代中国国家を把握するためにはこうした理念的・実体的国家構造をも含めて理解する必要がある。

ところで近年では宋代の国境（線）画定に関する成果が現われており、金成奎氏は宋代になって国境の明確化が志向されつつあったと指摘し[3]、また古松崇志氏はヨーロッパの主権国家による国境線（boundary）画定に類する現象が宋遼間で締結された澶淵の盟で見られたことを明らかにされている。[4]しかしながらここで五代の歴史を通じて明らかにしたいのは、中国における支配領域の画定にはそうした実態的・可視的側面に加えて、政治的秩序化（ここでは封爵）による理念的側面もあったことである。

そして五代十国という政治的分裂の時代において、実体的支配領域を構成する政治的中間領域である道に対して行われた「平王」封爵こそ、自国における政治的秩序化を伴う理念的地理画定装置に相当すると思われる。よってここでは「中国」に理念的に地理画定を与える封爵「平王」号について取り扱う。「平王」号の機能を追究することを通じて、五代の「中国」における独自の国家構造的特質を解明する一端を提示し、統一帝国史観を相対化することが本章の課題である。その結果として、先ほども述べたように北宋人がつくり上げた五代乱離の歴史観を批判するものともなるだろう。

第一節　平王の位階

爵制の起源は古いが、唐後半期からとりわけ五代にかけて節度使職に爵号が賦与されるようになる。[5]そこで五代における爵号をその節度使職との関係を含めて概観してみることとしよう。その際、爵号は王号のみを見ることになるが、それは他の爵号として公侯伯子男もあるが史料上現れにくく、一方で王号が最も多く出現し、また爵号の最上位としてその特徴を明確に示すことによる。

五代における王号の事例を挙げたのが**表1〈五代封爵表〉**である。この表より王号の序列はおおよそ、

国王――一字王――平王――二字王――二字（一字）郡王

表1　五代封爵表

No.	皇帝	人名	封爵年	月	封爵号	節度州	備考	注記
01	梁太祖	唐主	開平元年(九〇七)	四月戊辰	済陰王		開平二年二月二一日被害	旧三
02		馬殷		四月辛未	楚王	潭州		旧三
03		張全義		五月	魏王	河南尹 兼河陽		旧三
04		銭鏐		五月	呉越王	両浙		旧三
05		劉守文	開平二年(九〇八)	五月	大彭郡王	滄州	開平三年五月被擒	会一一。旧四、冊一九六は大彭王
06		劉守光		五月	河間郡王	幽州		旧四
07		馮行襲		五月	長楽郡王	許州	開平中卒	会一一。旧四、冊一九六は長楽王
08		韓遜	開平三年(九〇九)	三月丙戌	潁川郡王	朔方	貞明初卒	会一一。旧四、冊一九六は潁川王
09		王処直		四月甲寅	北平王	易定	同光元年被廃	旧四
10		王審知			閩王	福建		旧四
11		劉隠			南平王	広州	乾化元年五月薨	旧四
12		劉知俊			大彭郡王	同州	開平三年六月庚戌削奪	旧四
13		楊師厚			弘農郡王	襄州	開平四年七月移陝州節度使	旧四
14		劉守光		七月	燕王	幽州	乾化元年八月甲子称帝	旧四
15		劉隠	開平四年(九一〇)	四月	南海王	広州	乾化元年卒	会一一
16		(羅紹威)		五月	鄴王	魏博	薨(唐朝の爵を継ぐ)	旧五
17		高萬興	乾化元年(九一一)	五月甲申朔	渤海郡王	延州		旧六
18		王檀	乾化二年(九一二)	正月	琅琊郡王	邢州	貞明二年被害	旧七
19	末帝	葛従周	乾化三年(九一三)	二月	陳留郡王	潞州	貞明二年十月薨	旧一六

20		楊師厚		三月庚戌	鄴王	魏州	貞明元年三月卒	旧八
21		李仁福		三月壬戌	隴西郡王	夏州		旧八
22		高萬興	貞明元年（九一五）	閏二月甲午	渤海王	延州	渤海郡王から	旧八
23		（劉巖）	貞明五年（九一九）	九月丙寅	南平王	広州	称帝、削奪	旧九
24		高萬興	貞明六年（九二〇）	四月癸丑	延安王	鄜延	渤海郡王から	旧一〇
25		（高季昌）	龍徳元年（九二一）	二月丙寅	渤海郡王	荊南		旧一〇
26	唐荘宗	（李茂貞）	同光元年（九二三）	十一月壬寅	秦王	鳳翔		旧三〇
27		（朱友謙）		十一月癸卯	西平王	河中		旧三〇
28		高季興		十一月己未	渤海王	荊南	天成二年二月壬寅削奪	旧三〇
29		張全義			魏王	河南尹		旧三〇
30		高萬興		十一月辛酉	北平王	鄜延	同光三年十二月卒	旧三〇
31		張全義	同光二年（九二四）	二月辛巳	斉王	河南尹	同行四年薨	旧三一
32		李茂貞			秦王	鳳翔	同光二年四月薨	旧三一
33		高季興		三月丙午	南平王	荊南	渤海王から	旧三一
34		李仁福		四月己丑	朔方王	夏州		旧三一
35		（馬賓）		四月癸巳	扶風郡王	桂州		旧三一
36		銭鏐		十月壬午	呉越国王	両浙	天成四年九月癸巳、削奪	旧三二
37		朱友謙		十一月丁巳	西平王	河中	同年二月己卯は冀王に作る	旧三二
38	明宗	王延鈞	天成二年（九二七）	五月癸丑	琅琊郡王	福建		旧三八
39		馬殷		六月丙申	楚国王	湖南	長興二年十一月薨	旧三八
40		（王都）	天成三年（九二八）	四月庚子	太原王	定州	削奪	旧三九
41		王延鈞		七月戊辰	閩王	福建		旧三九
42		銭鏐	長興二年（九三一）	三月乙酉	呉越国王	両浙	長興三年三月薨	旧四二
43		孟知祥	長興四年（九三三）	二月癸亥	蜀王	剣南東西両川	応順元年称帝	旧四四
44		銭元瓘		七月丁亥	呉王	両浙		旧四四

45	閔帝	高従誨	応順元年（九三四）	正月壬辰	南平王	荊南		旧四五
46		馬希範			楚王	湖南		旧四五
47		銭元瓘		正月甲午	呉越王	両浙		旧四五
48	末帝	趙徳鈞	清泰元年（九三四）	六月	北平王	幽州		旧四六
49		房知温			東平王	青州		旧四六
50		李従曮		七月丁未	西平王	鳳翔	李茂貞長子	旧四六
51	晋高祖	范延光	天福二年（九三七）	五月壬申	臨清王	魏州	同年七月甲寅、削奪	旧七六
52		李従曮			岐王	鳳翔		旧七六
53		王建立		五月丙子	臨淄王	青州		旧七六
54		銭元瓘		十一月戊辰	呉越国王	両浙		旧七六
55		李従曮	天福三年（九三八）	四月戊子	秦王	鳳翔	開運三年冬卒	旧七七
56		王建立			東平王	青州		旧七七
57		范延光		九月己巳	高平郡王	魏州		旧七七
58		王祀		十一月丙午	閩国王			旧七七
59		王継恭		十一月戊申	臨海郡王	福州		旧七七
60		王建立	天福五年（九四〇）	三月癸酉	韓王	潞州	同年卒	旧七九
61		楊光遠		九月甲申	東平王	青州		旧七九
62		王延羲		十一月甲申	閩国王	福州		旧七九
63		銭元璙	天福六年（九四一）	九月壬申	彭城郡王	遥領広州		旧八〇
64		銭弘佐		十二月庚戌	呉越国王	両浙		旧八〇
65	出帝	楊光遠	天福八年（九四三）	三月癸未	壽王	青州	同年反	旧八一
66		劉知遠	開運元年（九四四）	三月癸巳	太原王	幷州北京留守		旧八二
67		朱文進		十二月癸丑	閩国王	福州		旧八三

68		劉知遠	開運二年（九四五）	四月庚寅	北平王	并州	後漢高祖	旧八三
69	漢高祖	馬希広	天福一二年（九四七）	七月甲午	楚王	湖南		旧一〇〇
70		高行周		十一月丁丑	臨清王	魏州		旧一〇〇
71	隠帝	高行周	乾祐元年（九四八）	三月丙辰	鄴王	魏州		旧一〇一
72		（銭弘倧）		四月戊子	呉越国王	両浙		旧一〇一
73		（銭弘俶）		八月乙未	呉越国王	両浙		旧一〇一
74	周太祖	（高行周）	広順元年（九五一）	正月乙亥	斉王	鄆州	同年八月壬寅、薨	会一
75		安審琦			南陽王	襄州		旧一一〇
76		符彦卿			淮陽王	青州		旧一一〇
77		李彝興		正月己卯	隴西郡王	夏州		旧一一〇
78		高保融			渤海郡王	荊南		旧一一〇
79		馮暉			陳留郡王	霊武	広順二年六月辛丑、卒	旧一一〇
80		安審琦	顕徳元年（九五四）	正月庚辰	陳王	襄州		旧一一三
81		符彦卿			衛王	魏州		旧一一三
82		高保融			南平王	荊南		旧一一三
83		李彝興			西平王	夏州		旧一一三
84	世宗	符彦卿		七月乙亥	魏王	魏州		旧一一四

＊カッコ付人名は、改めて進爵したのではなく、先に進爵の事例がなく、その時点で爵号を持っていたことを表している。
＊『旧五代史』・『五代会要』・『冊府元亀』は、それぞれ旧・会・冊と略記した。

となる。(6) 例えば高季興（昌）の場合には同光元年（九二三）十一月己未に渤海郡王から渤海王へ［No.25→28］、そして同光二年（九二四）三月丙午に南平王に進爵し［No.33］、また東平王王建立は天福五年（九四〇）三月癸酉に韓王に封ぜられ［No.56→60］、楚王馬殷は天成二年（九二七）六月丙申に楚国王に進んでいる［No.39］。

そしてこれら王号と節度使職との関係を見てみると、その封爵が爵を受ける人物に対して用いられるものと、封ぜられる土地に対して用いられるものとに大別される。

まず渤海郡王や琅琊郡王などの「二字郡王」（呉郡などの場合も含む）の場合、それが設置される節度使の治州の所在にかかわらず、「高氏・王氏」など人物に対して封爵されている。例えば延州節度使であった高萬興は乾化元年（九一一）五月甲申朔に渤海郡王となり［No.17］、邢州保義軍節度使であった王檀は乾化二年（九一二）正月に琅琊郡王となっている［No.18］。これら人物に対して用いられる郡王は、その人物の姓によって爵号が決まっており、渤海の高氏や琅琊の王氏などの望姓にあやかった爵号である(7)。そして郡王号は、その人物が死去すれば廃止されるか、あるいはより上位の王号に進爵することが多く、以後明らかにしようとする地理空間的秩序構造にとって重要性は低いと考える。

次に「王」号を越えて「国王」号についで見てみよう。この王号は節度使の治州にかかわるものであり、封ぜられる節度使職が固定している。呉越国王の場合、古来の呉・越国の地にあやかって鎮海・鎮東軍節度使（治州は杭州と越州）が決まって授けられ［No.36・42・54・64・72・73］(8)、また閩国王も福州節度使のみが授けられる［No.58・62・67］。楚国王も湖南節度使に固定している［No.39］。これら国王号は設置される州が定まっていた。

郡王と国王の中間に位置する「王」号は、「一字王」と「平王」、「二字王」とに分かれる。一字王は中原王朝が直接支配しない地に対してなされる場合にはその土地に限られ、直接支配領域では土地固有の爵号でないものもある。たとえばのちに十国に数え上げられる江南諸国の場合、国王に封ぜられる前には王号を持つ。「呉越王」［No.04・47］・「楚王」［No.02・46・69］・「閩王」［No.10・41］などである。これらは「国王」と同様、封ぜられる地が代々固定している。しかし一方で「中国」内における王号はその地に固定とまではいかず、たいてい郡王号・平王号から進爵し異動した高位の節度使数人にのみ用いられている。その性格は郡王と国王の中間的様相を示しており、支配空間構造に決定的要素を持っていたとは思われない。

次いで二字王はその名が天寶年間の古郡名に因んでつけられているものが多く、その郡名は封ぜられる地と符合している[9]。広州節度使には南海王［No.15］[10]、鄜延節度使には延安王［No.24］、幷州節度使には太原王［No.40］となっている。ただ魏州節度使の臨清王［No.51］[11]、青州節度使の臨淄王［No.53］、襄州節度使の南陽王［No.75］は設置州の隣州の郡名となっている。隣州である理由は判然としないが、郡名と設置州とが符合するうちに入れて大過あるまい[12]。

さて本題の「平王」号について見ていこう。平王号は二字王の一種とまず考えられる。つまり東平・西平・南平・北平は古郡名に因ったもののごとくである。しかしながら、他の二字王とは決定的な相違点がある。それはその古郡名と設置州とが全く符合していないことである。天宝年間の古郡名に因れば、東平郡は鄆州、西平郡は鄯州、南平郡は渝州、北平郡は平州を指すが、設置州は以下に見るように全く因んでいない。そこには「〜平王」が二字王の中でもすでに特別な機能を持ち、他の爵号からの脱皮を図っていたことを窺わせる。そして平王は時事に合わせて移動する場合がありながら、その置かれる土地は中原王朝の道制の及ぶ際限の地という特徴を持っていた。以下、**表2〈平王封爵表〉**を参考にしつつ、それぞれの平王号について見ておこう。

［東平王］

東平王は絶えず臨海の地、青州平盧軍に設置された。後唐清泰帝元年（九三四）六月に房知温が封ぜられ、以後、王建立（在位：九三八〜九四〇）、楊光遠（在位：九四〇〜九四三）が続いた。

［西平王］

後梁の末年、当時河中節度使の朱友謙（のち李継麟に改名）が寝返りを謀り、晉（のち後唐）から西平王に封ぜられた。当時その西、鳳翔には後梁から半自立化した李茂貞政権が勢力を張っていたが、しかし、

荘宗の入洛するを聞くに及び、（李茂貞）懼れて自ずから安ぜず、方め表を上りて臣を称し、尋いで其の子継曮を遣わせて来朝す。茂貞に詔して旧官に仍らして、秦王に進封せしめ、賜うる所の詔勅名せず。……同光

表2　平王封爵表

平王	節度使	人名	年号	備考
東平王	青州平盧軍	房知温	清泰元年(九三四)六月	天福元年(九三六)十二月辛巳、卒於鎮。
		王建立	天福三年(九三八)四月戊子	天福五年(九四〇)三月癸酉、封韓王。病卒。
		楊光遠	天福五年(九四〇)九月甲申	天福八年(九四三)三月癸未、封壽王。同年反。
西平王	河中節度使	朱友謙	同光二年(九二四)十一月丁巳	同光四年(九二六)正月、誅。
	鳳翔節度使	李從曮	清泰元年(九三四)七月丁未	李茂貞長子。天福二年(九三七)五月壬申、封岐王。
	夏州定難軍	李彝興	顕徳元年(九五四)正月庚辰	乾徳五年(九六七)秋、卒於鎮。
北平王	易定節度使	王處直	開平三年(九〇九)四月甲寅	同光元年(九二三)、被廢。
	鄜延節度使	高萬興	同光元年(九二三)十一月己未	同光三年(九二五)十二月、卒。
	幽州節度使	趙徳鈞	清泰元年(九三四)六月	天福二年(九三七)夏、卒於契丹。
	河東節度使	劉知遠	開運二年(九四五)四月庚寅	天福十二年(九四七)二月辛未、即皇帝位。
南平王	広州節度使	劉隠	開平三年(九〇九)四月甲寅	開平四年(九一〇)四月、封南海王。
		(劉巖)	貞明五年(九一九)九月丙寅	称帝、削奪官爵。
	荊南節度使	高季興	同光二年(九二四)三月丙午	天成二年(九二七)二月壬寅、削官爵。
		高從誨	應順元年(九三四)正月壬辰	乾祐元年(九四八)十一月癸卯、薨。
		高保融	顕徳元年(九五四)正月丙子	建隆元年(九六〇)八月、薨。

二年夏四月薨す、年六十九。

及聞荘宗入洛、懼不自安、方上表称臣、尋遣其子継曮来朝。詔茂貞仍旧官、進封秦王、所賜詔勅不名。……同光二年夏四月薨、年六十九。（『旧五代史』巻一三二、李茂貞伝）

と、後唐朝になると、その版図に入ることとなった。そして、その子の李従曮のとき、鳳翔府に西平王が置かれるようになる。さらに西平王は治所を西北に移し、夏州定難軍に置かれることとなった。やがて西平王・夏州定難軍がのちの西夏の礎となる。

［北平王］

北平王の場合、もっとも移動が激しい。それは契丹との北辺情勢が煩く、かつ政治的重要性が大きかったことを物語っている。

後梁朝のおり、北平王は易定節度使に置かれていた。当時、河東太原府には李克用の晉（のちの後唐）が勢力を張り、また幽州には燕国を称する劉守光が跋扈していた。

後唐朝となると、太原府の東にあった燕や、前北平王王処直の子王都を勢力下に入れ、契丹との境界に当たる幽州に北平王を設置した。

そして後晉朝には、建国の際「燕雲十六州」を契丹に割譲し、幽州は契丹の地となったため、開運二年（九四五）に北平王を河東太原府に移動させることとなった。

そして北平王・河東節度使劉知遠が皇帝位に即し（九四七）、後漢朝が開始されることとなる。

［南平王］

後梁朝においては、南海の広州節度使に南平王が置かれていたが、後唐朝以降は荊州節度使に置かれ続けた。

これら四限に置かれた四平王を見ていくと、四平王は当時の政治情勢に左右されつつ継続的に設置・移動を繰り返していることが注目される。このことから、この東平・西平・北平・南平がそれぞれ他の二字王に見られるような個別限定的な区域を指す郡名とはもはや考え難い。むしろ東西南北の平王であるとの理解を促す。かつこの平王号は単なる有名無実の爵号ではなく、政治的有効性を持っていたことをも示している。先に見たように二字郡王の場合、その設置される土地に意味はなく、封爵される人物如何にかかわっていた。また二字王も郡名と設置州とが符合するものであった。しかし平王に関しては、南なら南平王、北なら北平王というようにその設置される方位にその方位を示す平王が設置され、またその地域も中原王朝が道制を敷く際限という特徴を持っている。「～平王」が先述した「二字王」にはない特徴を持ち、また「二字王」から進爵して「～平王」となるなどから、「平王」は「二字王」の一つと考えるよりも、五代期に独特の王号の一種として規定しうるのではないか。

そして四つの平王のうち、特に移動の激しいのが西平王と北平王で、そこは夷狄と直接する地域であった。その移動・設置こそは当時勃興しつつあった契丹、党項との境界域の攻防を物語るものである。後梁朝により北平王の設置された易定節度使は、その北に契丹勢力を控える場所であった。『旧五代史』巻五四、王都伝に、

時に契丹は塞を犯し、諸軍多く幽・易の間に屯し、大将往来す、都は陰かに之れが備えを為し、屢しば迎送を廃し、漸く猜間を成す。

時契丹犯塞、諸軍多屯幽・易間、大将往来、都陰為之備、屢廃迎送、漸成猜間。

と記して、北平王王処直の死後、その子王都は日々強まる契丹勢力と後梁軍の間に介在して、離間の準備を進めていた。そしてついに天成三年（九二八）四月にその一族王郁と謀り、契丹を引き込んで叛乱を起こした。

また同史料に見える幽州も契丹との境界をなしていた。清泰元年（九三四）に北平王の治所となった幽州には、

同光三年（九二五）から趙徳鈞が治めていた。契丹を率いた王都の叛乱のおりには、その要路で撃退し、その平定に尽力した。その趙徳鈞は当初、幽州に水路二〇〇里を開き、また城塁を築いて契丹の侵攻に備えていた。石敬瑭が晉陽で挙兵して契丹を引き入れたときも、諸道行営都統として討伐に当たるが、後唐清泰帝と齟齬をきたし、契丹に寝返ってしまうにいたった（『旧五代史』巻九八、趙徳鈞伝）。結果として、幽州は後晉朝によって契丹に割譲され、夷狄の地に没することとなった。そして、後晉朝を滅ぼした契丹に対抗する上で、太原府に北平王が置かれたのである。

後周太祖の初めに西平王の置かれた夏州には、唐末より党項の李氏が世襲し、李彝超や李彝殷（別名李彝興）が三軍に推されて留後となり節度使に就くなど、中原王朝の権力が夏州域に浸透していたとは言いがたいものがあった。夏州について「最も辺遠に居り、久しく乱離に属し、夷狄の風に染まること多く、朝廷の命を識ること少なし」（『旧五代史』巻一三二、李彝超伝）と詔の文句にあるように中原王朝自ら認めるところでもある。さらに父の李仁福は契丹と連結し内侵を図っていたこともあり、決して朝廷に対し従順ではなく半ば独立化していた。このように、北平王・西平王の置かれる地は夷狄に隣接する区域であり、であるが故に夷狄の地に没することが多かったのである。それに応じて、平王も移動して設置されていた。

一方で東平王と南平王はほぼ設置地域が変動することがなく、江南諸国と中国との間の交通関係を媒介する地域であった。『資治通鑑』巻二八七、後漢高祖天福十二年八月条に、

初め、荊南は湖南・嶺南・福建の間に介居し（胡注、此の語は専ら三道の入貢は荊南を過ぎりて発するを為す）、地狭く兵弱し、武信王季興の時より、諸道入貢の其の境を過ぎる者は、多く其の貨幣を掠奪さる。諸道書を移して詰譲するに及び、或いは加うるに兵を以てし、已むを得ずして復た之れに帰すも、曾ち愧と為さず。

初、荊南介居湖南・嶺南・福建之間（胡注、此語専為三道入貢過荊南発）、地狭兵弱、自武信王季興時、諸道入貢過其境者、多掠奪其貨幣。及諸道移書詰譲、或加以兵、不得已復帰之、曾不為愧。

とあり、荊南南平王の地は江南諸国の朝貢路の中継地にあたる。また平盧軍節度使東平王もその支配地、登・莱州などの山東半島が呉越・閩などの江南諸国および渤海・朝鮮の入貢路となっていた[13]。

こうして東西南北に「平王」を設置することによって、当時の中国支配地の西北辺では夷狄との攻防を通じて移動を繰り返しながらもその最前線を作り出し、南東辺では江南諸国などの朝貢路および商業活動のための交通路獲得の用を成していたのである。

そして、これら平王が四限に立置し、地理的限定を加えられた地域こそが中原王朝の直接支配領域である「中国」であった[14]。そのことをより明らかなものとするために、「中国」内であった荊南と「中国」外であった呉越国との実体的権力構造を次に比較してみよう。

第二節　平王と国王の相違――「中国」内外を分ける指標――

まず呉越国について見てみよう。『資治通鑑』巻二七二、後唐荘宗同光元年二月条に、

梁主は兵部侍郎崔協等を遣わし呉越王（銭）鏐を冊命して呉越国王と為す。丁卯、鏐始めて建国し、儀衛名称は多く天子の制の如し、居る所を謂いて宮殿と曰い、府署を朝廷と曰い、教令の統内に下すを制勅と曰い、将吏は皆な臣を称す、惟だ改元せず、表疏は呉越国を称して軍と言わず。……百官を置き、丞相・侍郎・郎中・員外郎・客省等使有り。（考異曰く、十国紀年に、鏐の功臣・諸子の節制を領するに、皆な署して而る後命を請う）

梁主遣兵部侍郎崔協等冊命呉越王鏐為呉越国王。丁卯、鏐始建国、儀衛名称多如天子之制、謂所居曰宮殿、府署曰朝廷、教令下統内曰制勅、将吏皆称臣、惟不改元、表疏称呉越国而不言軍。……置百官、有丞相・侍郎・郎中・員外郎・客省等使。（考異曰、十国紀年、鏐功臣・諸子領節制、皆署而後請命）

とある。後梁の最末年に銭鏐は呉越国王に冊命され、建国を行ったが、その際、さまざまな名称を天子の制度に擬えた。そして、中原王朝に対する上奏文書である表疏は、その肩書きを「鎮海・鎮東軍」（呉越国の節度使職）とはせずに「呉越国」としていた。(15) これは、呉越国が節度使職を基盤とした勢力ながら、節度使権力から一歩抜け出し、「呉越国」として政治権力を昇華させたことを端的に示している。

さらには、そうした呉越国政治権力を運営・維持するために百官を設置していた。そして、『資治通鑑考異』に引く『十国紀年』によれば、呉越国内の節度使職（＝刺史。呉越国では州単位に節度使を置く）(16) はすべて国内でその部署に就けてから、中原王朝に許諾を得ていた。つまり国王は属州の長官である節度使・刺史の任命権をも有していたのである。

これらのことから、呉越国は節度使権力から昇華し、独立的政治組織を持ち、国内の属州刺史任命権をもつ政治単位であると確認できる。(17) 呉越国王同様、国王に封ぜられた楚国・閩国でも事情は同じである。(18)

一方荊南はその政治中枢に中央行政府（百官）が存在しておらず、あくまでも節度使府が行政単位となっていた。『三楚新録』巻三に、

梁祖禅代するに及び、江陵尹兼管内節度観察処置等使を正拝す。

及梁祖禅代、正拝江陵尹兼管内節度観察処置等使。

とあって、後梁朱全忠が禅譲で皇帝位についた際に拝した職権を記してある。そしてのちに南平王となっても、

その節度使権力が昇華することは無かった。それは「呉越国王」のように国王号に封ぜられることなく、独自に中央行政府を持つ「呉越国」といった、独立的政治権力の段階に進み得なかったからである。

また南平王は属州刺史の任命権を持たないという点でも呉越国と異なっている。つまり、『資治通鑑』巻二七五、後唐明宗天成二年二月条に、

高季興既に三州を得、朝廷に刺史を除せず、自ら子弟を以て之れと為さんことを請うも、許さず。

高季興既得三州、請朝廷不除刺史、自以子弟為之、不許。

としている。この経緯をもう少し詳しく見てみよう。後唐荘宗が前蜀を降さんとした折、荊南の高季興にも出兵を求めていた。その見返りとして高季興は夔・忠・萬三州を要求する。『資治通鑑』巻二七五、後唐明宗天成元年六月条に、

高季興表して夔・忠・萬三州を求めて属郡と為さんとし、詔して之れを許す。

高季興表求夔忠萬三州為属郡、詔許之。

とあり、その『考異』に引く『十国紀年』荊南史に、

天成元年二月、王表して夔・忠・萬三州及び雲安監を本道に隷せんことを請い、荘宗之れを許す。詔命未だ下らざるに、荘宗弑に遇う。六月、王表して三州を求め、明宗之れを許す。

天成元年二月、王表請夔忠萬三州及雲安監隷本道、荘宗許之。詔命未下、荘宗遇弑。六月、王表求三州、明宗許之。

また同じく『考異』に引く『明宗実録』に、

天成元年六月甲寅、高季興奏すらく、去冬先朝詔して峡内属郡を攻めんことを命じ、尋いで施州の官吏有り

て臣が峡を上るを知り、率先して帰投す。忠・萬・夔州は旦夕に収復せんことを期し、郭崇韜専ら文字を将《もち》いて臣に回帰せんことを約せられ、方めて陳論せんと欲すも、便ち更変に値《あ》う、と。

天成元年六月甲寅、高季興奏、去冬先朝詔命攻峡内属郡、尋有施州官吏知臣上峡、率先帰投。忠萬夔州旦夕期於收復、被郭崇韜専将文字約臣回帰、方欲陳論、便値更変。

とある。これらによれば、高季興は蜀伐の見返りとして荘宗に三州を属郡とすることを求めたが、荘宗が死に明宗に代わったため、改めて要求しなおした。そして天成元年（九二六）六月に詔が下って属郡とすることを認められたのである。翌年（九二七）二月に高季興は得た三州の刺史を朝廷が任命することなく、自分でその子弟を充てたいと請うたが、朝廷が許すことは無かった。

朝廷の論理としては、蜀を降して得た三州を荊南の属州とすることには異論は無いものの、その刺史任命権は朝廷側に所属するというものであった。これは次章で明らかにする道制の原則に沿うものである(19)。

結局高季興は朝廷の対応に腹を立て、中原の都に運ぶ蜀の財貨を全て横奪してしまい、その結果として、中原から官爵を奪われ、また後唐の派遣した軍に敗れて、手にした三州も失うこととなった。

また別の事例を見てみよう。先に見た後唐の前蜀討伐の後、その西川には孟知祥が節度使として就任する。その孟知祥はやがて後蜀を建国するが、その前段階として西川属州の刺史任命権を朝廷に認めさせていた。まず天成四年（九二九）正月に、

西川孟知祥奏すらく、支属の刺史乞うらくは臣の本道において自署せんことをと。

西川孟知祥奏、支属刺史乞臣本道自署。（『旧五代史』巻四〇、後唐明宗紀第六）

と属州刺史任命権の要求を朝廷に突きつけた。これに応じて長興三年（九三二）冬十月己酉朔に、

再び供奉官李瓌を遣わし西川に使いせしむ、……知祥奏する所の両川部内の文武将吏、墨制を権行し除補し訖りて奏することを許されんことを乞う、詔して之れを許す。

再遣供奉官李瓌使西川、……知祥所奏両川部内文武将吏、乞許権行墨制除補訖奏、詔許之。（『旧五代史』巻四三、後唐明宗紀第九）

とその要求を認めている。『資治通鑑』巻二七八、後唐明宗長興三年十月己酉朔の条では、

帝は復た李存瓌を遣わし成都に如《ゆ》かしめ、凡そ剣南の節度使・刺史より以下の官、知祥差署し訖りて奏聞し、朝廷更めて人を除せざらんことを聴《ゆる》す。

帝復遣李存瓌如成都、凡剣南自節度使・刺史以下官、聴知祥差署訖奏聞、朝廷更不除人。

とし、孟知祥の人事任命権は節度使・刺史以下の官吏に及んでいた。

これらの事実は以下のことを示している。まず当時前蜀を滅ぼし、直轄支配下に入った西川の節度使となった孟知祥はその属州刺史任命権を有しておらず、朝廷からの許諾を必要としていた。つまり、詔が無ければ節度使・刺史の任命権を持ちえなかった。そして孟知祥は東川董璋を滅ぼし、東川節度を加えて両川を手中に収めるや、属州刺史任命権（および節度使任命権）を得て、翌九三三年には蜀王に封ぜられ、その次年に後蜀を建国したのであった。つまり、節度使・刺史にまで及ぶ人事任命権は、本来的には朝廷に帰していたが、孟知祥の要請に従って与えられたものであった。しかし付与すれば「中国」から独立して建国する危険性をはらんでいた。むしろ、「中国」から脱して独自政権を認めうるものであった。故に朝廷は節度使の属州刺史任命権付与に慎重にならざるをえず、荊南＝南平王に与えられることは無かったのである。

以上の国王と平王の権限の相違についてまとめてみよう。呉越国は、呉越「国王」に封ぜられ、中央行政府を

持ち、「国」内における属州刺史任命権を持っていた。他方、南平王は独自の中央行政府を持たず、管轄領域内の州刺史任命権をも持たなかった。それはやはり、「荊南＝南平王」はあくまで「中国」領域内であり、中原政権の直接実効支配の波及する地域、道制の敷かれる地域であったため、「中国」内の州刺史任命は直接中央が下すものであり、呉越国と同等の権限を持ちえなかったのである。

第三節　五代の「中国」

五代に先立つ唐代においても「平王」号は見られる。しかしその平王号が四限揃って出現することはなく、また恒常性もない。その初例として、『旧唐書』巻九、玄宗紀下、天宝九年（七五〇）五月に、

乙卯、安禄山東平郡王に進封す。節度使の王に封ずるは、此れより始まるなり。

乙卯、安禄山進封東平郡王。節度使封王、自此始也。

とあって安禄山がその端緒であった。そして東平郡王安禄山を皮切りに節度使封王が始まる。以下、西平郡王に隴右節度使哥舒翰[20]、淮西節度使李忠臣[21]、鳳翔隴右道節度使李晟[22]が封ぜられ、南平郡王に剣南東川節度使高崇文[23]、淮西節度使李希烈[24]が、北平郡王に河東節度使馬燧[25]が封ぜられていった。ただ唐代においては「〜平郡王」であり、史料上「郡」が落ちて「〜平王」と記されることも多かった[26]。なお「郡王」号自体、「郡」が落とされることがよく見られる。とにかく、唐代後期において四つの「〜平郡王」が揃うという「平王」号の萌芽形態が見られるが、まだ五代におけるような「中国」四方の際限に置かれるといった特徴は見せていなかった。「西平郡王」が隴右また淮西に、「南平郡王」が剣南東川また淮西に封ぜられるが如くである。しかしながら唐の最末期ともなると、その名も「平郡王」から「平王」に変化していった。東平王の朱全忠（宣武淮南等節度使）[27]、西平王の王建（西

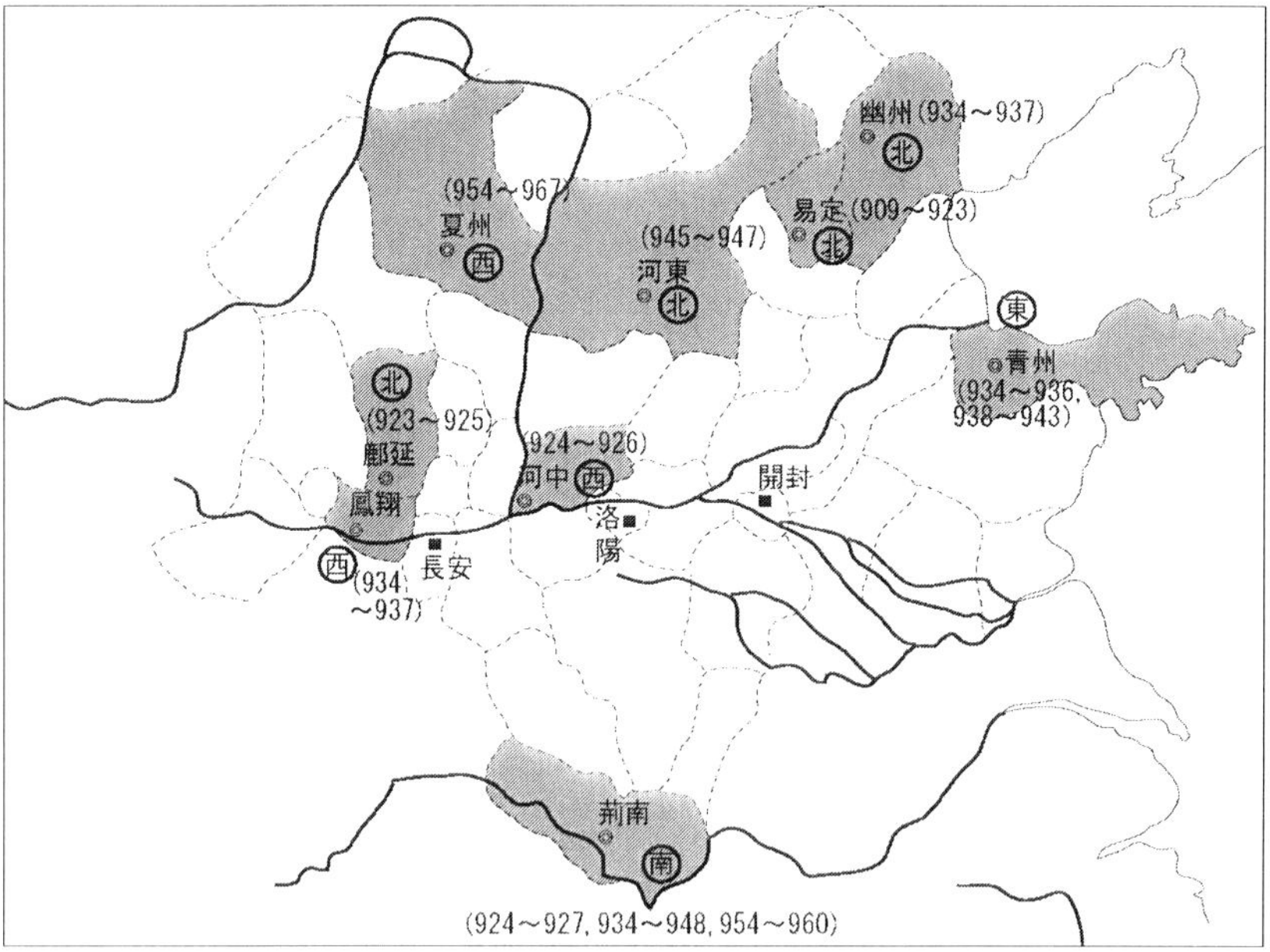

五代平王配置図

川節度使[28]および杜洪（武昌軍節度使）[29]、南平王の趙匡凝（忠義軍節度使）[30]である[31]。

そして五代において四限が揃って出現し、その設置箇所も「中国」の際限という特徴を持つにいたるのである。しかしながら五代における平王号の特徴を今ひとつ挙げておきたい。それは、平王に封ぜられた節度使が叛旗を翻す事例が多いという点である。南平王高氏は中原王朝から度々脱して南唐や蜀につき、また、後梁朝の南平王劉隠は結果として皇帝を偽称し、東平王の楊光遠、北平王の趙徳鈞は契丹に内附した。また、西平王の李従曮・李彝興にしても同様に半独立政権であった。彼らは政治的には、中原王朝の実効支配からややもすれば切り離れ、自立政権を模索していた。つまり「中国」の直接支配から離脱しようとしていた地域・勢力であったのである。よって五代の中原政権はその支配領域の際限から崩壊の危機にさらされていた。そして「中国」の際限ということは特に東・北・西方において夷狄などと接触する地域であり、辺境支配の上で政治的重要性を持っていたことはいうまでもない。それらの地に「平王」号を与えることは何を意味するのだろうか。

政治的には「中国」から切り離れてしまう可能性を持つ藩道に対する「平王」封爵は、如上の議論を受けるならば、やはり中原政権にとってあくまでもそこは「中国」であることの理念的政治表明であり、その実効的支配領域に対する地理的画定を与えるものであったのではあるまいか。中原王朝の論理としては、「平王」によって理念的に囲まれる地域こそが「中国」であり、道制にもとづく直接実効支配の及ぶ領域であった。つまり五代期においては、「天下」が四分五裂し、直接実効支配領域の際限の藩道などが分離していく中で、直接実効支配領域としての「中国」の政治表明として「平王」を設置していたのであり、「北平王」「南平王」「東平王」「西平王」がそれぞれ「中国」のボーダーとして、「中国」内外を空間的に分別する装置として観念されたであろう。こうして見れば「中国」を理念的に画定する「平王」号とは、「天下」の分裂と統一のせめぎ合いの中から生まれた中原政権発信の国境設定装置であったといいうる。

また西北辺の平王設置の遊動性は当地における軍事的緊張度の結果より生じ、設置地域が当時における軍事的前線地であったことを示している。一方で、東南辺での平王設置は逆に不動性を持っていた。先述のとおり東南辺は江南諸国などからの進奉貢献・商業流通の出入路にあたっており、当時の経済的財政的重要度が窺い知れる。東平王・南平王はその立地する山東半島・荊南地方が「中国」と政治的・経済的に不可分の関係にあった(32)が故に、その平王は常に固定されるよう目指され、属州刺史任命権が付与されず中原政権に帰属されることを通じて「中国」に組み込まれていたのであり、その結果として五代の諸王朝は不安定ながらも屋台骨を維持することに成功したのである。

やがて北宋代に入ると平王は変形したものとなる。北宋朝では燕雲十六州を切除して天下は統一されほぼ「天下」と「中国」が合一したが、「平王」号は西平王李氏（のちの西夏）[33]と南平王李氏（交趾）[34]とに与えられ残存することとなった。これら設置された地域は、政治的には「中国」に封爵されながら独立自治を行う「中国」外の他民族勢力である。このことから、五代の「平王」が「中国」において内在的であったのに対し、北宋朝の「平王」は「中国」より外在化していたことが分かる。この変化の解明は別の課題として残るものの、宋朝国家構造の一特徴として注目されてよいだろう[35]。

今見てきたように、「平王」号というのは、五代という「天下」と「中国」の相違する時期において、「中国」を理念的に画定する上で出現した国家的秩序装置であり、「中国」から切り離れてしまう際限の藩道に対して地理的限定を加えることによって、政治的支配空間を創出するものであった。そして「天下」が一統され、「中国」と等合する道程の中で、五代「平王」号はその歴史的役割を終えてゆくのであった。

結びにかえて

「平王」とは「中国」を領域画定する爵号であって、南平王はその南限に設置された。確かに代々高氏が南平王を世襲し、宋が自ら滅ぼしてその子孫を後々まで優遇する[36]、その点を見据えるならば、荊南＝南平王は他の諸国と同列に映じ、「十国」として数えうるかもしれない。

しかし五代期における爵号の性格およびそれに付随する政治的要因、また道制の特徴を斟酌するならば、荊南＝南平王を他の諸国と同列にするわけにはいかないであろう。そしてその両者の相異点は、「平王」を際限とする「中国」と「諸国」とを截別し、またそれら「中国」と「諸国」とが「天下」を構成する要素となっていたことも諒解される[37]。

くだって、こうした「五代天下秩序」も欧陽脩の時代には受け入れられないものであった。そして後代になって彼の（当時の）歴史観に従い荊南は「十国」に数え上げられることになる。いうまでもないが、十国とは呉・南唐・前蜀・後蜀・呉越・閩・楚・南漢・北漢（東漢）・南平（荊南）のことである。『旧五代史』では「十国」の語は見えず、それに相当する国々や人物は別に世襲や僭偽に立伝されている。その伝中には十国に含まれない者もおり、十国が規定されていない[38]。やはり十国を述べる嚆矢として『五代史記』を挙げるべきだろう。『五代史記』の成立が皇祐五年（一〇五三）であるので、五代が終わって百年ほど経て後に「十国」を規定したことになる。

ところで、五代十国という時代を総括的に記述する同時代的史料として『九国志』『十国紀年』がある。『九国志[39]』は北宋路振の撰で、現存するのは十二巻のみである。『九国志』は当初荊南を除く九国の事跡を記す四九巻の書物であったが、その後路振の孫である路倫が荊南の事跡二巻を増して、治平元年（一〇六四）六月辛酉に『九国志』五一巻を仁宗に奉った[40]。ところがまた別系統として、路振の四九巻本に張唐英が北楚（荊南）の事跡二巻を足したものがあり、それが今に伝わったものである[41]。『十国紀年[42]』は残念ながら現存しない。『十国紀年』については仁宗期の『資治通鑑』編纂にかかわった劉恕の著作であるというほかは詳しく分からず、『資治通鑑考異』等にその引用を見るくらいである。

このことより、五代十国を「九国」から「十国」にとらえようとするのは、五代が収束し宋王朝が立って百年あまりのちの仁宗朝より始まることが諒解される[43]。それ以前には五代の諸国に「荊南」を含まず「九国」として認識されていたものが、仁宗朝の欧陽脩、および路倫あるいは張唐英が「荊南」を加えて「十国」として認識するにいたったのである。つまり、「十国」という呼称はその時代が終わって百年ほど経ってから使用され始めており、いわゆる五代十国の当時において「十国」と理解されていたわけではない。五代の当時、荊南はあくまで「中国」であり、「十国」に数え入れることのできるような江南諸国とは理念的にも実体的にも相違していたのである。

よって「十国」という整数的概念、そして「五代十国」という歴史認識が宋王朝の正統性（自ら征伐した荊南を含めた諸国を「十国」に規定）にもとづく欧陽脩の歴史観（あるいはその時代の史観）を通して生み出された見解であることは明らかである。こうして、宋人がつくり上げた、五代を乱離と位置付け、統一を果たした宋を偉大とし、自らが討伐した諸国を「十国」に数え上げた「五代十国」史観が依然として我われの五代史を見る眼を決定付けていたことを確認し、その相対化の必要性が実感されるのである。(44)

(1) 渡辺信一郎「「天下」のイデオロギー構造」（初出一九九九年。『中国古代の王権と天下秩序――日中比較史の視点から』校倉書房、二〇〇三年）。

(2) 李方「試論唐朝的〝中国〞与〝天下〞」（『中国辺境史研究』、二〇〇七年二月）。

(3) 金成奎『宋代の西北問題と異民族政策』（汲古書院、二〇〇〇年）。

(4) 古松崇志「契丹・宋間の澶淵体制における国境」（『史林』九〇―一、二〇〇七年一月）。

(5) 唐代における爵制の研究として仁井田陞「唐代の封爵及び食封制」（『東方学報』東京、一〇―一、一九三九年）、今堀誠二「唐代封爵制」（初出一九四二年。『中国史の位相』勁草書房、一九九五年）、松島才次郎「唐の封爵について」（『信州大学教育学部紀要』二〇、一九六八年一〇月）。また異民族に対する封爵に関しては金子修一「唐代冊封制一斑――周辺諸民族における「王」号と「国王」号――」（初出一九八四年）、同「唐代の異民族における郡王号について――契丹・奚を中心にして――」（初出一九八六年）、同「唐朝より見た渤海の名分的位置附けについて」（初出一九九八年）。以上金子氏論文は『隋唐の国際秩序と東アジア』（名著刊行会、二〇〇一年）に収録。中国においては楊光輝『漢唐封爵制度』（学苑出版社、一九九九年）。この著書は「封爵制度」を中国古代社会において比較的重要な典章制度であり、その確立・完備、重大な変化の過程は秦漢から隋唐にいたる一千余年にあったとする認識に立ち、主には魏晋南北朝の封爵事例を取り上げている。故に残念ながら五代に関する記述はない。

（6）前掲注（5）金子論文によれば、唐代において夷狄に用いられる爵号の序列は、王―国王―郡王であったが、五代に入り国王―王―郡王に逆転するととらえ、唐末五代の変動として注目すべき事実であるとする。

（7）池田温「唐代の望姓表――九・十世紀の敦煌写本を中心として――（上・下）」（『東洋学報』四二―三・四、一九五九年一二月・一九六〇年三月）。

（8）ただ呉越国王の場合、他の一字国王とは異なりより上位の位階であると認識されていた。四部叢刊本『呉越備史』巻三、天福三年十月に附す呉越国王玉冊文に「……羽翼大朝、藩籬東夏、宜列諸侯之上、特隆一字之封、……」とある。諸侯の上に列して、一字の封爵より高くするのがよいと規定された呉越国王は、一字国王・一字王の最上階に位置されていた。第三章「呉越国王と「真王」概念――五代天下の形成、其の一――」を参照。

（9）二字王の事例を見ると、その名の由来が県名なのか郡名なのか判断がつきにくいが、州を単位とする節度使に対して封ぜられることから郡名であろう。

（10）南海王の場合、表からも分かるように南平王からの進爵であり、先に掲げた序列と唯一異なっている。四限の平王制度の確立期が後唐朝にあり、他の諸王朝と違った後梁朝の平王設置の仕方を鑑みると、後梁朝における独特の現象と考えられる。後注（14）も参照。

（11）臨清は貝州所属の県名であり、他の郡名とは異なる。しかし魏州と貝州は近隣関係にある。

（12）渤海王と淮陽王は二字王の特例と考えられる。渤海王の場合、本文中で見た二字王の性格を持たず、渤海郡王からの進爵で渤海王となることから、郡王的性格を持つ、つまり封ぜられる人物に因る王号と考えたい。また淮陽王は封ぜられた符彦卿の出身州である陳州の古郡名から来ており、設置州ではなく人物に因った封爵である。

（13）日野開三郎「五代閩国の対中原朝貢と貿易」、同「五代呉越国の対中原朝貢と海上貿易」（以上『日野開三郎東洋史学論集』一〇、三一書房、一九八四年）、同「五代時代における契丹と中国との海上貿易」（『日野開三郎東洋史学論集』一六、三一書房、一九九〇年）。

（14）後梁朝は他の四代王朝とは違い、南平王を広州に設置していた。これは、後梁朝にとって「中国」は広州までであることの表明であり、事実、後梁朝最末年になるまで天下のうちに「国王」を封じることはなかった。そして後唐朝より荊南に南平王が設置され「中国」が画定されるや、「中国」外の天下に諸国王が置かれるようになる。

（15）『五代会要』巻十一、功臣に、

後唐同光三年八月内、詔冊呉越王銭鏐、其印宜以呉越国王之印為文、仍令所司以金鋳造、示異礼也。

とあり、建国に応じて呉越国王印も新たに鋳造されるにいたった。

（16）渡辺道夫「呉越国の支配構造」（『史観』七六、一九六七年一〇月）、佐竹靖彦「杭州八都から呉越王朝へ」（初出一九七八年。『唐宋変革の地域的研究』同朋舎、一九九〇年）。

（17）初代国王銭鏐の死後、二代目銭元（伝）瓘はその遺言を守り、国家体制を節度使体制に戻した。『資治通鑑』巻二七七、後唐明宗長興三年三月条に、

（銭）伝瓘既襲位、更名元瓘、……以遺命去国儀、用藩鎮法。

しかし同じく『資治通鑑』巻二八一、後晋高祖天福二年四月条に、

呉越王元瓘復建国、如同光故事。丙申、赦境内、立其子弘僔為世子。以曹仲達・沈崧・皮光業為丞相、鎮海節度判官林鼎掌教令。

とあって、五年後再び建国を果たしている。

（18）楚国の場合は『資治通鑑』巻二七六、後唐明宗天成二年八月条、

冊礼使至長沙、楚王殷始建国、立宮殿、置百官、皆如天子、或微更其名。翰林学士曰文苑学士、知制誥曰知辞制、枢密院曰左右機要司、群下称之曰殿下、令曰教。以姚彦章為左丞相、許徳勲為右丞相、李鐸為司徒、崔穎為司空、拓跋恒為僕射、張彦瑶・張迎判機要司。然管内官属皆称摂、惟朗桂節度使先除後請命。

とある。楚国中央政府の建設の様が窺えるが、管内の官属はすべて「摂」を称したというから仮に叙任し、正式任命を中原王朝に仰いでいたようであるが、朗州・桂州節度使は自ら除していた。

閩国の場合、国王に封ぜられる時既に閩国内では皇帝を称していたから、管内刺史を自除していたことはいうまでもない。

(19) 五代の道制においては、道内の属州は道の統制下にあり各州の政治行為は道の長官である観察使の認可を必要とするが、州刺史を始めとする属州の上級官吏は中央行政府の任命であった。第二章「五代「中国」の道制——後唐朝を中心に——」を参照。

(20) 『旧唐書』巻九、玄宗紀下、天宝十二載九月己亥朔、
隴右節度使・涼国公哥舒翰進封西平郡王、食実封五百戸。

なお、西平郡王は唐初、吐谷渾に対して封ぜられていた。他に北平郡王も突厥・契丹に対して用いられている。西平郡王が中国内地に置かれたのはこの時より始まる。

(21) 『旧唐書』巻十一、代宗紀、大暦十一年十二月庚戌、
加淮西節度・検校右僕射・安州刺史・西平郡王李忠臣検校司空・同中書門下平章事、仍兼汴州刺史。

(22) 『旧唐書』巻十二、徳宗紀上、興元元年八月癸卯、
加司徒・中書令・合川郡王李晟兼鳳翔尹、充鳳翔隴右節度等使、涇原四鎮北庭行営兵馬副元帥、改封西平郡王。

(23) 『旧唐書』巻十四、憲宗紀上、元和元年九月丙寅、
以剣南東川節度使・検校兵部尚書・梓州刺史・封渤海郡王高崇文検校司空、兼成都尹・御史大夫、充剣南西川節度副大使・知節度事・管内度支営田観察使・処置統押近界諸蛮及西山八国兼雲南安撫等使、仍改封南平郡王、食邑三千戸。

(24) 『旧唐書』巻一四五、李希烈伝、
建中元年、又加検校礼部尚書。会山南東道節度梁崇義拒捍朝命、迫脅使臣、二年六月、詔諸軍節度率兵討之、加希烈南平郡王、兼漢北都知諸兵馬招撫処置使。

(25) 『旧唐書』巻十二、徳宗紀上、興元元年八月癸卯、
河東保寧軍節度使・太原尹・北都留守・検校司徒・平章事・北平郡王馬燧為奉誠軍晉絳慈隰節度行営兵馬副元帥。

(26) 例えば北平郡王馬燧の場合、先に引いた『旧唐書』本紀の後に「北平王馬燧」としたり、列伝より引いた南平郡王李希烈が本紀では「南平王」となっている。

(27) 『旧唐書』巻二〇上、昭宗紀上、龍紀元年四月壬戌朔、

以宣武淮南等節度副大使・知節度事・管内営田観察処置等使・開府儀同三司・検校太傅・兼侍中・揚州大都督府長史・汴州刺史・充蔡州四面行営都統・上柱国・沛郡王・食邑四千戸朱全忠為検校太尉・中書令、進封東平王、仍賜賞軍銭十萬貫。

(28)『資治通鑑』巻二六四、昭宗天復三年八月庚辰、
加西川節度使西平王王建守司徒、進爵蜀王。

(29)『旧唐書』巻二〇上、昭宗紀上、天祐元年七月己卯、
制武昌軍節度・鄂岳蘄黄等州観察処置兼三司水陸発運淮南西面行営招討等使・開府儀同三司・検校太師・中書令・西平王・食邑三千戸杜洪加食邑一千戸、実封二百戸。

(30)同右、光化三年七月乙卯、
又以忠義軍節度・山南東道管内観察処置三司水陸発運等使・開府儀同三司・検校太尉・中書令・兼襄州刺史・上柱国・南平王・食邑三千戸趙匡凝可検校太師・兼中書令、加実封一百戸。

(31)平郡王・平王が出現するのは本文に挙げたのみだが、その時期に注目すれば、安禄山封東平郡王から始まる「天下」=「中国」が揺らぎ始めた時期と、朱全忠封東平王という決定的に「天下」=「中国」が崩れた時期であることが分かる。つまり、「天下」=「中国」の図式が危ぶまれた頃に「平（郡）王」が出現し、五代期にその完成形を見ることが諒解される。

(32)荊南高氏の論理としては、中原王朝による平王封爵が勢力存続のための一つの方策であったことも事実である。確かに、度々中原王朝から叛したが、その結末にもたらされたものは、荊南の経済的困窮であった。『資治通鑑』巻二八八、後漢高祖乾祐元年六月条に、
高従誨既与漢絶、北方商旅不至、境内貧乏、乃遣使上表謝罪、乞脩職貢。詔遣使慰撫之。
とし、荊南にとって中原との政治的断絶は、北来商人などの経済的不通状態を引き起こすものであった。また、同巻二八七、後漢高祖天福十二年八月条に、
初、荊南介居湖南・嶺南・福建之間（胡注、此語専為三道入貢過荊南発）、地狭兵弱、自武信王季興時、諸道入貢過其境者、多掠奪其貨幣。及諸道移書詰譲、或加以兵、不得已復帰之、曽不為愧。
とあり、荊南が中原入貢の際の通過地であり、その財貨を横奪することも多かったが、これは荊南が中原と政治的に結

びついているからこそ可能なのであった。荊南にとって中原に対する政治的従属は地域経済上、不可避であったのである。

(33) 『宋史』巻四八五・四八六、夏国伝。

(34) 同右、巻四八八、交阯伝。

(35) 北宋朝の国家秩序を明らかにする論文が近日増えつつある（前掲注4古松論文等）。西夏や交阯に対する「平王」号封爵や契丹・高麗との関係を含めた北宋朝国家の特質を全体的にとらえる必要があろう。

(36) 『宋史』巻七、真宗紀二、大中祥符元年十月癸丑条、

両浙銭氏・泉州陳氏近親、蜀孟氏・湖南馬氏・荊南高氏・広南河東劉氏子孫未食禄者、聴敍用。

(37) 第四章「五代における「中国」と諸国の関係――五代天下の形成、其の二――」を参照。

(38) ただ贅言するまでもなく、『旧五代史』は完本が存在せず、現在目にするものは永楽大典などからの復原である。故に確実に『旧五代史』に「十国」の語がなかったとは言い切れないものの、『五代史記』に見られるように、明らかに「十国」世家を立ててはいなかったことは注目される。

(39) 陳振孫『直斎書録解題』巻五に、

九国志五十一巻。右正言知制誥祁陽路振子發撰。九国者、謂呉・唐・二蜀・東南二漢・閩・楚・呉越。各為世家列伝、凡四十九巻。末二巻為北楚、書高季興事、張唐英所補撰也。

とある。また王應麟『玉海』巻四八に、

治平十国志。真宗時、知制誥路振采五代僭偽呉・唐・前蜀・後蜀・南漢・北漢・閩・楚・呉越九国君臣行事、撰九国志、為世家列伝四十九巻。其孫倫又増高氏為十国志、治平元年六月辛酉、倫上之。詔付史館。張唐英補為北楚書二巻、合五十一巻。

と述べる。さらに守山閣叢書本『九国志』に付す周夢棠（邵晋涵が『九国志』を『永楽大典』から撰出したものを編纂した人物。現在われわれが目にする『九国志』を編む）の按語によれば、

蓋綸雖経増輯、而当時所伝播者、則唐英補撰也。書仍路氏之旧、故不改旧名。其書向無刊本。

とする。

（40）『続資治通鑑長編』巻二〇二、治平元年六月条に、

駕部郎中路綸献其父振所撰九国志五十巻、詔以付史館。振在真宗時知制誥、所謂九国者、呉楊行密・南唐李昇・閩王潮・漢劉崇・南漢劉隠・楚馬殷・西楚高季興・呉越銭鏐・蜀王建孟知祥也。

とあって、前蜀・後蜀を合わせて一つとし、計「九国」としている。

（41）李紹平「路振与《九国志》」（『史学史研究』、一九八四年第三期）も参照。なお、李氏も路振『九国志』に南平は含まれていなかったとする。

（42）『直斎書録解題』巻五には、

劉恕撰。十国者、即前九国之外、益以荊南、張唐英所謂北楚也。

とあり、晁公武『郡斎読書志』巻七には、

十国紀年四十二巻。右皇朝劉恕道原撰。……所謂十国者、一王蜀、二孟蜀、三呉、四唐、五呉越、六閩、七楚、八南漢、九荊南、十北漢。

と解題している。

（43）ただし石田肇氏は、『九国志』も路振は執筆当初から「十国」を著述する意図があったとする。「新五代史の体例について」（『東方学』五四、一九七七年七月）、同「新五代史撰述の経緯」（『東洋文化』四一・四二合併号、一九七六年三月）を参照。

（44）本章で見たような仁宗朝下の欧陽脩の「五代十国」規定に始まり、神宗朝下の司馬光『資治通鑑』にある程度完成すると思われる宋代独特の史観は論及の価値がある。吉川幸次郎氏は、『資治通鑑』の生まれる背景に、「過去の人間の生活を批判する態度を、従前よりも多くもったことにある」と考える（「宋人の歴史意識――「資治通鑑」の意義――」『吉川幸次郎全集』一三、筑摩書房、一九六九年）。また小島毅氏によれば、宋代の歴史意識の分水嶺は仁宗朝慶暦年間にあり、これより宋朝は唐朝を越え、堯舜に準えるものであるとの心性の転換があったとする（「宋代人の歴史意識――朱子学勃興の背景――」、小島毅編『多分野交流演習論文集　東洋的人文学を架橋する』東京大学大学院人文社会系研究科多分野交流プロジェクト、二〇〇一年七月）。副題からも分かるとおり、小島氏の主眼は朱子学勃興の契機として慶暦年間を挙げている。仁宗朝より神宗朝にいたる期間における、欧陽脩『五代史記』、司馬光『資治通鑑』など私撰史書の成

立、および『崇文総目』など官蔵書目の整理（『続資治通鑑長編』巻一三四、仁宗慶暦元年十二月己丑条「翰林学士王堯臣等上新修崇文総目六十巻。景祐初、以三館・秘閣所蔵書、其間亦有謬濫及不完者、命官定其存廃、因倣開元四部録為総目、至是上之。所蔵書凡三萬六百六十九巻、然或相重、亦有可取而誤棄不録者」）といった、公私にわたる歴史書編纂事業を当時の歴史観と合わせて分析を加える必要がある。

第二章　五代「中国」の道制——後唐朝を中心に——

はじめに

唐から宋にかけては行政・財政・軍事にわたって中央集権化がはかられた時代であり、その間に生起した藩鎮は中央集権の妨げであって、その解消こそが中央集権化にとって急務であったとするのが定説である[1]。また同時に藩鎮の長官である節度使などによる地方分権的武人支配が、宋代の中央集権的な文臣官僚支配へ移行したとされる[2]。代表的には日野開三郎氏によってうち出されたこの王朝対藩鎮の図式は「藩鎮の滅亡＝中央集権化」として説かれるが、その見解は再検討の必要に迫られている。それを示すのは、藩鎮を単なる王朝に対する反分子として見なすのではなく、唐朝の地域支配に果たした役割を積極的に評価する一連の研究の存在である。

中でも鄭炳俊氏は従前の藩鎮研究への批判として直達・直下の問題を取り上げた[3]。直達とは藩鎮の属州が中央へ直接上申することをいい、直下とは藩鎮を媒介としないで属州に対して中央政府が直接に命令を下すことを指すが、従来では唐後半期は藩鎮跋扈によりその属州などに対する中央の命令系統が寸断された結果、中央集権が著しく損なわれた時代であって、五代後半期から見られる直属州の増加などは、宋代に繋がる中央集権化の発露ととらえられてきた。しかし、鄭氏は唐後半期においても直達・直下が行われており、やがて中央政府と州との間に観察使が介在する傾向を見せ、五代には一部を残し直達・直下は見られなくなることを明らかにした。鄭氏の研究は唐後半期から史上を賑わす藩鎮の持つ唐朝制度運営における一定の役割評価を示している。このような認識は、藩鎮幕職官が中央政府への出世ルートとして確立していたとする渡辺孝氏の研究や、藩鎮内幕職官の人事権を中央政府の吏部とのかかわりで述べる松浦典弘氏などの研究とあわせて、近年の唐代藩鎮研究の一動向であるといえる。端的にいえば、それは藩鎮を反中央・反中央集権の契機としてではなく、唐後半期の支配システム、つまり中間行政区画としてとらえようというものである。ここにいう中間行政区画とは、末端行政区画である州県の集合であり、行政レベルを一等上げた行政区画――唐後半期から五代にかけては「道」――を指す。

前近代中国国家全体の歴史を見渡したとき、その地方行政体系は州（郡）―県という二級制であった秦・前漢、隋唐前半期などよりも、概ねは道（あるいは後漢・魏晋南北朝の州［のち都督区］、宋の路、明清の省）―州（郡）―県の三級制の方が長かった。道や州、路、省といった中間行政区画はそれぞれ歴史的諸相において機能を異にし、同列に論じることは危険を伴うものの、前近代中国の中央集権国家がその絶えざる消長の中で生み出し続けるという事実は否定できない。例えば『通典』巻一七一、州郡序目上に、

宋の武帝は北のかた広固を平らげ、西のかた梁益を定め、又た長安に克ち、尽く河南の地を得。……凡そ二十有二州、……郡は凡そ二百三十有八、県は千一百七十有九。……後魏は北方より起こり、……今旧史を按ずるに、州百十有一、郡五百十有九、県千三百五十有二を管す。

宋武帝北平広固、西定梁益、又克長安、尽得河南之地。……凡二十有二州、……郡凡二百三十有八、県千一百七十有九。……後魏起自北方、……今按旧史、管州百十有一、郡五百十有九、県千三百五十有二。

とあり、また『宋史』巻八五、地理志一に、

至道三年、天下を分かちて十五路と為し、天聖に析して十八と為し、元豊に又た析して二十三と為す。……宣和四年に迨び、又た燕山府及び雲中府路を置き、天下分ちて路二十六、京府四、府三十、州二百五十四、監六十三、県一千二百三十四たり、極盛と謂うべし。

至道三年、分天下為十五路、天聖析為十八、元豊又析為二十三。……迨宣和四年、又置燕山府及雲中府路、天下分路二十六、京府四、府三十、州二百五十四、監六十三、県一千二百三十四、可謂極盛矣。

とあって、魏晋南北朝の州や宋代の路といった中間行政区画は、その下の直接的地方統治機構である郡（または州）県の集合的組織として、国家が治める支配地である「天下」に布置されている。また多いときには四〜五〇州、少ないときには二・三州によって構成される極めて可変的なこの中間行政区画は、自然地理的な区域分けとは違い、当該時期の政治権力のあり様に従い構成様式と組織が大きく異なることも事実である。このような中国における中間行政区画の形成を問題とすること[7]は、その専制国家の構造が中央集権体制を持ちつつも、地域支配については州県などの末端行政区画と中央政府との間に行政区画を生ずるという特質を把握する上で有効であろう。特に唐から宋にかけて従来説かれる〝中央集権化〟を中間行政区画としての道制という視点から考察することで、中国専制国家の地域支配に対する理解をより一層促すと思われる。郭鋒氏も唐代における「道」の巡察区画から行政区画への変遷をたどり、唐代乾元〜大暦年間（八世紀後半）以降の「道」を地方行政管理機構ととらえる[8]。しかしながらその考察は五代にまで及んでおらず、ここに五代の道制に関する考察が求められている。

　そこで本章は、唐後半期に設置され、五代特に後唐朝に完成した「道」について注目し、五代王朝の実効支配地である「中国」における中間行政区画が地域支配構造として果たした役割を探求しようと思う。およそ行政区画が行政を行う区画として機能していたことを理解するためには、その行政区画での行政運用のあり方を知るのが一番である。とりわけ文書行政が古来から発達した中国においては、関係機関の文書のやり取り、つまりは命令系統（下達や上申を含めて）がその指標となる。裁判の手続きや軍事命令、財政支出には必ず文書の手続きが必要であり、そこに大小の行政区画間の命令系統が浮き彫りとなる。故に本章では、五代「中国」の中央行政府と道、そして州の間の命令系統を中心的に取りあつかう。また、中間行政区画の運用のためには財源が必要となるが、中間行政区画に独自財政が達成されると、中央財政と切り離れることによってその区画内の独自支出を導き出し、中間行政区画の自立性――あるいは行政区画の定立化――を保障することになる。こうした中間行政区画財政の整備・独立が一段と進んだのが後唐朝であり、とりわけ中央集権化が進んだとされる明宗期に租庸使の直下が廃止されて、その財政は一部中央財政への供出を除いて、独自運用されるにいたった。そこで、命令系統や地方財政のあり様に見る中間行政区画の発達が顕著な後唐朝が本章の主な舞台となる。

第一節　五代「中国」における道と州の状況

まず五代「中国」全般における州の状況を見ておく必要がある。唐後半期からの藩鎮の制度を受けて、その州は幾種かにランク付けされていた。[9] その第一は京師であり次に府があるが、ここではひとまず置いておくと、次に節度兼観察使の置かれる節度州（基本的には属州を持ち、あわせて藩道を形成）、防禦州（州の長官である刺史が防禦使を兼ねる）、団練州（刺史が団練使を兼ねる）、刺史州と下る。

州のランクは州の長官である刺史がそれぞれ節度使・防禦使・団練使を兼任することで規定される。[10] 兼任される使職の設置は各地の州そのものに対してなされ、前線地や反乱した地では州のランクが昇降されるが、その他の州では五代を通じて同じランクと見てよい。北宋代のことではあるが『職官分紀』巻四〇、諸路節鎮防団刺史

州の京東路を例にとって見ると、

京　東　節　鎮　　鎮海軍青州　武寧軍徐州　天平軍鄆州　泰寧軍兗州　彰信軍曹州
安化軍密州　興徳軍斉州
京東防禦州　登州　莱州　沂州　済州
京東団練州　単州　濮州　濰州
京東刺史州　淄州

とあって、五代における各州のランクの名残を受け、使職に応じて州のランクが規定されている。

　そして以上挙げた各種の州を大別すると、節度使州を中心に防禦州・団練州・刺史州を属州として「藩道」を形成するものと、京師に直結するいわゆる「直属州」とに分けることができる。そして本章で中心に取りあつかう後唐朝ではそのほとんどが藩道に含まれる州であって、直属州はあまり見られない。このことを栗原益男氏『五代宋初藩鎮年表』（東京堂出版、一九八八年。以下【栗原】と略称）を参考にしながら見てみることとしよう。

a．後唐朝の藩道・属州

　同光二年（九二四）建国前後の後唐期の領域は総じて一二九州であり、その内訳は［一京＋三九道］＋八八属州となっている。その具体的な道と州の構成は表1〈後唐藩道表〉のごとくである(11)。

　後唐朝諸州の概況を見てみると、まず一二七の州（洛・雍二州は除く）は三九道に包摂されている。本表の状況は建国し中原を手中に収めた頃のものであるから、一四年弱の王朝存続間に道と州の数が増減するが、全体として道の構成州数を見ると、一～四州を母体とする藩道がほとんど（約八〇％）である。後唐朝の直接支配領域での

表1　後唐藩道表

構成州数	節度州(属州)	道数
一州	汴、同、耀、豊	4
二州	徐(宿)、安(申)、蒲(絳)、孟(懐)、陝(虢)、華(商)、鄜(坊)、延(丹)、岐(乾)[12]、雲(応)、潞(沢)、	11
三州	兗(沂・密)、許(陳・蔡)、襄(均・房)、邢(洺・磁)、定(易・祁)、滄(徳・景)、	6
四州	青(淄・登・萊)、鄆(曹・斉・棣)、宋(亳・単・潁)、滑(汝・濮・鄭[13])、鄧(唐・隨・郢)、晉(沁・慈・隰)、邠(寧・慶・衍)、夏(綏・銀・宥)、涇(原・渭・武)、秦(成・階・隴)、鎮(趙・深・冀)、新(媯・儒・武)、朔(麟・勝・府[14])、荊(峡・帰・復)	14
五州	霊(塩・威・雄・警)	1
六州	魏(博・相・衛・澶・貝)	1
七州	幽(檀・涿・薊・瀛・莫・順)	1
九州	并(嵐・遼・石・代・忻・蔚・憲・汾)	1
	計	39

＊本表より、後唐朝建国当時に京都であった洛・雍二州は省いた。

道は平均的に見て二～四州によって構成されていたことがまず確認される。また本表では直属州が挙がっていないが、その詳細は本節のcに譲る。

b．藩鎮分割の事例

日野氏に従えば、五代全般にわたって藩鎮勢力の削減として、藩鎮分割・直属州の増加が行われ、宋代太平興国二年（九七七）八月の属州解消、一州一鎮体制へつながり、それが中央集権化のプロセスとして語られるが[15]、このことを改めて検討してみることとしよう。

五代を通じて大型藩鎮の分割が行われたのはただの三回のみである。後梁期の襄州藩鎮から鄧州藩鎮の分裂、後唐期の并州藩鎮から属州の分離・建節、後晋期の魏州藩鎮の四分割である。

まず襄州藩鎮については、後梁建国当時において襄州山南東道節度使は総じて一〇州を統べる大領域であった。それが、開平三年（九〇九）五月に鄧州を使府として宣化軍が設置され、泌（唐）・隨・復・郢四州をその属州と

後唐同光二年藩道図

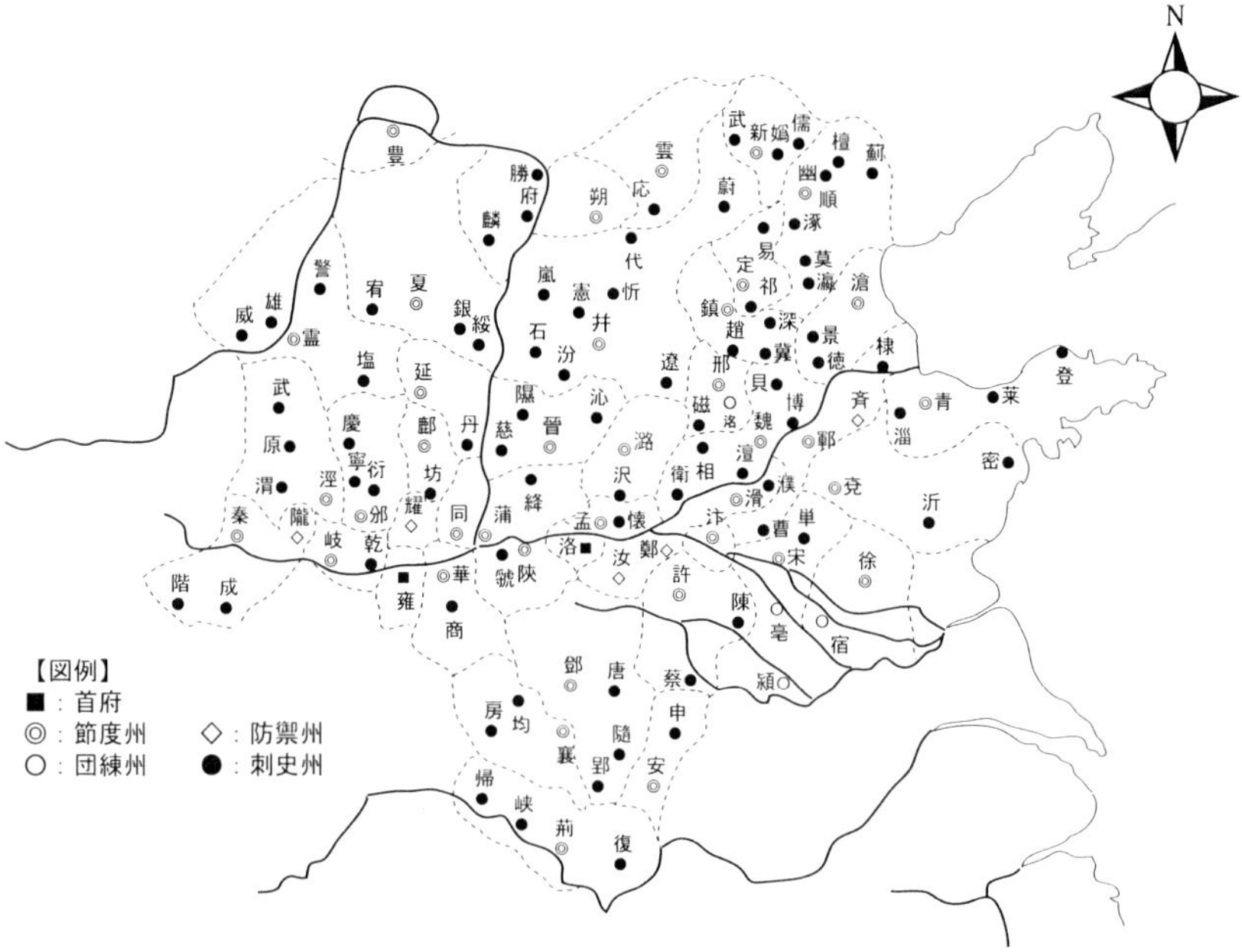

した。両鎮は漢水を中心に左右に分かれたわけである[16]。また襄州節度から安州藩鎮が中州を属州として貞明六年（九二〇）正月に分立している[17]。これで一道一〇州の藩鎮は三道に分かれ、それぞれ襄州（属州二）、鄧州（属州四。うち復州は同光二年［九一四］五月に荊南節度に編入）、安州（属州一）と細分された。

次に幷州河東軍節度使は後唐・後晋・後漢・北漢の本拠地であって、五代を通じて大藩で、当初一五州[18]の藩鎮であった。その藩鎮から同光二年（九二四）六月に、晉州藩鎮の属州として慈・隰二州が分割される（『五代会要』巻二〇、州県分道改置、河東道条）。次に、後唐荘宗同光二年（九二四）に雲州大同軍が再設置され[19]、応州をその属州として成立した[20]。この他、後唐荘宗即位の前に朔州節度使が建てられ属州に麟州が加わり（【栗原】朔州藩鎮注三）、幷州藩鎮は九州の藩道となった。

そして有名な魏博藩鎮の分割に触れておこう。唐後半期「河朔三鎮」の一雄として反側を示していた魏博も五代には貝州・相州・澶州が独立藩鎮化し、細分化の目にあっている。魏博分裂化の動きは早く後梁末帝期に相州藩鎮（属州は衛・澶州）が分立するものの、その「強い地域性と一枚岩の強固な団結力をもった」[21]世襲的軍隊「牙軍」の乱により、貞明元年（九一五）魏州藩鎮は李晉に附してしまい、残った相州藩鎮も翌年程なく李晉に奪われ、その手によって相州藩鎮は廃され旧に復した。本格的に削藩されるのは後晉天福三年（九三八）十一月からで、先ほど失敗に終わった相州藩鎮設立が再び行われ[22]、さらに、時を同じくして貝州藩鎮が新設された[23]。これによって魏州（当時は鄴都）は属州すら全く持たなくなる。しかし魏博の再編成はまだ続き、開運元年（九四四）八月には澶州が節度州に昇ることとなった[24]。雄藩で鳴らした魏博も都合四藩鎮（魏・相・貝・澶）に分割されたのであった。

以上大藩三つの分割状況を概観したが、もちろん五代における藩鎮の分割・置廃はこれだけにとどまらず、各王朝の情勢に応じて行われていた。五代を通じ契丹南進の最前線地（府州や易州）、また前後蜀（金州や鳳州）との境界地では州の争奪が繰り広げられ、また藩鎮や州が反乱を構えたりあるいは帰順を示すなど、藩道や州の浮動を史料は伝えている。しかし、やはり藩鎮分割の事例は総体として大藩の場合にのみ見られ、しかも分割された藩鎮はその標準である二〜四州の藩鎮に再構成されていたのである。

c. 直属州の問題

前述のように日野氏はその論文で後晉から後周にかけての直属州の増加は中央集権の強化を背景としたものであるとした[25]。しかし氏の挙げる州は京師への一時的な直属であり、それをもって直属州の増加、そして中央集権化を説くのは躊躇せざるをえない[26]。ここでは、別の角度から直属州の問題を検討してみよう。

宋初において、藩鎮を最終的に解体したことで有名な太平興国二年（九七七）八月属州解消の詔がある。『続資治通鑑長編』巻十八、太平興国二年八月戊辰条に、

上初め即位し、少府監高保寅を以て知懐州とす。懐州は故《もと》河陽に隷し、時に趙普は節度使たり、保寅は素より普と隙有り、事頗る普の抑うる所と為り、保寅は心平らかにする能わず、手ずから疏して節鎮の属州を領するの制を罷めんことを乞う。乃ち懐州に詔して京に直属せしめ、長吏は自ら奏事するを得さしむ。是《ここ》において虢州刺史許昌裔は保平節度使杜審進の闕失せし事を訴え、右拾遺李瀚に詔して往きて之れを察せしむ。……邠寧・涇原・鄜坊・延丹・陝虢・襄均房復・鄧唐・澶濮・宋亳・鄆済・滄徳・曹単・青淄・兗沂・貝冀・滑衛・鎮深趙・定祁等州に詔して並びに京に直属せしめ、天下の節鎮に復たは支郡を領する者無からしむ。

上初即位、以少府監高保寅知懐州。懐州故隷河陽、時趙普為節度使、保寅素与普有隙、事頗為普所抑、保寅心不能平、手疏乞罷節鎮領支郡之制。乃詔懐州直属京、長吏得自奏事。於是虢州刺史許昌裔訴保平節度使杜審進闕失事、詔右拾遺李瀚往察之。……詔邠寧・涇原・鄜坊・延丹・陝虢・襄均房復・鄧唐・澶濮・宋亳・鄆済・滄徳・曹単・青淄・兗沂・貝冀・滑衛・鎮深趙・定祁等州並直属京、天下節鎮無復領支郡者矣。

とあって、当時の藩鎮下の属州に対しすべて藩鎮を介せずに直接に中央命令の及ぶこととしたものである。ところが、ここに挙がる諸州は宋代華北の領域すべてではなく、なお残る諸鎮に対して日野氏は的解を得ないとし[27]、また栗原氏は他の藩鎮属州は漏れたのではないかと想定している（前掲【栗原】）。

いま掲示した史料に附した中黒点（・）は藩鎮としての切れ目を示している。またその最初が使府、続くのが属州である。つまり、邠寧の場合は邠州が節度州、寧州が属州である。この詔は属州解消を宣言するものであり、

普通考えれば属州を有する藩道を対象とし、属州を持たない一州節度はその中に含まない（当時一州鎮であったのは雍・密・徐・宿・陳・蒲・華・同・耀・秦・隨・金・魏・相・麟・府・潞州）。また、宋代太平興国二年（九七七）八月以前に直属された州も含まないであろう（商・慶・成・階・沢州）。この他に残る州は二五州（後周で入手した淮南一四州、太宗朝のこの時までに領域に入った華南諸国は省く）ある。ここでその二五州を挙げておこう。

節度州―許・晉・岐・安

防禦州―登・萊・斉・棣・蔡・汝・鄭・絳・隴・郢・祇

団練州―潁・鳳・隰

刺史州―解・(乾)(28)・渭・申・博・磁・易

この中には唐後半～五代前半の頃までには右記史料の属州解消藩鎮の属州として含まれていた州、また節度州およびその属州関係にあった州が含まれる。故に栗原氏は右記史料が脱落を含み、この年をもって属州が全て解消されたと考えたのであった。しかし、栗原氏の考察およびその論著には直属州が根本的に想定されず、その研究にのみ拠って宋初までの藩道および属州を復元することはできない。

今一度、先の詔の性格を考えてみたい。繰り返すがそもそもこの詔は属州解消を行うものであり、すでに属州を持たない一州節度は対象に挙がっていなかった。またすでに州が直属されていれば、当然その州も含まない。故に宋以前、すでに直属化されていた州（属州をもたない節度州も当然中央行政府に直属している）はここに挙がらない。つまり、一州節度と宋朝に直属化された州を除く詔に挙がらない二五州は、宋以前の直属州の数を示すものと思われる。

右に挙げた二五州の格付けは五代全般を通じて昇降する場合もあるが、最終的に太平興国二年までに確認できるものに振り分けた。その決定の仕方は、史料上に「鄭州防禦使張虔釗」（『資治通鑑』巻二七六、後唐明宗天成三年四月）などと出てくるものに拠っている。また刺史州は、「○州防禦使」「△州団練使」と史料上出てこないものを振り分けた。節度州は当初から中央行政府に直属しているので除外するとして、こうして見ると、防禦州が明らかに多いことが一見して理解できる。

そして直属州は防禦州にされることが多い。襄州・復州・兗州が防禦州とされたことは章末の注(26)に示したが、青州では「晉開運元年十二月、降して防禦州と為し、登・萊・淄三州と並びに京に属す」（『五代会要』巻二四、諸道節度使軍額条）とある。つまり『五代会要』巻二四、諸道節度使軍額や『太平寰宇記』に記される「○州を升して（降して）防禦使（団練使）と為す」との一文は実は直属州とすることを示し、「京に直属す」と語を省略していたのではあるまいか。日野氏の挙げた直属州はほとんどが一時的なものであったが、ここに挙げた二五州が宋初までにすでに直属州となり、五代にわたり存在した。もちろん、防禦州全てが直属州であった訳ではなく、防禦州の中には藩道の属州であった場合もあって問題を複雑にしている。かつここに挙げたすべての州が五代全般に直属したとは考えられず、またどの州がどの時期に直属となったのかも史料上判別しがたく、いまは後考に俟つほかない[29]。しかしながら、以上の検討が妥当ならば、太平興国二年八月の属州解消の詔にのぼらない諸州は、すでに京師に直属されていた直属州か一州節度であったのである。

以上の三小節を簡単にまとめると、五代後唐期にはほとんどの州が藩道を形成し、その支配体制の根幹をなしていた。その藩道はおおよそ二～四州で構成され、後唐の直接支配領域に隈なく配置されていた。そして後晉中ごろから直属州が増やされ、その結果に伴って藩道構成州が減少（一・二州藩道が中心となると思われる）してゆくが、続いて藩道の再設置も並行して行われ、宋代に入って遂に太平興国二年（九七七）八月の詔で華北の支配地域における凡そ半分程度の州が直属とされた（この時までに四分の一程度の州が一州鎮、残り四分の一が直属州）のである。ここに中間行政区画としての道は消滅したことになるが、宋代では太宗の末年に十道制が復活し（『宋史』巻五、太宗紀二、淳化四年［九九三］十月庚午）次いで路制が敷かれる（「至道三年［九九七］、分天下為十五路、天聖析為十八、元豊又析為二十三」『宋史』巻八五、地理志一）ことになり、中間的な行政区画は変質しつつ存続した。行政全般をその長官である節度兼観察使が決裁する道制とは異なり、宋代の路制は財政・軍事・司法それぞれに監督者が並存する監督区画となり、路単位での行政監督が分掌されるようになったのである。(30) 宋代路制へと繋がる藩道の消滅要因はのちに譲り、中間行政区画としての道の特徴を次に見てゆきたい。

第二節　藩道—属州命令系統

五代では中央と藩道と州との関係はどのようであったか。ここではその藩道そのものの構造をいわゆる直達・直下の問題と関連させて見ることにしよう。

まず、後唐朝における直達・直下のあり様を伝える史料として、著名な荘宗同光二年（九二四）十月の勅がある。冬十月辛未、天平節度使李存霸・平盧節度使符習言えらく、属州多く租庸使帖を直奉して公事を指揮すと称し、使司殊さら知らず、規程を紊すこと有り、と。租庸使奏すらく、近例皆な直下す、と（胡注、時に租庸使帖は諸州に下りて調発し、節度観察使に関せず、之れを直下と謂う）。勅すらく、朝廷の故事は、制勅は支郡に下らず、牧守は奏陳を専らにせず。今両道の奏する所、乃ち本朝の旧規なり。租庸の陳ぶる所、是れ偽廷の近事なり。今より支郡は自ら進奉するにあらず、皆な須べからく本道に騰奏すべし、租庸の徴催も亦た須べからく観察使に牒すべし。此の勅有りと雖も、竟に行われず。

冬十月辛未、天平節度使李存霸・平盧節度使符習言、属州多称直奉租庸使帖指揮公事、使司殊不知、有紊規程。租庸使奏、近例皆直下（胡注、時租庸使帖下諸州調発、不関節度観察使、謂之直下）。勅、朝廷故事、制勅不下支郡、牧守不専奏陳。今両道所奏、乃本朝旧規。租庸所陳、是偽廷近事。自今支郡自非進奉、皆須本道騰奏、租庸徴催亦須牒観察使。雖有此勅、竟不行。（『資治通鑑』巻二七三、後唐荘宗同光二年十月辛未条）

同じエピソードは『五代史記』巻二六、孔謙伝にもある。

故事に、観察使の治する所の属州の事は、皆な専達するを得ず、賦調する所を上すも、亦た観察使に下して之れを行なわしむ。而るに謙は直ちに租庸帖を以て諸州に調発し、観察に関せず、観察使は交章論理し、以謂えらく、制勅は支郡に下らず、刺史は奏事を専らにせず、唐制なり。租庸の直帖は、偽梁の弊に沿い、法と為すべからず。今唐運中興す、願うらくは旧制に還されんことを、と。詔して其の請に従わしむるも、謙は詔を奉ぜず、卒に直帖を行う。

故事、観察使所治属州事、皆不得専達、上所賦調、亦下観察使行之。而謙直以租庸帖調発諸州、不関観察、観察使交章論理、以謂、制勅不下支郡、刺史不専奏事、唐制也。租庸直帖、沿偽梁之弊、不可為法。今唐運中興、願還旧制。詔従其請、而謙不奉詔、卒行直帖。

この二つの史料によってここに二つの体制が読み取れる。

まず「偽廷（後梁）の近事」とされる租庸使の直下。租庸使の降す税賦取立ての帖が観察使を媒介せず、藩道の属州に対して直接下されており、詔勅で禁止されながらも止められることはなかった。この問題は次節で検討する。

次に「朝廷の故事」と呼ぶもの。観察使が治める藩道に属する属州は、直接中央への上奏を許されず、観察使へ騰奏しなければならない。また詔勅も属州に直接下されることはなく、観察使を経由しなければならない。故に租庸使が降す帖も観察使に対して下し、属州に行ってはならない。これは完全に藩道を州より上級の行政区画と規定し、しかも詔勅によって中央政府と州との間に中間区画として介在することを認めている。

このような、五代期の藩道と属州との命令関係を具体的に伝える史料を以下に列記した（表2〈五代藩道命令系統表〉）。順番は時代順にくだっている。また先に挙げた『資治通鑑』『五代史記』のエピソードは№③と同記事である。

№②⑤⑦⑨⑩に見られるように、詔勅などによる中央政府の命令は、ひとまず諸道に対して下され、その後諸道が属州へ命令内容を「散下」し指揮するのであった。また逆に属州の上奏に関しては、№③⑤⑥⑪⑬にあるように、刺史が自ら上奏（直達）することは禁じられ、観察使への報告を義務付けられていた。命令系統に見る限り、観察使の置かれる藩道は中央と州とを連繫する政治区画として規定されていたことが分かる。

また№⑥⑫では裁判するにあたって、藩道観察使が州の上位審級として定位されており、州県から観察使を越えて中央政府に越訴することは禁じられていた。藩道内の人事に関しては、№①⑧によって、防禦使・団練使・刺史・行軍司馬・節度副使・両使・判官などの上級官吏以外の下級官吏は藩道内で奏辟することが認められていた。藩道は州より上位の地方行政の区画として定立されていたのである。

しかし、これで中央と属州との関係が全く絶たれたわけではなかった。中央政府によって直接に刺史を始めとする藩道内の上級官吏が任命されていたのである。荘宗が即位を果たし、翌年の二月に行った南郊祀後の制を見てみよう。

後唐荘宗同光二年二月、南郊畢り、制して曰く、……刺史県令、農桑を勸課し、戸口を招復し、税額を増加

表2　五代藩道命令系統表

No.	年号	本文	史料	備考
①	同光二年(九二四)八月	中書奏：自今後諸道除節度副使・両使・判官除授外、其餘職員幷諸州軍事判官、各任本処奏辟。其軍事判官仍不在奏官之限。……従之。	冊六一、帝王・立制度二	人事
②	同光二年(九二四)八月	勅：四京併諸道州府及京百司、応申奏諸色公事奏状等、先曾指揮、並須実封斜角。其常呈奏状、於斜封上、明題所為公事。或干軍機言不題事、直至御前開封進呈事宜。指揮四京及諸道、令散下管内諸州、依元宣旨処分。其在京百司、仍令御史台各録勅文暁告。	会四、牋表例	全般
③	同光二年(九二四)九月	詔：今後支郡公事、須申本道、本道騰状奏聞。租庸使合有徴催、只牒観察使、貴全礼体。	冊六一、帝王・立制度二	全般、財政
④	天成元年(九二六)四月	中書門下奏請：停廃諸道監軍使内局司租庸院大程官、……仍委節度使通田、三司不得差使量検、州使公廨銭物先被租庸院一切管係、今拠数却還州府、州府不得科率、……今欲暁告河南府及諸道、准此施行。従之。	冊一六〇、帝王、革弊二	財政
⑤	天成元年(九二六)八月	勅：如刺史要奏州県官、並須申本道、請発表章、不在自奏之限。……宜令諸道州府、仍下管内諸州、準勅命処分。	会二五、幕府	人事
⑥	天成四年(九二九)六月	左散騎常侍蕭希甫上奏：以四方刑獄、動皆上聞。……伏乞条流、県令凡死罪以下得専之。刺史部内有一吏一民犯罪、得専之。観察使部内有犯罪五人已下、得専之。……奉勅、刺史既為属郡、不可自専。按牘既成、須申廉使、餘依所奏。	冊六五、帝王、発号令四	裁判
⑦	長興元年(九三〇)五月	勅旨：自今後、凡有除移准宣詔追抽外、其餘須候替人到、彼点検交割、軍州公事了日、即可発離本処、不得輒離州府。仍令逐道観察使散下管内諸州、准此指揮。	冊六六、帝王、発号令五	全般

⑧	長興元年（九三〇）六月辛亥	勅：宜令諸道応有防禦・団練・刺史・行軍司馬・節度副使等、或月限将満、或遇闕員、須俟朝廷除授、不得更奏薦。	冊六六、帝王、発号令五	人事
⑨	長興二年（九三一）三月辛亥	勅：自今後切委逐処官吏州牧県宰等、深体予懐、各挙爾職。凡関推究、速与剸裁、如敢苟縦依違、遂成枉濫、或経台訴屈、或投匭申冤、勘問不虚、其元推官典、幷当責罰。其逐処観察使・刺史別議朝典。宜令諸道州府、各依此処分、所管属郡、委本道厳切指揮。	冊一五一、帝王、慎罰	裁判
⑩	天福四年（九三九）五月甲寅	勅：訪聞朝臣、於外州侯伯、求其表状、奏薦交親。……今後文武庶官、不可更行薦託、如有状書、便宜密具進呈。観察使散下、諸州亦准此処分。	冊六六、帝王、発号令五	全般
⑪	乾祐三年（九五〇）五月	勅：諸防禦団練州申奏公事、除朝廷以軍期応副、則不及聞於廉使、如尋常公事、不得自専、須先申本官、斟酌以聞、今後州府、不得違越。	会二四、諸使雑録	軍事以外
⑫	広順二年（九五二）十月辛亥	勅：今後百姓凡有訴論、及言災沴、先訴於県、県如不治、即訴于州、州治不平、訴於観察使。或断遣不当、即可詣台省。	冊六六、帝王、発号令	裁判
⑬	広順三年（九五三）四月	勅：鳳翔属郡、宜令依諸道体例指揮。今後凡諸県公事、徴科訴訟、並委逐州官員区分於事、或有疑悞、須稟使府者、則県申州、州申使府、不得驀越。	冊六六、帝王、発号令	全般

＊『五代会要』・『冊府元亀』は、それぞれ会・冊と略記した。

し、撿勘に虚ならず有り。本道観察使に委して、条件奏聞し、当に進陟を加うべし。如し貪墮理まらず、害人に及ぶ者は、速やかに便ち停替せしめ、葺養に務め、朕が意に称え。……偽朝は士を取るに多く才を択ばず、蓋し藩方の奏論よりし、因りて権勢の嘱託するに及び、賄賂を公行し、典章を蔑顧し、官に到りては惟だ誅求に務め、任に在りては葺理を司どること莫く、或いは聚蓄して更に後任を希い、或いは掊斂して前恩に報う、上下相い蒙り、遠邇害を為し、生霊困弊す、職《た》だ此れ之れに繇る。此れより牧守令録の官は中書門下に委して、選択を精加し、三銓注擬に至らば、亦た吏能を審詳するに在り、如し貪猥聞有らば、更に令録を受するを得ず、官に到るの後に及びては、本道観察使に委して、切に銓轄を加え、仍お本州判官に勒して、専ら察訪を為さしめよ。如し贓罪を掩いて、具に聞奏せざれば、豈に独り本官を罪と為すのみならんや、兼ねて亦た長史に累及せよ、と。

後唐荘宗同光二年二月、南郊畢、制曰、……刺史県令、有勧課農桑、招復戸口、増加税額、撿勘不虚。委本道観察使、条件奏聞、当加進陟。如貪墮不理、害及於人者、速便停替、務於葺養、称朕意焉。……偽朝取士多不択才、蓋自藩方奏論、因及権勢囑託、公行賄賂、蔑顧典章、到官惟務於誅求、在任莫司於葺理、或聚蓄更希後任、或掊歛以報前恩、上下相蒙、遠邇為害、生霊困弊、職此之繇、自此牧守令録之官、委中書門下、精加選択、至於三銓注擬、亦在審詳吏能、如貪猥有聞、不得更受令録、及到官後、委本道観察使、切加銓轄、仍勒本州判官、専為察訪。如掩贓罪、不具聞奏、豈為独罪本官、兼亦累及長史。（『冊府元亀』巻六九、帝王部、審官）

まず、刺史や県令の本来的職務は民に対して農作業を奨励し、人戸を招き入れて増やすことにあり、その観察使は調査の結果事実であったなら、箇条書きで上奏する。また刺史・県令の中に貪欲怠惰で政治をせず、その害が民にまで及ぶような者は、すぐさま職を停止して別の者に交替させせなければならない。この部分では観察使の本来的職務である州県の監察が述べられる。

次に偽朝（後梁）の制度では、刺史や県令の選任までもが藩鎮の奏薦によっており、そのため権勢ある者に依託し、賄賂を公然と行って、制度を軽んじてしまい、職場に就くやただ誅求のみに務め、その職務も民を治めることがない。ある者は蓄財してさらに次の職を願い、ある者は過酷に取り立てて先に受けた恩に報いている。そのため上下禍を蒙り、遠近害となり、生民は疲労困憊していると、その悪弊を述べる。そこで中書門下は刺史や県令に才能ある者を厳しく選ぶよう求められ、その後の刺史・県令の治績については観察使が銓轄を加え、さらに州判官も併せて監察するという二重体勢をとるようはかられていた。

整理すれば、後唐では各州の刺史および各県の県令までもが中央の中書門下の選任に依り、観察使はその成績に評価を与えるため刺史・県令を督察するということであった。先の№①⑧の史料も同様の記事を伝えている。

また『冊府元亀』巻四七五、台省部、奏議六に、

孔荘は司門郎中たり、天成四年五月、上言して曰く、臣聞くならく漢宣帝云えらく、朕と共に天下を治むる者は、其れ唯だ良二千石ならんか、と。今国家郡牧を択ぶ毎に、唯だ軍功のみを賞し、治民を慮るに、未だ其の旨を尽くさず、人の為に瘼を求め、責は参佐に在り、則ち近理に庶幾《ちか》からん。願うらくは天睠を留め、慎揀せしめられんことを、と。

孔荘為司門郎中、天成四年五月、上言曰、臣聞漢宣帝云、与朕共治天下者、其唯良二千石乎。今国家毎択郡牧、唯賞軍功、慮於治民、未尽其旨、為人求瘼、責在参佐、則庶幾近理。願留天睠、俾慎揀焉。

とあって、司門郎中孔荘の上言から、いくさの功績に拠って中央政府が刺史を選任にしている様がうかがえる。

このように見れば、属州の刺史は中央の選任に依るものであって、属州の人事権全てが藩道に収められているわけではなかった。属州の刺史任命権を中央が掌握することは、藩鎮に対する一種の規制的機能を果したと思われる(31)。また五代の中ごろから見られる節度州の降格、あるいは設置の繰り返し、および防禦州等の直属化傾向もこうした刺史任命権掌握によって容易であったことは想像に難くない。

以上により、道制の下では、中央の命令は節度州（および直属州）に直接的に下され、中央の命令を受けた節度兼観察使は属州に対しその命令を遂行するよう指揮するものであった。また属州が行政上の上中を行う場合には節度兼観察使に直接行い、その後、節度兼観察使によって中央に奏聞されていた。一方で属州刺史をはじめ、上級官吏は中央によって選任され授けられていた。

属州の上級官吏に対する任命権を除き、中央政府が藩道に管轄される属州への行政干渉を控え、観察使へ委譲するという行政形態は、そのまま中央政府の政治案件を縮小することになる。いみじくも№⑥の史料で、左散騎常侍蕭希甫は、ややもすれば四方の獄訟が上聞されることを懸念し、県令をはじめ観察使に裁判権を委譲することを求め、それが朝廷の政治を簡略にし、万乗の尊きを表すと道破している（「以四方刑獄、動皆上聞、不独有紊於公朝、……如此則朝廷事簡、見万乗之尊矣」）。政治区画として藩道を設置することにより、中央政府は属州行政への政治的干渉を最小限に控え、政治の簡略化を目指していたのであった。

こうした道制の命令系統はそのまま財政構造にも現れている。以下、節を改めて道制にもとづく財政構造を検討する。

第三節　五代「中国」における地方財政

先の章で見た後唐朝の藩道―属州命令系統は、藩道が消滅するそのときまで維持されたと考えられるが、残しておいた租庸使の帖を含めて藩道の財政的特質を見ることとしよう。

a．中央財政の枯渇

五代「中国」全般の財政状況の中で、まず中央の国家財政は常に逼迫していた。しかしこれは唐最末期における状況をそのまま踏襲していたといっていい。僖宗朝時には「藩鎮各おの租税を専らにし、河南北・江淮は復た上供無く、三司転運は調発の所無く、度支は惟だ京畿・同・華・鳳翔等数州の租税のみ収め」（『資治通鑑』巻二五六、僖宗光啓元年［八八五］四月条）るという状況であった。後梁時には租庸使や建昌宮使など皇帝の側近的財務官が国内財政を遣り繰りしていたが[32]、後唐時になっても状況は変わっていない。荘宗の同光三年（九二五）には折悪しくも大飢饉が重なり、「民は多く流亡し、租賦充たず、道路は塗潦となり、漕輦は艱澀し、東都の倉廩は空竭にして、以て軍士に給する無し」（『資治通鑑』巻二七四、後唐荘宗同光三年十二月条）というあり様であった。

この時の中央財政の主要経費は、軍費（軍糧・芻秣など消費物品、兵士俸給など）が根幹をなしていたといわれる。絶えざる軍糧の不足に悩んでいた荘宗が群臣に諮ったところ、吏部尚書李琪は、

以為えらく、古は入るを量りて以て出だすを為し、農を計りて兵を発す、故に水旱の災有りと雖も匱乏の憂い無し。近代は農に税して以て兵を養うに、未だ農富給して兵足らざること有らず、農捐瘠して兵豊飽する者なり。今縦え未だ能く租税を蠲省せず、苟も折納紐配の法を除けば、農も亦た以て小休たるべし。

以為、古者量入以為出、計農而発兵、故雖有水旱之災而無匱乏之憂。近代税農以養兵、未有農富給而兵不足、農捐瘠而兵豊飽者也。今縦未能蠲省租税、苟除折納紐配之法、農亦可以小休矣。（『資治通鑑』巻二七四、後唐荘宗同光三年閏十二月条）

と上疏し、軍費が過剰に農民にのしかかっている様を訴えている。また国家財政には中央官僚の俸給も当然含まれるが、やはり軍費に圧迫され、官僚俸給カットや人員削減などが図られる（『五代史記』巻二六、孔謙伝）ものの根

本的解決にならず、結局軍糧からの差し引きとなった（『資治通鑑』巻二七四、後唐明宗天成元年［九二六］三月条）。

　このように国家収入の不足と恒常的軍費の巨額化によって中央国家財政はその屋台骨を維持するのが難しかったのである。たとえ、前蜀を下しその府庫金帛一〇億でもって不足を補い「時に朝廷方に匱乏たるも、此れを頼りて以て済う」（『資治通鑑』巻二七五、後唐明宗天成元年［九二六］十二月条）といえども、一時的なカンフル剤でしかなく、次の清泰帝時には貯蓄が金帛三万両匹に過ぎない（『資治通鑑』巻二七九、潞王清泰元年［九三四］四月条）枯渇状態であった。

b．藩道財政の充牣と節度使の蓄財

道で徴収される税銭物斛斗（各道州県の戸籍・耕地をもとに徴収される秋夏二税［銭物および穀物納］と専売［銭物納］、および雑税）は中央へ上納される上供と藩道財政に運用される留使、また州で運用される留州に大別される(33)。上供は各道州地方財政経費のうち三分の一から二分の一を占めており(34)、国家財政の収入は多く上供に拠っていた(35)。もし中央財政の枯渇が上供額の不足に起因するのであれば、残り留使額を含めて道州財政も逼迫していたことになろうが、以下に見るように上供額が不足しているとは考えられず、中央財政とは対照的に藩道財政は充分に潤っていたようである。『冊府元亀』巻一〇六、帝王部、恵民二には天成四年（九二九）に起こった黄河氾濫を受けて行った賑恤の様が窺える。

　長興元年正月、滑州上言すらく、詔に准りて貧民に賑貸す、去年水災の故を以てなり、と。二月、郊禋礼畢り、制して曰く、諸州府或いは水旱災沴を経、恐るらくは人戸闕少し、糇糧方に春時に値《あた》り、誠に宜しく賑恤すべし。宜しく逐処をして去年納到せし新好の属省斛㪷を取らしめ、各おの賑貸を加え、秋収の日を候ち

て、徴納せしむべし。是の月、宋州奏すらく、詔に准りて粟萬石を賑貸す、と。三月、中使三人を差わして登莱に往かしめ、貧民に賑濟せしむ。是の月、陜州奏すらく詔に准りて貧民に賑貸す、と。五月、青州奏すらく詔に准りて貧民に糧一萬四百一十九石を賑貸す、と。二年二月、汴州奏すらく詔に准りて遭水せし処の貧民に賑貸す、と。

長興元年正月、滑州上言、准詔賑貸貧民、以去年水災故也。二月郊禋礼畢、制曰、諸州府或経水旱災沴、恐人戸闕少、粮糧方値春時、誠宜賑恤。宜令逐処取去年納到新好属省斛㪷、各加賑貸、候秋収日、徴納。是月、宋州奏、准詔賑貸粟萬石。三月、差中使三人往登莱、賑濟貧民。是月、陜州奏准詔賑貸貧民。五月、青州奏准詔賑貸貧民糧一萬四百一十九石。二年二月、汴州奏准詔賑貸遭水処貧民。

長興二年（九三一）の制書には賑恤に際して係省（属省）斛斗を充てるよう求めている。この係省斛斗は先に見た上供両税斛斗分のうち地方に貯め置かれるものであるが、各州この詔に準じて賑貸しており、青州では一五、〇〇〇石弱ふるまわれている。

続く『冊府元亀』の記事を見れば、開封府では二〇、〇〇〇石（天福七年［九四二］七月壬戌）ふるまわれ、斉州の固河倉に五二、〇〇〇餘斛の官糧（広順二年［九五二］二月庚申）あり、単州には軍糧以外に大麦六〇、〇〇〇石（広順三年［九五三］十一月丙午）あるとされ、五代を通じて地方の係省斛斗を納める穀倉は非常時に対処できるほど充実していた。『冊府元亀』巻四八四、邦計部、経費には、

天成三年三月、三司使奏すらく、河陽の白波・鞏県見有の軍儲は百萬餘斛、草二百七十萬束なり、と。

天成三年三月、三司使奏、河陽白波・鞏県見有軍儲百萬餘斛、草二百七十萬束。

と河陽節度には豊富な軍糧が蓄えてある現状を三司使が報告している。

後晉の李崧が「諸州の倉糧は、計帳の外に餘す所頗る多し」（『資治通鑑』巻二八二、後晉天福五年［九四〇］九月）と述べるのはこうした地方の財政運用状況をよく表していると思われる。と同時に、その原因に正規の額以外の徴収が行われていたことも窺えよう。だが、こうした苛斂誅求が民間の生産余剰物をすべて刻奪することによってなされていたわけではなかった。租税徴納してもなお、民間は比較的豊かだったと思われる。

後唐朝は当時、郷里における租税徴収を郷里の自己申告制による戸籍にもとづき執り行っていた(36)。両税の徴収には人戸と田畝の把握が最優先であり、戸の人的構成および田畝を基準に税額が定められるのであるから、国家財政収入や地方の収入を計算する上でも、戸籍は重要な部分である。しかし、特に明宗朝においては県の官吏が郷里に入るのを許さず、その戸籍は自分で作成し、県に報告するものとなっていた（『五代会要』巻二五、租税）。しかしそこには当然、遺漏虚偽が行われ、後周世宗朝に行った全国検田の際、開封府には戸籍漏れの羨田一〇、二〇〇〇餘頃が計上され（『資治通鑑』巻二九四、後周世宗顕徳六年［九五九］二月丁亥条）、また河中府ではその民が田租を隠す者が多かった（『宋史』巻二六一、王仁鎬伝）。

このような民間における生産物の隠匿状態は、当然窮々とした国家財政の徴収対象となる。早く清泰帝は京師での括民を行い、僅か六〇、〇〇〇緡しか得ていないが（『資治通鑑』巻二七九、潞王清泰元年四月条）、それはその対象が京師であったためであり、後晉少帝の開運元年には、

晉少帝天福（開運の誤り）元年四月、文武臣寮三十六人に分令して、雒陝孟潞蒲岐邠涇同華秦鄧徐兗相滑邢洺沢衛隰絳慶寧沁復隨郢汝蔡沂密棣懐磁濮等州に使いせしめ、民の財産を率して、以て軍用に資けしむ。将に行かんとするとき、帝召して酒食を賜い、之れを戒めて曰く、朕は凉徳ながら嗣位し、天は薦饑を降し、強胡梗を作して、河北凋弊し、社稷の頼る所は、軍士に在るのみ。衣に乏しく食に匱《か》く、危の道なり、事已むを

獲ず、議斯《ここ》に及ぶ。卿等宜しく朕が意を体し、切に左右を戒しむべく、滋横を為して、以て重ねて怨讟を取るなかれ、と。

晉少帝天福元年四月、分令文武臣寮三十六人、使雒陝孟潞蒲岐邠涇同華秦鄧徐兗相滑邢洺沢衛隰絳慶寧沁復隨郢汝蔡沂密棣懐磁濮等州、率民財産、以資軍用。将行、帝召賜酒食、戒之曰、朕凉徳嗣位、天降薦饑、強胡作梗、河北凋弊、社稷所頼、在軍士耳。乏衣匱食、危之道也、事不獲已、議及於斯。卿等宜体朕意、切戒左右、勿為滋横、以重取怨讟也。(『冊府元亀』巻一五八、帝王部、誡励三)

とその対象地域を広げた結果、河南府や鄆州、兗州などで規定額とされた二〇〇、〇〇〇緡をいとも容易にそれぞれ徴収している(『資治通鑑』巻二八四、後晉斉王開運元年[九四四]四月条)。しかも鄆州では節度使景延広が規定額を超えて三七〇、〇〇〇緡を徴収し、また兗州節度使安審信の場合には、その穀物倉庫一つで一〇〇、〇〇〇緡を満たしたとして、節度使の蓄財の多さを伝えている(同右)。

藩鎮の蓄財には民間から上がる租税を私財として強取する場合も多かった(「時藩鎮率遣親吏受民租、概量増溢、公取其餘羨、而魏郡尤甚。」『宋史』巻二五一、符彦卿伝)が、また邸店運営や牙人を遣わしての商業活動などによっても藩鎮の財政が占められていた。五代を通じて節度使の富裕を伝えているのは、彼の刻奪もさることながら、それ以上に民間で生産物が余剰し、商業流通が達成されつつあった(37)ことの裏返しでもあった。藩鎮を十数ヶ所歴任し、二京とそれぞれその藩鎮に邸店を構え巨万の富を蓄財した趙在礼の事例(38)や、『宋史』巻二五五、張永徳伝には、

五代兵を用いてより、姑息多く、藩鎮頗る部下に恣にして販鬻せしむ。宋初、功臣猶お旧事に習う。太宗初め即位し、群臣に詔して伝に乗りて出入せしめ、貨を齎たらせて利を邀め、及び人をして諸処に図回し、民と利を争うを得ざらしむ。永徳は太原に在り、嘗て親吏をして茶を販して利を規《はか》り、徼外に闌出して羊を市

せしめ、転運使王嗣宗の発する所と為り、罷めて左衛上将軍と為る。

自五代用兵、多姑息、藩鎮頗恣部下販鬻。宋初、功臣猶習旧事。太宗初即位、詔群臣乗伝出入、不得齎貨邀利、及令人諸処図回、与民争利。永徳在太原、嘗令親吏販茶規利、闌出徼外市羊、為転運使王嗣宗所発、罷為左衛上将軍。

とあって五代における藩鎮の商業活動がかなりの程度一般的であったことを伝えている。

c．藩道分在型財政構造

以上により、五代「中国」財政の特質として中央財政の枯渇と藩道財政の富裕および節度使の蓄財が見て取れる。上供のうち幾分を地方に貯蔵して災害時の賑恤などの経費に充てられる係省（あるいは属省）が充実しており、上供額が満たなかったとは思われない。また留使部分に節度州から上がる税銭物斛斗を含むことは当然として、属州からの上納（いわゆる送使）についても、[39]租庸使帖による中央行政府の属州財政への介入を禁じ、節度使による運用権を主張した前節の天平節度使李存霸・平盧節度使符習の言葉を見れば、送使（属州からの租税上納分）が行われていた。そして前節表2のNo.④にあるように、租庸使帖直下が禁じられた結果、藩道財政は上供を除いて中央財政から分離し、独自の地方財政として運用されるにいたった。この留使と送使によって構成される藩道財政の用途は大半が兵員俸給費であった。唐・陸広微撰『呉地記』に蘇州の租税徴収総額と上供・送使・留州銭額を記して、

両税茶塩酒等銭六十九萬二千八百八十五貫七十六文、……使司割隷の醬菜銭一十萬七千七百二十貫二百四十六文、蘇州軍事に留めし醬菜衣糧等銭一十七萬八千三百四十九貫九十八文、団練使軍資等三十萬六千八百三

十貫文上都に送納す。
両税茶塩酒等銭六十九萬二千八百八十五貫七十六文、……使司割隷醤菜銭一十萬七千七百二十貫二百四十六文、留蘇州軍事醤菜衣糧等銭一十七萬八千三百四十九貫九十八文、団練使軍資等三十萬六千八百三十貫文送納上都。

とある。醤菜とは兵士の生活費を指すが、蘇州での全税額の四分の一を兵員俸給費中心の送使（使司割隷醤菜銭）・留州（留蘇州軍事醤菜衣糧等銭）が占めていることがわかる[40]。藩道の長官であった節度兼観察使は同時に藩道における軍事長官であったため、藩道で徴収された留使・送使額はそのまま藩道の軍費へ運用されることになる。つまり藩道内における軍事的財政消費が藩道財政の充実を必要としていた。

しかしながら、このような藩道財政構造――属州よりの上納分を含む藩道財政の富裕状態と同時に中央財政の矮小化――は北宋の戸部侍郎であった蘇轍の以下の上言に見るように、中央財政の充実を目指す中央集権的財政構造と対極にある、中央によって地方の独自財政が保障され、税物を地方で貯蓄・運用する地方分在的な財政構造であったのである。蘇轍は、

臣聞くならく、財賦の源は、四方より出で、中都に委す。故に善く国を為す者は、之れを民に蔵し、其の次に之れを州郡に蔵す。州郡餘有れば、則ち転運司常に足る。転運司既に足れば、則ち戸部困せず。唐制、天下の賦税、其の一上供、其の一送使、其の一留州あり。之れを今に比ぶるに、上供の数は少なしと謂うべし。然るに緩急有る毎に、王命一たび出で、舟車相い銜し、大軍以て済る。祖宗以来、法制異なると雖も、諸道蓄蔵の計、猶お極めて豊厚たり。
臣聞、財賦之源、出於四方、而委於中都。故善為国者、蔵之於民、其次蔵之州郡。州郡有餘、則転運司常足。

転運司既足、則戸部不困。唐制、天下賦税、其一上供、其一送使、其一留州。比之於今、上供之数可謂少矣。然毎有緩急、王命一出、舟車相銜、大軍以済。祖宗以来、法制雖異、而諸道蓄蔵之計、猶極豊厚。（『続資治通鑑長編』巻四一〇、哲宗元祐三年［一〇八八］五月丙午朔）

といい、唐代の財政では賦税は上供・送使・留州に三分されながらも、その上供が少なく、代わって諸道や州郡に貯蓄されており、緩急あれば中央命令により地方財賦を運用するのが唐代の財政構造であったと指摘する。そしてこの五代にも継承されている送使・留州制度の財政的富裕は「諸道蓄蔵の計」として積極的に宋代国策の選択肢の一つとして議論されているのである。中央集権的な財政構造を持つとされる宋代においても、地方分在型財政構造として上供・送使・留州の財政三分割制が政治の場で論議されており、五代藩道財政構造は中央集権型財政構造と対置され、代替されうる財政構造であったことを物語っていよう。

なお宮澤知之氏は、中国前近代の専制国家財政上の特徴を「収入論（税制）の面では中央政府の統一的制度の下にあり、税目・税率・中央経費と地方経費の割合等が規定され、地方官府独自の裁量による財源調達が極限され」ており、一方「経費論（支出）の面では、中央政府の財政指揮の及び方が時代によってかなり相違」するが、「収入・支出を総合的に見れば、原理的には中央財政のみあって地方財政は存在しないといえる」とされながらも、一方で現実的には「唐代では地方官府独自の裁量による支出部分があり、中央政府の財政指揮権は必ずしも貫徹しない」ことを認めている(41)。筆者はこのような宮澤氏の指摘は、唐代史のみならず、本章で明らかにしたように、さらに五代史にも該当すると考える。そしてこのことは、中国前近代の全体像における五代史の歴史認識にとって十分に斟酌するべきものと考えたい。

藩道内における藩道財政は中央財政部門の命令である租庸使帖を廃することで中央財政からの分離がもたらさ

れたが、それは五代藩道における藩道を中心とした藩道—属州命令系統による財政、民政そして軍事にわたる行政区画の成立を意味し、藩道を単位とした中間行政区画の成立であった。『続資治通鑑長編』巻六、太祖乾徳三年（九六五）三月条に、

唐天宝より以来、方鎮重兵を屯し、多く賦を以て自贍に入れ、名づけて留使・留州と曰い、其の上供は殊さら鮮なし。五代方鎮、益ます彊く、率ね部曲をして場院を主らしめ、厚斂し以て自ら利とす。

自唐天宝以来、方鎮屯重兵、多以賦入自贍、名曰留使・留州、其上供殊鮮。五代方鎮、益彊、率令部曲主場院、厚斂以自利。

と留使留州財政と藩道軍事の関連する様を伝えている。また、こうした藩道財政が節度使の部下によって私的運用されもした。先の趙在礼や張永徳の例も然りである。このように、藩道内の財政が軍事的長官でもある節度兼観察使の一手に収斂され、公人としての財政運用と私人としての私財運用が混在するのもその財政的特徴である。藩道財政の富裕は当時の留使・送使制度と道内にわたる節度使の蓄財活動とを両車の輪としていたのだが、その根底には藩道の中央政府からの一定程度の政治的自立——藩道単位による財政（および軍隊）編成および消費の達成が存在していたのである。

結びにかえて

五代「中国」における中間政治区画としての道の特徴を最後に述べておきたい。他の時代の中間行政区画と同様に監察区画として出発した道は、その長官に節度使という軍事指揮官を重ね合わせることで行政区画化が図られる。[42]つまり唐代における安史の乱や吐蕃侵攻などによる戦時体制の常態化が臨時的であった軍事指揮官を地方

に常駐せしめ、その軍事指揮官に行政権を付加することで、道の行政区画化が図られた。こうして始まる行政区画としての道制において、五代ではその長官である観察兼節度使（もちろん採訪使や都団練・防禦使なども含めて）の一手に道の全てが帰していたわけではなく、刺史を含む属州の上級官吏は中央行政府の任命にかかわり、ほか幕職官などの中下級官吏も中央行政府への入仕が行われていた[43]が、道内における各州は道の統制下に入り、その政治行為は道の認可を必要とした。

また財政部門に関すれば、建中元年に始まる両税法にあわせて、地方で徴収される租税の三分割化（留県を含めればあるいは四分割化）――「上供・留使（送使）・留州」――が行われ、五代には上供額の減少化、道財政の富裕化を導き、その財政構造は道を単位として属州よりの上納分を含みこむ地方財政の運営がなされる地方分在型と呼びうるものであった。またその背景には藩道単位での召募軍隊の編成制度が横たわっていた。中央行政府が中央の禁軍を強化し[44]、地方の租税を徴収するには租庸使帖直下の手段をとるほか無く、最後には道から属州を減少させ、道そのものを増加することとなる。そして宋代では、中央行政府が地方財政への指揮権を浸透させ、結果として強力な中央禁軍の成立と、各部門の責務を分掌する複雑な中間行政区画である路制へと発展していった[45]。

道における命令系統と財政の構造分析、そしてその消滅過程を追うことによって浮かび上がってきたのは、従来説かれる唐宋変革期における中央集権化ではなく、その間に設置されていた中間行政区画の機能変化であった。細分化の極まった中間行政区画を再び全国を一八から二三の間で区画する路制が誕生するものの、路単位で独自財政が編成されず、その行政内容に応じて監督長官（監司）が置かれることとなった。そして宋代路制では同じ路内といってもそこには政務内容に応じた役職が各個に存在することになり、より多くの政治手続が必要となる。中間行政区画から見た唐から宋への変化は、行政区画の複数性から転運司・提点刑獄司・提挙（提挙常平）司などの政務ごとに中間行政区画が重なり合う重層性への変化ととらえることができる。また最近小林隆道氏によって、宋元豊期以降、路単位での文書処理機能が充実したことが明らかとなっている。各州から上がる膨大で煩瑣な文書の処理をスムーズに進めるために路単位で文書が処理されるようになり、宋中期から路の行政単位化は進んでいた。[46]ここに中間行政区画における〝中央集権化〟の定義ではとらえ切れない唐から宋への移行の歴史的諸相が看取される。本章では五代「中国」における道制の機能の本質にかかわる部分を扱ったが、道（あるいはより広域の）単位での経済・流通圏の形成、[47]犯罪を取り締まる巡察[48]など道制をとらえる上で残された問題も多い。より多角的な道制の研究が今後求められる。加えて中央集権的国家とされる宋代においても、小林氏のように、やはり中間行政区画として路制が研究されなければならないことはいうまでもない。

（1）その代表として日野開三郎「五代史概説」（『日野開三郎東洋史学論集』二、三一書房、一九八二年）、栗原益男「唐末五代の変革――その遡及的考察をふくめて――」（『歴史教育』一二―五、一九六四年）、「「五代」という時代」（『上智史学』一四、一九六九年一〇月）を挙げておく。
（2）同右日野論文、西川正夫「呉・南唐両王朝の国家権力の性格」（『法制史研究』九、一九五九年）、同「華北五代王朝の文臣官僚」（『東洋文化研究所紀要』二七、一九六二年）、同「華北五代王朝の文臣と武臣」（『仁井田陞博士追悼論文集一　前近代アジアの法と社会』勁草書房、一九六七年）などを代表として挙げておく。またその学説整理として伊藤宏明「唐末五代政治史に関する諸問題」（『名古屋大学文学部研究論集　史学』二九、一九八三年）。
（3）鄭炳俊「唐後半期の地方行政体系について」（『東洋史研究』五一―三、一九九二年一二月）、「唐代の観察処置使について」（『史林』七七―五、一九九四年九月）。
（4）渡辺孝「中晩唐期における官人の幕職官入仕とその背景」（松本肇・川合康三編『中唐文学の視角』創文社、一九九八年）、「唐後半期の藩鎮辟召制についての再検討」（『東洋史研究』六〇―一、二〇〇一年六月）。

（5）松浦典弘「唐代の文官人事」（『史林』八〇―二、一九九七年三月）、「唐代後半期の人事における幕職官の位置」（『古代文化』五〇―一一、一九九八年一一月）。

（6）周振鶴「中央地方関係史的一個側面（上・下）――両千年地方政府層級変遷的分析」（『復旦学報』社科版、一九九五年第三・四期）、張創新・華金輝「中国封建社会地方行政体制比較研究」（『吉林大学社会科学学報』、一九九五年第二期）などを参照。なおこれら中国における地方行政制度の研究では、中央を数えて中央―州―県を三級制、中央―道―州―県を四級制と呼んでいる。

（7）中国における中間的な行政区画形成の問題を提起したものとして渡辺信一郎「漢代国家の社会的労働編成」（殷周秦漢時代史の基本問題編集委員会編『殷周秦漢時代史の基本問題』汲古書院、二〇〇一年）を挙げておく。

（8）郭鋒「唐代道制改革与三級制地方行政体制的形成」（『歴史研究』、二〇〇二年第六期）。

（9）前掲注（1）日野論文を参照。

（10）例えば後周広順元年（九五一）のことではあるが、防禦使は料銭二百千、禄粟百石（以下省く、下文も同じ）。団練使は料銭一百五十千、禄粟七十石、刺史は料銭一百千、禄粟五十石と規定されている（『五代会要』巻二八、諸色料銭下、広順元年の勅文）。

（11）【栗原】では涼州・沙州を藩鎮として表に掲げるが、五代にわたって概ね自立的傾向にあり、『旧五代史』巻三二、唐荘宗紀第六、同光二年五月乙丑条「以権知帰義軍留後曹議金為帰義軍節度使・沙州刺史・検校司空」と中央政府による節度授与も見られるが自立勢力への追認であり、本表では省くこととした。また本表では荊南藩鎮（使府：荊州、属州：峡・帰・復州）もその領域のひとつとして含めてある。萬斯同『五代諸鎮年表』（『二十五史補編』所収）では中原支配の藩鎮に荊南を含め、また同『五代諸国年表』（同書所収）に諸国として荊南を挙げていないことから、萬斯同も荊南を中原支配地の一藩と想定していたと思われる。荊南が「中国」に含まれ、いわゆる十国でないことについては本篇第一章「五代の「中国」と平王」を参照。

（12）栗原氏は岐州藩鎮の属州として応・信州を挙げているが、氏自身も述べるごとくこの二州は李茂貞時代に設置されたと思われるが、設置・廃止時期が不明としている。本表では岐州の属州に数えないこととした。

（13）栗原氏によれば、鄭州は後梁末から史料上見えなくなるとして滑州藩鎮の属州から外れたとする。しかし地理上より見れば、諸州は黄河に沿って西から汝→鄭→滑→濮と並んでおり、鄭州をとばすと汝州だけが離れてしまうことになる。故に同じく鄭州も属州としてあったと考え挿入した。しかし、栗原氏が加えた属州としての汝州も『資治通鑑』胡三省注のみをよりどころとしており、確かではない。仮に汝州が滑州藩鎮の属州になかったとなれば、無理に鄭州も属州に加える必要もないだろう。しかしこの二州の帰属についてこの当時の確たる証拠はない。あるいは東都に直結する直属州と考えることもできる。朱玉龍編『五代十国方鎮年表』（中華書局、一九九七年）の「滑州」では、後梁時には滑・鄭・濮州であり、後唐期に鄭州が抜けたとするが、史料が明示されていない。ここでは一旦栗原氏の見解に従っておく。

(14) 【栗原】では朔州藩鎮の属州に府州は含まれていない。『太平寰宇記』巻三八、府州条に

府州、（今理府谷県。）本河西蕃界府谷鎮。土人折大山・折嗣倫代為鎮将。後唐荘宗天祐七年、有河朔之地、将興王業、以代北諸部、屢為辺患。于是升鎮為府谷県。至八年、麟州刺史折嗣倫男従阮招回紇帰国。詔以府谷県建府州、以扼蕃界、仍授従阮為府州刺史。尋以契丹与小蕃侵擾、移州于留得人堡、即今州理、是也。

とあって、荘宗天祐七年（九一〇）に府谷鎮が府谷県となり、翌八年（九一一）に県を州にのぼした。そして州の帰属だが、麟州よりやや東北の黄河沿いに位置することから、朔州藩鎮の属州となったと思われる。

(15) 日野開三郎「藩鎮体制と直属州」（『東洋学報』四三―四、一九六一年三月）を参照。

(16) 『五代会要』巻二四、諸道節度使軍額、

鄧州、梁開平三年五月、升為宣化軍節度、割泌随復郢四州隷之。与襄州分江心為界。

(17) 【栗原】安州藩鎮を参照。

(18) その一五州とは、幷・嵐・遼（儀）・石・代・忻・朔・蔚・雲・麟・憲・応・慈・隰・汾である。【栗原】に従えば、沁州も加えられているが、「帝以晉州刺史下邑華温琪拒晉兵有功、欲賞之、会護国節度使冀王友謙上言、晉絳辺河東、乞別建節鎮、壬申、以晉絳沁三州為定昌軍、以温琪為節度使。」（『資治通鑑』巻二六七、後梁太祖開平四年四月条）とあって、後梁の領域として晉州藩鎮の属州に加えられているので省いた。

(19) 再設置というのは、李存勗が李克用のあとを継いだ際、李克用の季弟李克寧が大同軍節度使を求め、蔚・朔・応州を属州として成立したが、のち大同軍節度使李存璋が九二二年四月に卒し、一旦廃されたと思われ（【栗原】）、ここに再び建節された。

(20)『五代会要』巻二四、諸道節度使軍額、
　雲州、後唐同光二年七月、復為大同軍節度、以応州隷之。

なお天成元年七月には応州に彰国軍が置かれる（「其応州宜置彰国軍節度、仍以興唐軍為寰州、隷彰国軍」『冊府元亀』巻一七二、帝王部、求旧二）。

(21)渡辺孝「魏博と成徳」（『東洋史研究』五四―二、一九九五年九月）。

(22)『旧五代史』巻七七、晋高祖紀第三、天福三年十一月辛亥、
　升相州為彰徳軍、置節度観察使、以澶・衛二州為属郡。

(23)同右、
　升貝州為永清軍、置節度観察使、以博・冀二州為属郡。

(24)『旧五代史』巻八三、晋少帝紀第三、開運元年八月癸亥、
　升澶州為節鎮、以鎮寧為軍額、割濮州為属郡。

(25)前掲注(15)日野論文を参照。

(26)氏の挙げる復州の直属を伝えるのは『旧五代史』巻一五〇、郡県志、山南道条に「復州、梁乾化二年十月、割隷荊南。後唐天成二年五月、却隷襄州。晉天福五年七月、直属京、并為防禦。」とあることによって知られる。この処置は、後晉石敬瑭が即位してより反側を示した山南東道節度使安従進に対する処置として行われたもので、中原王朝はその勢力を削ぐ上での復州直属を行っていた。しかし翌天福六年（九四一）に叛旗を掲げる安従進に対し、討伐援軍は襄州を囲むこと九ヶ月にして州城を陥落させ、安従進は滅亡することとなった。翌天福七年に山南東道節度は廃止、そして防禦州にくだされ、属州の均・房州は鄧州節度に吸収されることとなる（『五代会要』巻二四、諸道節度使軍額）。つまり復州・襄州の直属化は、安従進の叛乱による措置として行われ、やがて襄州節度使が再設置された。さらに日野氏が直属州としてともに挙げる青・淄・登・萊州、安州についても状況は同じである。青州で跋扈し契丹南進を促した平盧軍（属州は淄・登・萊州）節度使楊光遠（天福八年十二月）、安州節度をもって南唐に附した李金全（天福五年五月）はすべて後晉高祖の末年に叛旗を翻しており、そしていずれも討伐されている。その後各州は直属州とされるものの、時を同じくして再び建節された（『旧五代史』巻一〇〇、漢高祖紀下、天福十二年六月己巳条）。後周の兗・沂・密州も右記

の経緯と同じである。兗州泰寧軍節度使であった慕容彦超の叛乱、討伐、防禦州への降格（『太平寰宇記』巻二一、河南道兗州条）、そして再建節と軌を一にする（『続資治通鑑長編』巻一、太祖建隆元年正月己酉条）。また日野氏の挙げる安・華州も再び藩鎮化し、貝州も同じである（『続資治通鑑長編』巻一、太祖建隆元年八月壬申条）。以上により、五代において見られる直属州で日野氏の挙げたもののうち、ほとんどが反乱を起こした藩鎮への対策・事後処理として行われ、一時的に直属が見られるものの、その大半が再び節度を建てられていた。

(27) 前掲注(15)日野論文。

(28) 乾州は栗原氏の言うように、李茂貞が岐州で勢力を張っていた際に立てられた州で、後唐の版図に入ってからも州として存続したようであるが、史料には一・二例しかその名を見せない。

(29) しかし鄭・汝州は五代当初から直属州である可能性が高い。注(13)を参照。また登・萊州は青州の属州であり、楊光遠の反乱後の青州藩鎮解消時にこの二州も直属化されたが、再び青州藩鎮が設置された際、そのまま直属州として残ったかもしれない。また安州は一旦防禦州にくだされた後、再び藩鎮設置がなされたが、その際属州であった中州も青州藩鎮の登・萊州と同様、直属のままであって、故に安州は一州鎮として中州は直属州として詔に挙がらなかったのかもしれない。

(30) 宮崎市定「宋代州県制度の由来とその特色――特に衙前の変遷について――」（初出一九五三年。『宮崎市定全集』一〇、岩波書店、一九九二年）。

(31) 荊南における刺史任命権が中央に掌握され、その結果荊南への規制的機能を果たしていたことについては第一章「五代の「中国」と平王」を参照。

(32) 室永芳三「五代における租庸使の成立とその性格」（『東洋学報』五三―三・四、一九七一年三月）。

(33) 日野開三郎「藩鎮時代の州税三分制について」（初出一九五六年。『日野開三郎東洋史学論集』四、三一書房、一九八二年）。

(34) 渡辺信一郎「唐代後半期の地方財政」（中国史研究会編『中国専制国家と社会統合』文理閣、一九九〇年）。

(35) 日野開三郎「唐代両税法の分収制」（初出一九五六年。『日野開三郎東洋史学論集』四、三一書房、一九八二年）。

(36) 穴沢彰子「唐宋変革期における在地編成――検田制を中心として――」（『大阪市立大学東洋史論叢』一一、二〇〇〇年十二月）。
(37) 斯波義信『宋代商業史研究』（風間書房、一九六八年）。
(38)『冊府元亀』巻八二一、総録部、富、
趙在礼、歴十餘鎮、後為晉昌軍節度使、善治生殖貨、積財巨萬、両京及所莅藩鎮、皆邸店羅列。
(39) 松井秀一「裴垍の税制改革について」（『史学雑誌』七六―七、一九六七年七月）。
(40) 江蘇古籍出版社版『呉地記』（一九九九年刊行）に拠った。また醬菜については『唐会要』巻七八、諸使雑録上条に「大暦十二年五月十日、中書門下状奏、……兵士量険隘召募、謂之健児、給春冬衣幷家口糧。当上百姓、名曰団練、春秋帰、冬夏追集、日給一身糧及醬菜」とある。
(41) 宮澤知之「中国専制国家財政の展開」（『岩波講座世界歴史　中華の分裂と再生』九、一九九九年）。
(42) 前掲注(8)郭論文。
(43) 前掲注(4)渡辺、注(5)松浦論文。
(44) 堀敏一「五代宋初における禁軍の発展」（『東洋文化研究所紀要』四、一九五三年）、菊地英夫「五代禁軍に於ける侍衛親軍司の成立」（『史淵』七〇、一九五一年十月）、冨田孔明「五代侍衛親軍考」（『東洋史苑』二九、一九八七年）を参照。
(45) 梅原郁『宋代官僚制度研究』（同朋舎、一九八五年）「第三章　差遣――職事官の諸問題」を参照。
(46) 小林隆道「北宋期における路の行政化――元豊帳法成立を中心に――」（『東洋学報』八六―一、二〇〇四年六月）。
(47) 唐宋間における広域経済流通圏については佐竹靖彦『唐宋変革の地域的研究』（同朋舎、一九九〇年）、同「朱温集団の特性と後梁王朝の形成」（『中国近世社会文化史論文集』中央研究院歴史語言研究所、一九九二年）がその成果として挙げられる。
(48) 菊池英夫「五代禁軍の地方屯駐について」（『東洋史学』十一、一九五四年九月）、羽生健一「五代の巡検使について」（『東方学』二九、一九六五年五月）。

第三章　呉越国王と「真王」概念――五代天下の形成、其の一――

はじめに

序論でも述べたように、近年の五代十国史研究は退潮しているといえる。そもそも、この時代の研究はいわゆる唐宋変革の命題の下に進められてきた。経済史の分野では、唐末より宋にかけて新たに勃興した地主とその佃戸との関係の性格付けという問題(1)、政治史の分野では、唐後半期からの藩鎮体制に伴った武人政治の宋代における文臣官僚化の問題(2)といった点を中心に議論されてきた。そこでの五代十国という時代像は、唐から宋への通過点、あるいは社会変容過程としてとらえられている。そして近年において、唐宋変革をいわゆる「発展段階」図式に当てはめることの当否が問われ、学問的決着もつかぬまま、この時期の研究は下火となっている。つまり過去において、五代十国を研究することと唐宋変革は切れぬ関係であり、唐宋変革が課題として取り上げられなくなれば、五代十国史研究が退潮するのも必然といえた。

しかし、だからといって五代十国史を研究する意義が失われたのではない。より根源的な問いとして、なぜに五代十国という分裂状況が半世紀以上も維持されたのだろうか。この時期に社会が変容してゆくことは従来の研究が明らかにしたところであり、異論はないものの、しかし五代十国という時代が存在したことに対して「乱離(3)」

の時代という言葉では説明しきれない要因が含まれていよう。こうした五代十国時代そのものを見据える視点は、先の唐宋変革という命題下――唐から宋へ移行する過渡期として五代十国を見据えること――では生まれえないものであり、またその問いに答えるものでもない。筆者は先学研究の成果を否定しているのではなく、現在膠着状態にある当該時期の研究をより進展させるためにも、別の視点より五代十国史を考察してみたい。

先の問いに答える方法として、次の視座が考えられる。五代十国の国々は――特に華南の諸国では、それぞれ独自の成立要件を持って建国されていった。その結果、それぞれ固有の国家形態を有したと考えられる。たとえば、五代の正統王朝から切り離れて唐朝の後を継ぐ形で建国された南唐(4)、また唐末以来の藩鎮体制を維持したまま五代正統王朝に冊封され建国した楚(5)、そして五代正統王朝に従属する側面を見せつつ、またその枠内を跳び出す権力構造をもつ呉越等が挙げられる。このように見てゆけば、それぞれ独自の国家形成要件を持っているが、同時に、決して隣国や他の地域と無関係なわけではないことに気づく。五代十国は、五代正統王朝である「中国」と諸国の関係、諸国相互の関係、さらには契丹や朝鮮・日本等、中国に止まらない「東アジア世界」の中で形成されていると理解できよう(6)。

第一章・第二章で見た「中国」は、次章に見るように諸国に対して冊封を行っており、中国内で政治的秩序構造(「天下」)をもっていたと考えられる。またそれは「中国」の一方的政治的関係ではなく、後に見る呉越国に明らかなように、諸国の側からも貢献を行うなど、相互の積極的関係により秩序構造が築かれていた。またこの時期の周辺諸国家は、中央である「中国」のみならず、諸国とも関係づけられており、唐代よりも複雑な天下構造となっていることも注意されよう。

「中国」と諸国の政治的秩序構造のうち、本章では呉越国を中心に取り上げる。それは呉越国が五代諸王朝である「中国」に冊封される点、そして貢献を行う点といった、諸国に共通の特徴を持ち、一つの典型として規定できること、また一方で諸国に対しては指導的立場に立ち、五代天下の政治的秩序を維持する機能を担っていたこと、加えて他国に比べて史料が豊富にそろっていること等による。そこで、まずこの章では呉越国の権力構造を仔細に検討し、そこに現れた呉越国と「中国」との関係における秩序構造を明らかにし、諸国にも通ずる基底構造と、呉越国独自の位相を明らかにして五代天下の実像に接近してみたい。

第一節 「真王」の観念的側面――呉越国王冊命文を手がかりに――

a．呉越国王冊命文の内容

呉越国王の権力構造を把握するのにもっとも有力な史料は、五代王朝から国王に封ぜられる時の冊命文である。これを精読することによって国王権力が観念的にどのように理解されていたかを摑むことができよう。そして具体的には二代目呉越国王銭元瓘（在位長興三～天福六年［九三二～九四一］）の冊命文を検討することで、中原政権による呉越国王の位置づけを観察してみたい。この文がもっとも典型的に呉越国王の位置を表出していると考えられるからである。しかし行論上、三代目や五代目の呉越国王の冊命文を参照することもあるので、その場合を冊命文③・冊命文⑤と表現することとする。(7)

冊命文は凡そ三段落から構成されている。まず皇帝として統治者のあるべき像を提示することから始まり、ついで冊命される者の業績を明らかにし、最後にその処遇を述べている。以下その内容を略述し、行論の助けとしたい。

【第一段落】

A　王者は図を握り極を立て、徳を崇び功に報い、或いは開国し以て邦を建て、或いは苴茅して爵を襲い、乃ち藩屛を樹え、式《もっ》て忠勲を奨む。古えの先哲王、斯の道に率由す。唯れ朕薄徳なるも、敢えて彝章を忽せにせんや。

B　況んや夫れ南服の奥区を尊め、東甌の重地を鎮め、懋績は列土より高しと雖も、殊栄は未だ肯堂を継がざるをや。加等の恩を申し、非常の命を降し、用て代天の業を紀し、特に鏤玉の文を頒たざるを得んや。乃ち吉辰を択び、爰に盛典を敷く。

【第二段落】

C　咨爾じ……銭（元瓘）、……妙略を運らせ以って兇を平らげ、奇兵を用いて変を制す。祇に基構を嗣ぎ、英雄を表率し、淮彝これ屛気銷声し、海嶠これ波澄浪息す。

D　而るに況んや我が昌運を興すに、乃ち忠規を竭くし、勲庸に懋めて首て韓壇に列し、玉帛を奉じて、誠に禹貢を先にし、尊奨を語れば則ち独り大節を標し、封崇を顧みれば則ち未だ鴻名に称わざるをや。

【第三段落】

E　……是を用って車服を群后に異にし、簡冊を列藩より盛んにす。二国の土疆を正し、九天の寶瑞を錫う。予の嘉命を表し、乃じの旧邦を纘ぎ、大いに家声を振い、王室を夾輔せよ。今太中大夫・尚書右丞・上柱国・賜紫金魚袋王延、使副中散大夫・尚書司門郎中・柱国・賜紫金魚袋張守素を遣使し、節を持ちて礼を備え、爾を冊して呉越国王と為す。

F　於戯、袞衣を服して玄玉を佩し、位諸侯を圧す。戎輅に駕して兵符を握り、名九代より尊し。馭貴の重、象賢の栄なり。爾じ其れ祗みて天光を荷い、勉めて国歩を清め、往くゆく厥の位を綏んじ、永く休を孚め。之を

戒め之を慎め。前烈を忝かしむるなかれ。(8)

概要は以下のとおりである。王者の統治形態として、即位すると、家臣の徳や功績に報い、諸侯を立てて土地を与え、国を開くことが規定されており、またこの冊命を与える皇帝もそれに従うことが、まず述べられる［A］。ついで被冊命者は東南の地（具体的には呉越の地）を治め、その手柄は高いながらも、父の事業（呉越国王として臨むこと）を継いでいないのは、なおさら冊命せねばならないとして、冊命される者がその資格を有することを明言している［B］。そして呉越地域における銭元瓘の業績を記し、それによって呉越地域が治まっていることを述べて［C］、次に中原との関係における業績を述べ、軍功は第一であり貢献物も納められているが、まだ名と実が釣合っていないとしている［D］。そこで身分を象徴する車服等を他の諸侯とたがえて、待遇を別にし、呉越国を継いで、王室を助けるように求めている［E］。呉越国王の位は、他の諸侯を上まわり、その名は歴代以上に尊いとする。そしてよくよく慎むように促している［F］。

諸処省略しつつ大意を追ってきたが、この冊命文および他の呉越国王の冊命文をさらに詳細に観察することによって、呉越国王位の新たな性格が浮き彫りとなる。以下その性格を見てみることにしよう。

b．呉越国王の位階

呉越国王は「国王」号に封爵されることで、五代王朝「中国」の志向する政治的秩序に組み込まれるということはいうまでもない。その呉越国王が封爵を受ける他の諸侯よりも上位に位置することは、第三段落Eに「異車服于群后、盛簡冊于列藩」とあるとおりである。同様に冊命文③にも「宜列諸侯之上、特隆一字之封、簡自朕心、協于輿論」とあって、よりはっきりと明言されている。ここにいう「一字の封」とは「呉王」や「楚王」などの諸侯に封ぜられることを指している。まず、呉越国王は冊命されるにあたって他の諸侯より突出して位置づけられていることが確認される。

その事を冊命文上ではっきりと表象しているのは、呉越国王の服飾である。第三段落Fに「袞衣を服して而して玄玉を佩し、位は諸侯を圧す」とあって、また冊命文⑤に「玄冕九章」とある。

『周礼』春官・司服によれば、王の冕服には六種類あり、また鄭玄に従えばそれぞれ冕服の文様数が決まっている。六服とは、「大裘冕」・「袞冕」（九章）・「鷩冕」（七章）・「毳冕」（五章）・「希冕」（三章）・「玄冕」（無）である。鄭玄注を信ずれば、この六服中の「玄冕」には文様がない。とすると呉越国王の「玄冕九章」はどう解釈するのか。鄭注の最後にはこう記してある。「凡そ冕服は皆な玄衣纁裳なり」と。つまり冕服はすべて玄色の衣であり、「玄冕九章」といったときの「玄冕」は広く冕服をさしていると考えてよい。そうすると「玄冕」と「九章」も矛盾なく理解できる。そして「玄冕九章」は、ここではその文様数から「袞冕」を指すと考えられる。

そしてこれらの服は、その爵制にしたがい公侯伯子男の冕服となるが、叙階によって使用限度が決められている。つまり、つづく『周礼』春官・司服に、

公の服は、袞冕より而下、王の服の如し。侯伯の服は、鷩冕より而下、公の服の如し。子男の服は、毳冕より而下、侯伯の服の如し。

公之服、自袞冕而下、如王之服。侯伯之服、自鷩冕而下、如公之服。子男之服、自毳冕而下、如侯伯之服。

これによれば、袞冕（袞衣と冕）を使用できるのは、王と公のみである。そして玄玉についても『礼記』玉藻第十三に、

天子は白玉を佩して而して玄組綬、公侯は山玄玉を佩して而して朱組綬、大夫は水蒼玉を佩して而して純組

綬。

天子佩白玉而玄組綬、公侯佩山玄玉而朱組綬、大夫佩水蒼玉而純組綬。

とあるとおり、（山）玄玉は公侯の佩するものである。

これらのことから、呉越国王を表現するのに用いられた服飾があらわす位階は、五等爵制の最上階「公」であった。(9) さらにはっきりと確定するために、もう一つの要因を組み込む必要がある。

冊命文③に「執桓文之弓矢」とあった。「桓文」とは、もちろん、春秋の覇主のことであり、諸侯の長を表す。また「弓矢」とは『礼記』王制第五に「諸侯は弓矢を賜り、然る後征す」とあって、征伐権を象徴する。その「弓矢」が桓文のものであるとは諸侯の長としての征伐権、つまり、その孔穎達の疏に、「若し九命もて二伯と為らば、則ち専ら一方五侯九伯を征するを得るなり」とあるように、九命二伯としての征伐権を表現する。(10) そしてこの九命とは、公侯伯子男の五等爵制と表裏をなす命制の最上位である。『周礼』春官・大宗伯に九等の命制について言及し、鄭玄注によれば上公の功徳ある者は一命を加えられ二伯となり、諸侯の長となる。つまり呉越国王は九命二伯であった。

これらのことから、爵制と命制によって呉越国王は上公九命として最上位に位置づけられていたのである。

冊命文を離れて実際の出来事を見てみると、楚王馬殷が楚国王に封ぜられる時に、

中書奏すらく、馬殷の楚国王に封ずるに、礼文に国王の制を載せず、三公の儀を約《つづ》めて、竹冊を用いんことを請う。之れに従う。

中書奏、馬殷封楚国王、礼文不載国王之制、請約三公之儀、用竹冊。従之。（『旧五代史』巻三八、明宗紀天成二年七月癸丑）

として竹冊が用いられたが、呉越国王の場合には、

時に唐帝は将に王に恩命を議せんとし、群臣を顧みて曰く、朕は黌堂より即ち聞くならく尚父の名は、宜しく優礼を以て之れを尊ぶべし、と。命じて冊礼を備えしむ。有司仍ち竹冊銅印を備う、唐帝曰く、尚父元老は、当に待するに人臣を以てすべからず、況んや已に封建するをや、と。乃ち玉冊金印を賜う。

時唐帝将議恩命于王、顧群臣曰、朕従黌堂即聞尚父之名、宜以優礼尊之。命備冊礼。有司仍備竹冊銅印、唐帝曰、尚父元老、不当待以人臣、況已封建乎。乃賜玉冊金印。（『呉越備史』巻一、同光二年八月）

として呉越国王冊命時に玉冊が使用されている。冊命文どおり、楚王よりも上位の処置である。さらにこの玉冊であるが、当時の重臣達は呉越国王に玉冊を用いることを不可とした。つまり『旧五代史』巻一三三の銭鏐伝に、

初め荘宗洛陽に至り、鏐厚く貢奉を陳ね、国王と為り及び玉冊を求む。詔して有司に下して詳議せしめ、群臣咸な言わく、玉簡金字は、唯だ至尊一人のみ、銭鏐は人臣なり、不可なり。又た本朝以来、四夷遠藩を除して、羈縻冊拝するに、或いは国王の号有るも、九州の内、亦た此の事無し、と。

初荘宗至洛陽、鏐厚陳貢奉、求為国王及玉冊。詔下有司詳議、群臣咸言、玉簡金字、唯至尊一人、銭鏐人臣、不可。又本朝以来、除四夷遠藩、羈縻冊拝、或有国王之号、而九州之内、亦無此事。

とし、また、

有司言わく、故事に惟だ天子のみ玉冊を用い、王公は皆な竹冊を用ゆ、又た四夷に非ざれば国王に封ずる者無し、と。帝皆な鏐の意に曲従す。

有司言、故事惟天子用玉冊、王公皆用竹冊、又非四夷無封国王者。帝皆曲従鏐意。（『資治通鑑』巻二七二、同光二年十月壬午条）

とあって、玉冊は天子のみが使用しうるものであり、諸侯は竹冊を用いることが反対理由であったが、結局使用が認められることとなった。ここでは諸侯より上位の待遇として、天子の使用物が認可されていることが重要となる。

しかしながら、中原天子との関係でいうと、あくまでも呉越国王はその下に位置し、その地位は中原天子によって付与された。それは第三段落Eの「表予嘉命、……夾輔王室」という表現（「天子である予の良き命令を明らかにして、……天子の家をたばさみ助けよ」）から、また呉越国王位が中原天子から冊封されるということ自体からしても明らかである。これらの要因を総合すれば実に奇妙な呉越国王像が浮き上がってこよう。封爵される諸侯のヒエラルキーの頂上に居し、その権力は中原天子に認められ与えられる。

こうした呉越国王の位置は当時において新しい概念であった。それは先に挙げた史料の「故事……非四夷無封国王者」という重臣たちの諫言にも如実に表れている。そして、こうした呉越国王の位置について冊命文⑤では、

命冊して真王と為し、大輅に駕して桓圭を執り、牛斗の郷は、尽く土宇を荒《おお》う。

命冊為真王、駕大輅執桓圭、牛斗之郷、尽荒土宇。

として「真王」という語を用いていた。「真王」が冊命文上に初見するのは冊命文③からであるが、初代呉越国王の銭鏐の時代からすでにこうした「真王」が意識されている。

銭鏐がその子らに戒めとして語った言葉として、

汝じ等諸子、須らく斯の言を記すべし。老父は諸都より起り、早に多難を平らげ、素より忠勇を推し、実に辛勤を効《いた》し、遂に聖主の疇庸を蒙り、真王の列壌を忝くするを獲、恒に満盈の懼れを積み、豫め燕翼の憂いを懐く。蓋し以て恩礼は殊尤にして、寵栄は亢極たり、名品は既に五等を逾え、春秋は将に八旬に及ばんと

し、不諱の談、爾じら当に静聴すべし。況んや手ずから妖乱を殲し、親ら興亡を観、豈に宜しく自ら廣階を為し、更に覆轍を尋ぬるべきをや。老身猶お健にして、且つ国王の呼を作す、嗣子家を承くるに、但だ藩臣の分を守れ。

汝等諸子、須記斯言。老父起自諸都、早平多難、素推忠勇、実効辛勤、遂蒙聖主之疇庸、獲忝真王之列壤、恒積満盈之懼、豫懐燕翼之憂。蓋以恩礼殊尤、寵栄亢極、名品既逾於五等、春秋将及於八旬、不諱之談、爾当静聴。而況手殲妖乱、親覩興亡、豈宜自為廣階、更尋覆轍。老身猶健、且作国王之呼、嗣子承家、但守藩臣之分。(『旧五代史』巻一三三、銭鏐伝)

と伝えられる。確かに呉越国が「真王の列壌」と認識されており、さらにここには以上に述べてきたことが凝縮されている。つまり「真王」としての銭鏐は、恩寵は極まり品爵も五等を越え、国王の号をいただきつつも、藩臣である。こうして用いられる「真王」の語源は、『史記』巻九二の淮陰侯伝にあり、そこでは、治める土地なく爵号のみの「假王」の対概念としての土地ありの爵号としての「真王」が使用されている[11]。呉越国王に用いられた「真王」も、先に見た通り天子より下、諸侯より上の者の呼称であり、実際呉越の地を統治する者である。よってこの五代十国時代における呉越国王の位置を「真王」の語でもって代表させたい。

以上、冊命文を検討することによって観念的呉越国王の位階=「真王」は明らかになった。しかし「真王」は観念だけにとどまるものではない。「真王」の位階は形あるものとして現れていたのである。そこで真王の物理的側面をより明確にするために、節を改めて両者の関係を具現する呉越国の貢献物を具体的に検証し、またその兵権についても言及し、さらなる「真王」の性格を考えてみたい。

第二節　「真王」の実体的側面

a．呉越国の貢献

呉越国が中原に対して貢献を行っていたのは、冊命文にもあったとおりである。そしてその内容物および時期・回数は、『冊府元亀』巻一六九・帝王部納貢献、および巻一九七・閏位部納貢献、『宋会要輯稿』巻一九九・蕃夷七の歴代朝貢に具体的に記載されている。また日野開三郎氏も内容物について詳細に論及されているが、[12]ここでは新たな検討を加えてみたい。

先にあげた史料を中心に作表したのが章末の**表1〈呉越国貢献表〉**である。「名目」の欄は、呉越国の貢献がどのような形でなされたのかを、史料上から窺える限りで記した。その中身は、萬壽節など中原天子の聖誕日の場合と、単に「貢」とある場合と、また「進」・「進奉」とある場合と謝恩の場合とがある。

中原天子の聖誕日に納められる方物を見てみると、荘宗の萬壽節を例に取れば、「金器盤、龍鳳錦、金稜秘色瓷器」などで、いずれも金銀や絹、陶器などの加工品・嗜好品である。同様に後晉出帝の啓聖節には「金大排方座龍腰帯、金花銀器」などが納められている。これらは天子の聖誕を祝うための、呉越の技術の粋を凝らした贅沢品・加工品である。

一方で、単に「貢」とある場合を見てみると、その方物が加工のされていない原料物が中心となっている。いま試みに天福七年（九四二）十一月の貢物を見てみると、「絲一萬両・細甲・弓弩箭・扇子等、蘇木二萬斤・乾薑三萬斤・秘色瓷器・鞋履・細酒・糟薑・細紙等」である。これらの方物が唐代における土貢とある程度一致していることは『新唐書』地理志の各州の土貢や『通典』巻六の賦税下「天下諸郡毎年常貢」に記載するとおりで、

『新唐書』から呉越地域の土貢物を拾うと、「緋綾、御服、藤紙、乾薑、細茶、瓷器、呉綾、海味、竹扇、綿」などが「貢」とある場合と一致する土貢物となっている[13]。

そして「進」とある場合と謝恩の場合とを見てみると、加工品と原料物・土貢と一緒になっていることがほとんどである。

これらによって、呉越国の貢献物には、その納められる方物によって二種類あることが分かる。人の手の加わった加工品・贅沢品（表1中B）と生のままの原料物（表1中A）と。前者はその貢献目的および内容物から見て、他の貢献と区別して考える必要があり、同列に論じるべきではない。

さらに後者の貢献が行われた月を見てみると、九月から十一月である場合がほとんどである。この事について日野氏は交通上の自然的条件（風濤をさける）によるとされていたが、そうであるよりも、むしろこれは、年始の元会儀礼に合わせての結果であると思われる。渡辺信一郎氏によれば唐代、年始の元会儀礼において、全国の土貢物が納められ、やがて小府監五署で価値物に生産されて、中央の儀礼・祭祀上の使用物を供給していた。そうした元会儀礼が毎年繰り返されることによって、帝国は再生産される。つまり土貢という原料物を差し出す諸州（および蕃夷）は中央に対する政治的従属を収斂的に果たし、帝国を形成していた[14]。五代における元会儀礼がいかに行われていたかを明らかにすることは、本章のあつかう範囲を超えている。ここでは、五代でも実際に元日に全国の貢物が中央に集められ、その一環として呉越国の貢献が存在し、そしてそのことが表現するのは、中原に対する呉越国の政治的従属であったことを理解するにとどめたい。

『五代会要』巻十五、戸部に、

（長興）三年五月二十九日、尚書戸部奏すらく、当司の管する所の天下合に貢すべき方物、長興三年三月において、定めて七十餘州を到す。旧例、冬至の後斉《ひと》しく到り、正仗前に点検し、元日に至りて殿前に排列し、当司引進す。昨ごろ今年の正仗前を点検するに、内六十七州至り、其の餘二十州は、正月より三月に至りて、方《はじ》めて京師に到る。

三年五月二十九日、尚書戸部奏、当司所管天下合貢方物、於長興三年三月、定到七十餘州。旧例、冬至後斉到、正仗前点検、至元日殿前排列、当司引進。昨点検今年正仗前、内六十七州至、其餘二十州、自正月至三月、方到京師。

とあって、長興三年元日において戸部が管轄する全国の貢物が殿前に並べられている状況が分かる。さらに、『旧五代史』巻一一〇、周書太祖紀一に、

詔して曰く、……応《あら》ゆる天下州府の旧貢の滋味食饌の物は、宜しく除減すべき所なり。其れ両浙の進めし細酒・海味・薑瓜、湖南の枕子茶・乳糖・白沙糖・橄欖子、……聞くが如くんば此れ等の物、皆な土産より出ずと雖も、亦た民家より取ること有り、未だ労煩を免れず、率ね皆な糜費なり。加之《しかのみならず》、力役負荷、道途に馳駆し、有司の中に積むも、甚だ無用の物なり、今後並びに進奉を須いず。諸州府は更に旧例進む所の食味有りて、其れ未だ該せざる者は、宜しく奏して進止を取るべし。

詔曰、……応天下州府旧貢滋味食饌之物、所宜除減。其両浙進細酒・海味・薑瓜、湖南枕子茶・乳糖・白沙糖・橄欖子、……如聞此等之物、雖皆出於土産、亦有取於民家、未免労煩、率皆糜費。加之力役負荷、馳駆道途、積於有司之中、甚為無用之物、今後並不須進奉。諸州府更有旧例所進食味、其未該者、宜奏取進止。

と記し、貢物の中に呉越や楚のものも含まれていることがわかる。そして先に見たとおり貢献の時期が九月から十一月であり、また乾徳五年の入貢した後に本国に帰る、その月が三月であることと合わせ考えると、確かに呉

越国の土貢が年始の元日に向けて送られていたと考えられる。そして謝恩や「進」の場合も、「貢」の場合と同じ月になされることがほとんどであり、その方物も原料物である土貢に加工品・贅沢品を加味したものであるから、この場合も土貢を年始に間に合うように送る貢献と性格が同じであると考えられる。つまりこれらの貢献は、土貢などの政治的意味を持つ方物を定期的に納める行為であった。

そして度々納められる「銀」は、その額五〇〇〇両が定額化している。それを越える額はいずれも謝恩の時（あるいは茶絹が収められていない時）である。また「茶」・「絹」も合わせて凡そ五五、〇〇〇〜六〇、〇〇〇斤疋の間であることが多く、両者もある程度、貢献の額が決められていたようである。つまり「銀・茶・絹」はその貢献において定額化されており、こうした貢献が呉越国の余剰物をただ納めていたのではなく、制度化された国策に則っていたことが分かる。

以上をまとめると、呉越国の貢献は単なる私的な物質贈与行為ではなく、土貢的性格を有する方物中心に納められる、制度化された呉越国の政治プログラムにもとづく行為であった。そしてその機能は政治的従属関係を表出する。制度化された貢献を通じて呉越国王は中原天子に対して臣従を表しており、物質を媒介として呉越国王は中原天子の下位に位置づけられていたのである。この貢献は、呉越国のみならず封爵された諸国にも共通して見られ、呉越国を含む封爵された諸国が「中国」の志向する政治的秩序に参画し、政治的従属関係を創出する装置であった。諸国の貢献の実態は次章にゆだねる。

b．天下兵馬都元帥

貢献によって呉越国王は中原天子の下位に位置付けられたが、その代わりに諸侯を征伐する権利を得て、諸侯よりも上位に位置することを認められていた。そのことが冊命文上でも述べられていたことは、先に見たとおりである。そして実際に歴代の呉越国王は天下兵馬都元帥に任じられていた。『文献通考』巻五九、元帥に、

唐制有天下兵馬元帥・副元帥、掌征伐。兵罷則省。

唐制に天下兵馬元帥・副元帥有り、征伐を掌る。兵罷めれば則ち省く。

とあって、天下兵馬元帥は臨時の職官であるものの、征伐権を有している。また『唐会要』巻七八、元帥に、

其れ元帥の号は、武徳より已来、唯だ王のみ始め拝す。天寶十五載正月、哥舒翰諸道兵馬元帥に除せらるるに至り、始めて臣下之れと為る。

其元帥之号、自武徳已来、唯王始拝。至天寶十五載正月、哥舒翰除諸道兵馬元帥、始臣下為之。

とあり、元帥は唐朝の親王が就くのが常例で、哥舒翰より初めて臣下が就くようになった。その後郭子儀や李光弼などが副元帥に就任したが、元帥には親王が当てられることがほとんどであった。しかし五代に入ると、後唐の秦王である王従栄が就任した一例を除き、呉越国王が就任した。銭鏐は貞明三年（九一七）十月に天下兵馬都元帥に就任した。二代目銭元瓘は天福元年（九三六）十一月に天下兵馬副元帥、のち天福五年（九四〇）三月に天下兵馬都元帥に就いている。そして三代目銭弘佐は、東南面兵馬都元帥から天福十二年（九四七）四月に諸道兵馬都元帥に就任し、五代目銭弘俶は、東南面兵馬都元帥から諸道兵馬都元帥、そして顕徳元年（九五四）二月に天下兵馬元帥に就いている。

この天下兵馬都元帥は実を伴った職官であった。呉越国王位に即く以前ではあるが、貞明四年（九一八）四月に劉巖が南海の地で大漢皇帝を僭称すると、翌年九月に銭鏐は、後梁の末帝からその討伐の詔を受けている。そこには、

爾じ天下兵馬都元帥銭□、志は廟社を扶け、任は兵師を総べ、毎に激憤の辞を興し、願いて誅夷の令を挙ぐ。……其れ彭城巌在身の官爵は、並びに宜しく削奪すべし、仍お委して征討を指揮せしむ。

爾天下兵馬都元帥銭□、志扶廟社、任総兵師、毎興激憤之辞、願挙誅夷之令。……其彭城巌在身官爵、並宜削奪、仍委指揮征討。（『呉越備史』巻一、貞明五年九月）

とあって天下兵馬都元帥であった銭鏐が南漢の地に征伐を行うよう求めている。任務は天下の兵師を総統し、蕃夷や僭逆を盪平することにあることが述べられている。

また三代目呉越国王銭弘佐のとき、隣国閩で起こった大乱に出兵するに際し、

王曰く、唇亡んで歯寒し。吾れ天下元帥たり、曽ち鄰道を救う能はざれば、将た安んぞ之れを用い、諸軍直だ飽食安坐を楽しまんや。

王曰、唇亡歯寒。吾為天下元帥、曽不能救鄰道、将安用之、諸軍直楽飽食安坐邪。（『呉越備史』巻三、開運三年十月条）

として出兵を反対する諸将に対し一喝している。銭弘佐の認識では、隣国の政難に対して元帥は出兵して救済する職務を有している。

このように、呉越国王は征伐権を掌握して、諸侯の上に座して威圧し、場合によって征伐を行い、他国の安寧を図っていた。それは故事によれば「覇者」として諸侯を率いる立場にあった。呉越国王は、元帥の任を得ることによって、諸侯、具体的には十国の長として君臨していたのである。『呉越備史』巻一の最後に載す銭鏐の附伝に、

天祐已後、中原多事たり、西川の王氏蜀を称し、邗溝の楊氏は呉を称し、南海の彭城氏は漢を称し、長渓の

王氏は閩を称す。皆な大号を竊み、或いは姻戚を通じ、或いは娉好を達す。皆な龍衣玉冊、洎び書疏等を以て、王に自大を勧む。王嘗て笑いて曰く、此の児輩は自ら爐炭の上に坐すに、而るに又た上に踞せんか。吾れ偽を去り賊を平らげ、天子疇庸の命を承け、封建車服の制に至るは、悉く由る所有り。豈に一時の事を図り、乃ち尓輩に随波せんや。皆な之れを却けて而納めず。而るに諸国の主、咸な父兄を以て之れに事えざる無し。

天祐已後、中原多事、西川王氏称蜀、邗溝楊氏称呉、南海彭城氏称漢、長渓王氏称閩。皆竊大号、或通姻戚、或達娉好。皆以龍衣玉冊、洎書疏等、勧王自大。王嘗笑曰、此児輩自坐爐炭之上、而又踞于上邪。吾以去偽平賊、承天子疇庸之命、至于封建車服之制、悉有所由。豈図一時之事、乃随波于尓輩也。皆却之而不納。而諸国之主、無不咸以父兄事之。

とある。十国がそれぞれ僭称する中で、銭鏐にもそれを進めたが、銭鏐は一笑して取り合わなかった。そんな銭鏐に十国の主たちは父兄の礼でつかえた。この挿話は、銭鏐の偉大さを伝えるために誇張が加わっていると思われるものの、以上見てきたことによれば、あながち嘘を記しているとも思われないのである。

第三節　五代天下の素描、其の一

第一章・第二章でみた「中国」は平王で観念的に囲われ、道制の敷かれた直接支配領域であった。この限られた領域を指す「中国」は五代当時においても、そのように認識されていた。

後唐荘宗の時の事。当時称帝していた王衍の前蜀では、蜀中の珍奇な物品が東に流出するのを許さなかった。その中でも許可した物を「入草物」と呼んでいた。時に、客省使李厳が蜀に出向いて珍貨を求めたが、手に入れることができなかった。そのことを上奏すると荘宗は怒って、物の中夏に帰す者は之れを命じて入草と曰う、王衍寧んぞ入草の人と為るを免れんや。

物帰中夏者命之曰入草、王衍寧免為入草之人耶。（『旧五代史』巻三三、荘宗紀、同光三年八月戊辰）

といい、蜀を討伐する決意を新たにした。荘宗が「物が中夏に帰属するものを『入草』というのだ、王衍は入草の人となるのをまぬがれぬ」と怒りをあらわにした言葉の背景には、「中夏（＝中国）」という枠組みの中に「蜀」が含まれていず、だからこそ「中夏」でない蜀の王衍が「中夏」に帰属することによって、「入草の人」となるという意識が働いている。つまりこの表現によって、中夏には蜀が含まれていないことが判明する。

また『旧五代史』巻六五、高行珪伝に、

……後ち（范）延策因りて入奏し、封章を闕下に献ず、事三条有り。一請うらくは淮を過ぎし猪羊を禁ぜず、而れども絲綿匹帛を禁じ、以て中国を実たさんことを。

……後延策因入奏、献封章於闕下、事有三条。一請不禁過淮猪羊、而禁絲綿匹帛、以実中国。

とある封事は、淮河を境として猪羊の通過は許すが、絲綿匹帛は禁じて、「中国」を経済的に豊かにせんことを上奏したものである。ここでは明らかに淮河以北を「中国」ととらえている。

そして呉越国でも、中原を「中国」と意識していた。銭鏐が臨終の時、その子銭元瓘に遺言として、

子孫善く中国に事え、易姓を以て事大の礼を廃するなかれ。

子孫善事中国、勿以易姓廃事大之礼。（『資治通鑑』巻二七七、長興三年三月）

と伝わっている。呉越国はやはり「中国」ではなかったのである。

この「中国」が諸国に封爵を行っていた事は、前章や序論で確認した欧陽脩の問答からも分かるが、また先の客省使李厳が入蜀した時、蜀の枢密使宋光嗣と対話した時の言葉に、後唐の事を述べて、

（宋光嗣）因りて近事を以て厳に訊ぬ。厳対えて曰く、吾が皇前年四月鄴宮に即位す。……西のかた甘涼に尽き、東のかた海外に漸《すす》み、南のかた閩浙を踰え、北のかた幽陵を極む。牧伯侯王、称藩するに暇あらず、家財入貢し、府上供を実たす。呉国は本朝の旧臣なり、岐下は先皇の元老なり、子を遣わして入侍せしめ、職を述べて藩を称す。淮海の君は、辞を卑しくして貢を厚くし、湖湘・荊楚・杭越・甌閩の異貨奇珍、府に虚月無し。

因以近事訊於厳。厳対曰、吾皇前年四月即位於鄴宮。……西尽甘涼、東漸海外、南踰閩浙、北極幽陵。牧伯侯王、称藩不暇、家財入貢、府実上供。呉国本朝旧臣、岐下先皇元老、遣子入侍、述職称藩。淮海之君、卑辞厚貢、湖湘・荊楚・杭越・甌閩異貨奇珍、府無虚月。（『旧五代史』巻七〇、李厳伝）

としている。中の「牧伯侯王、称藩不暇、家財入貢、府実上供」という句は、そのあとの具体的状況を総括する語だが、諸国を牧伯侯王と呼んでおり、封爵の事実は存在していた。詳しくは次章で取り扱おう。

封爵された諸国の中で、呉越国王は諸国を含む他の諸侯より上位に位置することが許可されていた。それは、けっして「中国」天子を越える身分ではなかったものの、この有史以来ない位階――「真王」は時に覇者的様相を見せ、諸国に長たる権利を掌中に収めた。それは「中国」の志向する政治的秩序（「天下」）を維持する五代特有の装置である。そして「真王」の位階を具現するものは、「中国」による封爵と、「中国」に対する貢献・天下兵馬都元帥の職であった。

五代の「中国」が「中国」以外の中国に封爵を行ったとき、位階秩序（中国内政治的秩序）、「天下秩序」が形成されていたといえよう。中原天子と諸侯諸国、そしてその間に介在する呉越国王を含む「天下秩序」は、至極微妙で時代的特色を見せるものである。五代十国は、ただの中国「乱離」時代ではない。秩序ある「乱離」時代なのである。

おわりに

以上によって、五代十国時代の天下における秩序構造の枠組みを素描しえたが、しかし本章では呉越国のみを扱っており、より体系的な秩序構造を把握するためには、呉や楚、閩など他の諸国をふくむ秩序構造を明らかにするべきであろう。次章に課題を残している。

呉越国の権力構造を検討することによって導き出された「五代天下秩序」は、周代の封建制と非常に似た特質をもつと考えられる。松井嘉徳氏は周王朝の構造を同心円の三層構造としてとらえる。まず中心には周王の君臨する王都があり、第二層には王都を取り巻く内服の地(畿内)があり、そこは周王の直接統治下にあって政治的に統合された地であり、その外側に第三層として封建諸侯の所領が形成されていた。さらにこれら三層は王朝の官系統とともに周王を頂点とする血縁関係あるいは擬制的血縁関係によって相互に結び付けられ、政治的社会的統一性を与えられていたとする[15]。五代について見てみると、王都は五代諸王朝の首都(洛陽・開封)、内服の地は五代諸王朝の実効的支配地域(本稿でいう「中国」)、外服の地は諸国に比定されよう。また周代に見られた三層の結びつきも、諸国に対する五代諸王朝の冊封や、諸国の貢献などにより五代でも見られる。そして藩鎮・諸国が諸侯に、呉越国王が二伯に擬えられることも興味深い。

先に見たように渡辺氏は、「天下」を前近代中国諸王朝の実効支配の及ぶ国家的枠組みととらえていた。しかし五代について見てみる場合、「天下」は明らかに実効支配地としての意味合いと支配イデオロギーとしての意味合いが乖離している。その空隙を埋めるために、「五代天下秩序」が存在したと考えられる。支配イデオロギーとして「天下」は禹跡＝九州（中国全土）でなければならないが、実効支配地が華北に限られていた五代王朝「中国」は、残りの地を「天下」に組み込むために、冊封を行って――四夷とは異なって――諸国を包摂して秩序構造を作り出し、その中で呉越国王に諸国を監督させた。そうすることで、分裂した様相を見せながらも、五代諸王朝は「天下」を一つとして認識し、秩序構造をもった緩やかな「天下秩序」を形成していたのではないだろうか。

（1）宮澤知之「宋代農村社会史研究の展開」（『戦後日本の中国史論争』河合文化教育研究所、一九九三年）。
（2）伊藤宏明「唐末五代政治史に関する諸問題」（『名古屋大学文学部研究論集』史学二九、一九八三年）。
（3）本書序論を参照。また日野開三郎氏は五代十国期を「経済の飛躍的発達に伴う旧社会関係の崩壊より新社会関係成立への過渡的混乱期」とされ、この時代を乱離の時代と位置づけた（「五代史の基調」『日野開三郎東洋史学論集』二、三一書房、一九八〇年）。こうした見解は学界の定説となっている。
（4）西川正夫「呉・南唐両王朝の国家権力の性格」（『法制史研究』九、一九五九年）など。
（5）岡田宏二「五代楚王国の性格」（初出一九八一年。『中国華南民族社会史研究』汲古書院、一九九三年）、伊藤宏明「五代楚政権の性格」（『名古屋大学文学部研究論集』史学二七、一九八一年）など。
（6）「東アジア世界」については西嶋定生『中国古代国家と東アジア世界』（東京大学出版会、一九八三年）第二編第一・二章を参照。西嶋氏は東アジア世界の国際秩序について「冊封体制論」を掲げたが、それに対し堀敏一氏は、冊封は当時の国際関係の一部分であるとして、その他に朝貢や羈縻州体制など比較的ルースな関係＝羈縻をも含みこんで「東アジア世界」を想定した（『中国と古代東アジア世界』岩波書店、一九九三年。『律令制と東アジア世界』汲古書院、一九九四年）。しかしながら両氏ともに、中国を中心とする国際的政治的秩序体系が中国国内の政治構造を周辺諸外国にまで延長するかたちで形成されている点で一致していよう（西嶋氏の「冊封体制」や堀氏の「羈縻州体制」など）。この視点は重視されるべきである。そして「冊封体制」や「東アジア世界」について論じる場合、対外的関係を取り上げることも重要であるが、同時に中国の国内における政治的秩序構造を明らかにした上で、論を進めなければならない。そして五代十国においても、五代諸王朝と十国との政治的秩序関係をまず把握しなければならない。

また、五代十国および他国の関係を扱った論文は皆無ではない。古くは田中整治「呉越と閩との関係」（『東洋史研究』二八―一、一九六九年六月）、同「南唐と呉越との関係」（『史流』一六、一九七五年）、同「楚と南漢との関係」（『田村博士頌寿東洋史論叢』、一九六八年）や、日野開三郎氏の一連の研究（『日野開三郎東洋史論集』一〇、三一書房、一九八四年）などが挙げられる。しかしいずれも、二国間の個別関係を中心とし、当時の東アジア世界全体の秩序構造を把握することは困難である。

（7）冊命文は四部叢刊本『呉越備史』に記載のものを使用する。冊命文③・⑤の凡そを挙げれば以下のとおり。

三代目呉越国王銭弘佐冊命文③（巻三、天福八年〔九四三〕十月条）

冊曰、維天福八年、歳次癸卯、十月丙午朔、六日辛亥。皇帝若曰、在天成象、拱辰分将相之星、惟帝念功、啓土列侯王之国。朕所以法昊穹而光宅、稽典礼以疏封。而況世著大勲、時推令器、探宝符而嗣位、仗金鉞以宣威、羽翼大朝、藩籬東夏。宜列諸侯之上、特隆一字之封、簡自朕心、協于輿論。咨爾……銭□□、……亜夫継社稷之勲、顧擅東南之美。眷言祖考、志奉国朝、清呉越之土疆、執桓文之弓矢、天資厥徳、代有其人。荷基構以克家、事梯航而述職。殊庸斯在、信史有光、是挙彝章、爰行盛典。土茅符節、方推翼世之賢、黻冕輅車、更重策勲之礼。斯為異数、允属真王。今……冊爾為呉越国王。於戯、周寵元臣、四履錫命。漢封異姓、八国始王。指河嶽以誓功、俾子孫而襲爵。爾纘服旧業、朕考前文。勿忘必復之言、更広無窮之祚、懋昭前烈、尓惟欽哉。

五代目呉越国王銭弘俶冊命文⑤（巻四、乾祐二年〔九四九〕十月条）。

冊曰、維乾祐二年、歳次乙酉、十月庚午朔、十九日戊子。皇帝若曰、我先帝承有晉崩離之後、醜虜充斥、毒螫中夏。用順天致罰、大拯黎元、太阿一揮、胡馬宵遁。享萬霊于無主、解兆庶之倒懸、較定世勲、以呉越居右。伊朕眇末、虔奉先訓、嗣位之始、即酬懋功。前命為元帥、按地図授武節、東南之境、得行征伐。命冊為真王、駕大輅執桓圭、牛斗之郷、尽荒土宇。詢于有位、僉曰克諧。咨尓……銭□□、……而能望辰極以駿奔、奉天朝之師律。充庭納貢、則外府告盈。下瀬宣威、則前茅献捷。忠信著于群后、礼譲行于一方。故玄冕九章、為王之服、昭其名也。朱輪駟馬、為王之馭、昭其器也。而又三呉百越、列土分疆、有民人焉、有社稷焉。恢祖禰之令図、実典礼之鉅著。勧夫忠孝、以御家邦。今……冊尓為呉越国王。於戯、品秩甚尊、名数尤重。粛広庭而備物、練吉日以覃恩。尓其正厥位、事大以敬、教民以順、馭衆以恩、神其福之。礼曰惟王建国、諸侯所以守旧邦。書曰惟帝念功、王者于是出好爵。匡我堯緒、永為漢藩。浙江如帯、稽山如礪、福禄無窮、貽厥百世。汝往欽哉、対揚我休命。

（8）以下に銭元瓘の冊命文を掲げる（『呉越備史』巻二、天福三年十一月条）。
冊曰、維天福三年、歳次戊戌、十一月甲辰朔、五日戊申、皇帝若曰、王者握図立極、崇徳報功、或開国以建邦、或苴茅而襲爵、乃樹藩屏、式奨忠勲。古先哲王、率由斯道。唯朕薄徳、敢忽彝章。況夫尊南服之奥区、鎮東甌之重地、懋績雖高于列土、殊栄未継于肯堂。得不申加等之恩、降非常之命、用紀代天之業、特頒鏤玉之文。乃択吉辰、爰敷盛典。咨爾興邦保運崇徳志道功臣・天下兵馬副元帥・鎮海鎮東等軍節度・浙江東西等道管内観察処置兼両浙塩鉄制置発運営田等使・開府儀同三司・検校太師・守中書令・杭州越州大都督府長史・上柱国・呉越国王・食邑一萬五千戸・実封一千五百戸銭□□、嶽霊稟粋、天象儲精、蘊文武之兼才、受乾坤之間気。既寵承呉越、功邁桓文。運妙略以平兇、用奇兵而制変。祗嗣基搆、表率英雄、淮夷之屛気銷声、海嶠之波澄浪息。而況興我昌運、竭乃忠規、懋勲庸而首列韓壇、奉玉帛而誠先禹貢、語尊奨則独標大節、顧封崇則未称鴻名。宜挙徽章、俾奉先正。矧其天文当南斗之分、地誌控勾践之都、眷茲旧封、允属全徳。是用異車服于群后、盛簡冊于列藩。正二国之土疆、錫九天之宝瑞。表予嘉命、纘乃旧邦、大振家声、夾輔王室。今遣使太中大夫・尚書右丞・上柱国・賜紫金魚袋王延、使副中散大夫・尚書司門郎中・柱国・賜紫金魚袋張守素、持節備礼、冊爾為呉越国王。於戯、服袞衣而佩玄玉、位圧于諸侯。駕戎輅而握兵符、名尊于九代。馭貴之重、象賢之栄。爾其祗荷天光、勉清国歩、往綏厥位、永孚于休。戒之慎之。勿忝前烈。

（9）呉越国王の位階を、その修辞する用語から『周礼』によって「公」と理解した。実際、唐代の服制に照らし合わせてみれば、袞冕九章や山玄玉を用いるのは官品最上階の第一品である（『大唐開元礼』巻三、序列下、衣服。『旧唐書』巻四五、輿服志。『新唐書』巻二四、車服志）。ここで注意しなければならないのは、第一品を初めとする官僚の冕服はその上衣を「青」色としている点である（宋代においても官僚の服は青色であった。『宋史』巻一五二、輿服志四）。本論でも見たとおり、経書上の冕服は「玄」色であり、実際の唐制度上と経書上では違っている。呉越国王に用いられた修辞は、実際の制度に準えているのではなく、経書に準えた観念的用法と見なすべきだろう。

（10）孔穎達の正義では、弓矢を賜る者は八命作牧であり、その場合自分の封地のみの征伐権を手にするが、もし一命を加えられて九命二伯となったならば一方五侯九伯を征伐できるというのが、正しい理解である（「賜弓矢者、謂八命作牧者、……征伐当州之内。若九命為二伯、則得征一方五侯九伯」）。ところが後に見るように呉越国王は元帥の任を帯びており、この元帥は二伯に擬えられる。例えば、呉越国王がすでに宋朝に納土した後、その元帥の職を解任する時のこととして「挈族来朝、挙宗宿衛、尽以版籍、入于朝廷。爰分宝玉、胙之淮海。居天子二老之任、啓真王萬室之封、併加寵名、用答忠順。而乃固形表疏、願避官栄、諭之再三、誠不可奪。若以霊台偃伯、武庫櫜兵、天下一家、書軌之無外、五侯九伯、征伐之不行。願寝元帥之名、勉徇由衷之請。」（『太宗皇帝実録』巻二七、太平興国八年十二月丁亥条）とある。ここで用いられる「二老」とは『礼記』王制第五に「八伯各以其属属於天子之老二人、分天下以為左右、曰二伯。」とあるとおり「二伯」であるので、確かに元帥は「二伯」である。つまりこの征伐権は九命としてのものと解釈できよう。

（11）『史記』巻九二、淮陰侯伝、

漢四年、遂皆降平斉。使人言漢王曰、斉偽詐多変、反覆之国也。南辺楚、不為假王以鎮之、其勢不定。願為假王便。……漢王亦悟、因復罵曰、大丈夫定諸侯、即為真王耳、何以假為。

（12）日野開三郎「五代呉越国の対中原朝貢と海上貿易」（『日野開三郎東洋史学論集』一〇、三一書房、一九八四年）。

（13）ただ、土貢の内容が一致していても、その納められる数量は唐代にくらべ格段に多い。中村裕一氏によると、唐後半期の粛宗朝より進奉・貢献が飛躍的に増量化し、皇帝の私的財庫である内蔵庫が拡大される。そして進奉の増量化は、節度使が天子との私的恩寵関係を強化する目的で行われたとしている（「唐代内蔵庫の変容――進奉を中心に――」『待兼山論叢』四、一九七一年三月）。貢納物の増量化という点では、呉越国の貢献は中村氏の論旨に当てはまる。しかし、その内容は氏の注目される銭絹金銀だけでなく、土貢が中心となっており、また納められる期日も元日に向けてのものであるので、こうした土貢を納める定期的貢献と、余剰物を納める不定期な進奉とを分けて考える必要がある。古松崇志「唐代後半の進奉と財政」（『古代文化』五一―四、一九九九年四月）参照。ただし、古松氏の場合も、定期と不定期を分けて考えていても、その内容物による分化にまで注目されていない。

（14）渡辺信一郎『天空の玉座』（柏書房、一九九六年）所収、第Ⅲ章・第三節「唐王朝の帝国的秩序」。

（15）松井嘉徳「西周期鄭（奠）の考察」（初出一九八六年）、同「周王子弟の封建――鄭の始封・東遷をめぐって――」（初出一九八九年。以上『周代国制の研究』、汲古書院、二〇〇二年）。

表1　呉越国貢献表

国王	西暦	年号	月	名目	銀	茶	絹	方物	備考
銭鏐	九〇七	後梁太祖 開平一							
	九〇八	二							
	九〇九	三	四	進奉		三一〇籠		洞牙弩一〇〇枝・桐木槍二〇〇〇条	B、冊府一九七
	九一〇	四							
	九一一	乾化一	十二	進		二〇〇〇〇觔		瑑画宮衣五〇〇副	B、冊府一九七
	九一二	二							
	九一三	末帝三							
	九一四	四							
	九一五	貞明一							
	九一六	二							
	九一七	三							
	九一八	四							
	九一九	五							
	九二〇	六							
	九二一	龍徳一							
	九二二	二							
	九二三	後唐荘宗 同光一							
	九二四	二	九	貢				銀器・越綾・呉綾・越絹・龍鳳衣・絲鞋・屐子	A、冊府一六九
				進萬壽節				金器盤・龍鳳錦・織成紅羅穀・袍襖衫段・五色長連衣	B、冊府一六九

	九二五	三	五	献				叚·綾絹·金稜秘色甆器·銀装花櫚木廚子·金排方盤·龍帯御衣·白龍瑙·紅地龍鳳錦被·紅藤龍鳳箱等	冊府一六九
			十	貢進				孔雀二 金銀·錦綺数千件·御服·犀帯·九経書史漢唐書共四二三巻	A、冊府一六九
	九二六	明宗天成一	一	貢				仏頭螺子青一·山螺子青一〇·婆薩石蟹子四·空青四	A、冊府一六九
	九二七	二	五	謝恩	一〇〇〇〇両		一〇〇〇〇疋	金器五〇〇両	旧五代史三六
	九二八	三							
	九二九	四	八	謝恩加官	五〇〇〇両	二七〇〇〇斤			冊府一六九
	九三〇	長興一							
	九三一	二							
銭元瓘	九三二	三							
	九三三	四							
	九三四	廃帝清泰一	九	献	五〇〇〇両		五〇〇〇疋	諸弟四人共貢銀七〇〇〇両·綾絹七〇〇〇疋	A、冊府一六九
	九三五	二	九	進	五〇〇〇両		五〇〇〇疋	錦綺五〇〇連·金花食器二〇〇〇両·金稜秘色磁器二〇〇事	B、冊府一六九
				貢				茶·香·綾絹三六〇〇〇計	A、冊府一六九

	九三六	後晋高祖 天福一	是歳	貢				諸弟二人各銀・綾羅・器物等	A、冊府一六九
	九三七	二	十	進	五〇〇〇両	五〇〇〇〇斤	四〇〇〇疋	呉越異紋綾一〇〇〇疋・羅二〇〇疋・金帯・御衣・雑宝・茶器・金銀装槍・細紅甲・宝装弓箭弩等・雑細香薬一〇〇〇斤・牙五株・真珠二〇斤	A+B、冊府一六九
	九三八	三	十	謝恩封国王	一〇〇〇〇両	六四〇〇〇斤	二〇〇〇〇疋	呉越異紋綾八〇〇〇疋・金條紗三〇〇〇疋・金器五〇〇両・綿九〇〇〇〇両・大排方通犀瑞象腰帯	A+B、冊府一六九
				進				真珠二〇斤・牙三〇株・乾姜五〇〇〇〇斤・蘇　木五〇〇〇〇斤・雑香五〇〇〇斤	A、冊府一六九
	九三九	四							
	九四〇	五							
	九四一	六	十	謝恩加官	八〇〇〇両	三〇〇〇〇斤	二三〇〇〇疋	金條紗五〇〇疋・金帯一条・金器三〇〇両・綿五〇〇〇〇両・象牙・諸色香薬・軍器・金装茶床・金銀綾甆器・細茶・法酒事件萬餘	A+B、冊府一六九
銭弘佐	九四二	出帝 七	十一	謝恩封国王	五〇〇〇両		五〇〇〇疋	絲一〇〇〇〇両	冊府一六九
				貢		二五〇〇〇斤		細甲・弓弩箭・扇子等、蘇木二〇〇〇〇斤・乾薑	A、冊府一六九

								三〇〇〇〇斤・秘色瓷器・鞋履・細酒・糟薑・細紙等	
	九四三	八							
	九四四	開運一							
	九四五	二							
	九四六	三	十	謝恩冊命	五〇〇〇両	四四八〇〇斤	一五〇〇〇疋	乳香・黄散香共一〇〇〇斤・乾薑三〇〇〇〇斤・蘇木三〇〇〇〇斤・箭笴一〇〇〇〇莖・諸色戎仗等物	A、冊府一六九
				進啓聖節				金大排方座龍腰帯一条・御衣一襲・六事・金花銀器一五〇〇両・御服・錦綺綾羅五〇〇疋	B、冊府一六九
銭弘倧	九四七	後漢高祖天福十二							
銭弘俶	九四八	隠帝乾祐一	十一	貢		三四〇〇〇斤		香薬・兵仗	A、冊府一六九
	九四九	二							
	九五〇	三							
	九五一	後周太祖廣順一						御衣・犀帯・金銀装兵仗・金銀器・綾絹・茶・香薬物・秘色瓷器・鞍屐・海味・酒等	A、冊府一六九
	九五二	二	十一	貢奉					
	九五三	三	十一	謝恩		三五〇〇〇斤	二八〇〇〇疋	銀器六〇〇〇両・綿五〇〇〇〇両・御衣両襲・通犀帯・戯龍金帯・香薬・瓷器・	A+B、冊府一六九

九五四	世宗 顕徳一						銀装甲仗・法酒・海味等	
九五五	二	十二	入貢					資治通鑑二九二
九五六	三	十一	進	五〇〇〇両		一〇〇〇〇疋		冊府一六九
			進天清節				金花銀器一五〇〇両・御服・金帯・錦綺綾羅等	B、冊府一六九
九五七	四							
九五八		二	進				御衣・犀帯・綾絹・白金・香薬等、供軍稲米二〇〇〇〇石	A、冊府
	五	四	謝恩賜国信	一〇〇〇〇両		四〇〇〇〇疋		冊府一六九
		閏七	朝貢	五〇〇〇両		二〇〇〇〇疋	銀器三〇〇〇両・細衣段二〇〇〇連・御衣・盤龍犀帯等	B、冊府一六九
		八	称車駕還京	五〇〇〇両		一〇〇〇〇疋	龍船一隻・天禄船一隻	B、冊府一六九
		十一・十二	謝恩賜国信	五〇〇〇両	三四八〇〇斤	三〇〇〇〇疋	綿一五〇〇〇両、又進賀正銭一〇〇〇貫・絹一〇〇〇疋・香薬・器物等	A、冊府一六九
九五九	恭帝 六	二	入貢					呉越備史四
九六〇	宋太祖	三	進賀登極	三〇〇〇両		五〇〇〇疋		会要・蕃夷七
	建隆一	十一	入貢					呉越備史四
九六一	二							
九六二	三							
九六三	乾徳一	十	貢	一〇〇〇〇両			犀牙各一〇株・香薬一五〇〇〇斤	A、会要・蕃夷七

			供奉助南郊				金銀・真珠・玳瑁器数百事	B、会要・蕃夷七
九六四	二							
九六五	三	二	貢長春節			三〇〇〇疋	銀器二〇〇〇両・御衣一襲・金酒器三〇〇両	B、会要・蕃夷七
九六六	四							
九六七	五	三	入貢而還					呉越備史四
		十	入貢					呉越備史四
九六八	開寶一	十	入貢助郊祭					呉越備史四
九六九	二							
九七〇	三	九	入貢					呉越備史補遺
九七一	四	十一	貢郊礼					呉越備史補遺
九七二	五	三	貢奉帰					呉越備史補遺
		九	入貢					呉越備史補遺
九七三	六	二	進長春節				塗金銀騎鹿仙人一対三〇〇〇両・色綾五〇〇〇疋・御衣一襲・犀帯一条・金器五〇〇両・乳香四〇〇〇斤、渾金渡銀獅子一対一〇〇〇両・細衣段一〇疋・宮池銀装花舫二・金酒器一副・金香獅子一・金香合一・金托裏玳瑁椀一〇・碟子二〇・金稜牙茶床子一〇・金稜紅藤盤子一・金渡銀果子一〇・釘龍鳳翠花一〇株・金稜七七寶装烏紋木椅子・踏床子・金銀稜	B、会要

	九七四	七	八	入貢				寶装床子一〇・銀装椅子一〇・金稜秘色甆器一五〇事・銀稜盤子一〇・銀装籠子一〇	長編一五
	九七五	八							
	九七六	太宗 太平興国一	二	進朝見	二〇〇〇〇両		二〇〇〇〇疋	……	会要

＊備考において、原料物・土貢をAとし、加工品・嗜好品をBとした。
＊『冊府元亀』・『宋会要輯稿』・『続資治通鑑長編』は、それぞれ冊府・会要・長編と略記した。

第四章　五代における「中国」と諸国との関係――五代天下の形成、其の二――

はじめに

第三章では、呉越国の権力構造分析の結果、五代において呉越国王は、封爵されながら政治的従属関係を表出する貢献を行っていた。これは後に明らかとなるように、諸国のうち封爵を受けた国に共通して見える特徴である。しかし呉越国は諸国とは違って、中原王朝の政治的序列の中で位階第一位であり諸国に対する統制権を持つとされていた（＝「真王」）。そしてこの真王が五代の「天下秩序」維持機能を担っていたことを明らかにした。

本章では前章で呉越国に見た「天下秩序」の形成に当たっての諸特徴を他の諸国で考察し、「五代天下秩序」の全体像を見てみることとする。その際の手がかりとして、国家間でやり取りされた国書と、進奉および貢献を中心に取りあつかうこととなる。

第一節　国書のやりとり――「中国」と諸国の関係――

中原王朝が諸国と如何なる関係にあったか。その関係性に着目して大きく分けると、中原王朝に対し対抗していた国と恭順であった国とに分かれる。恭順であった国に関しては今は置くとして、対抗していた国とはどのような関係にあったのか。そこで国と国との関係を見るのにもっとも理解しやすいのは、その国家間でやり取りされた国書であろう。そこには自ずと国としての体面や相手国への配慮が表現され、国家間関係が明瞭なはずである。特に宛名および差出名は自他の立場を表明するものであるから、その最たるものであろう。国書についてはその形態・様式を含め中村裕一氏の著大な研究がある(1)。

五代十国時代とはいうが、同時並列に存在した国は中原を除いて六国であり、のち中原の後周創立と同時に北漢が生み出される。中原と六国（呉・蜀・呉越・閩・南漢・楚）とはさまざまな用件にしたがって盛んに国書の往来をしたと思われる。戦争への援軍要請や自ら皇帝位に即いたことを伝えるという特別なものから、中原王朝の儀礼などに際しての挨拶文などの日常的なものにわたった。しかし、史料が伝えるのは六国が皇帝を称していた場合、つまり対抗していた場合における国書形式、特にその文頭を示すのが大半である。今その史料をまとめたのが以下の〈**表1**〈**五代国書交換表**〉〉である。まず、この表をもとに考察を進めてみよう(2)。

史料の残存の仕方から見ると、当時中原と対等国を目指し称帝した呉＝南唐や蜀が発した国書の例がほとんどで、しかも国書形式が問題となった場合に集中している。問題が起こればこそ書き記すのであるからこの結果は当然といえば当然であり、またそれ故にこの二国と中原との国家関係の図式が見えてこよう。ここに挙がる呉＝南唐、蜀との関係がこの節では問題となる。

中原主を「皇帝」と呼ぶことに諸国主は一致しているものの、その諸国主が自身を如何に呼ぶかによって二類型に分けられる。自らを「国主」あるいは「国王」と呼ぶ場合（①②③⑤⑪）と、「皇帝」と呼ぶ場合（④⑥⑧⑨）とである。

自らを皇帝と名乗り、相手の中原主に対しても皇帝と称することは、全く対等の立場であることの表明である。

表1　五代国書交換表

	中原主	諸国主	年　号	書式	応答	備　考
①	大唐皇帝	→呉国主	同光元年(923)10月	致書		敵国之礼
②	大唐皇帝	←大呉国主	同上	致書上		辞旨卑遜、有同牋表
③	大唐皇帝	←大蜀国主	同光元年(923)10月	致書上	不能容	詞理稍抗
④	大唐皇帝	←大蜀皇帝	同光2年(924)7月	上書		詞旨驕怠
⑤	大唐皇帝	←大漢国主(王)	同光3年(925)2月	致書上		
⑥	大唐皇帝	←(大)蜀皇帝	清泰元年(935)	献書	不答	
⑦	上国皇帝[後晋]	←本国[南唐]	天福5年(940)7月	奏書		移牒
⑧	[後周]	←大蜀皇帝	顕徳2年(955)10月	致書	不答	抗礼
⑨	大周皇帝	←唐皇帝	顕徳3年(956)2月	奉書	不答	
⑩	皇帝	→江南国主	顕徳5年(958)3月	恭問		唐与回鶻可汗之式
⑪	[後周]	←唐国主	顕徳5年(958)3月	奉表		

しかし「天に二日無く、尊に二上無し」を建前とする中原主としてその「肩書き」は「抗礼」にあたり、決して受け入れられないものであった。故にその国書に対して中原主は決して応答することが無かった。一方、中原主に対し「国主」と称する場合、そこに上下の関係が生じて、国主は自称皇帝より一等下るようである。

用例③の前蜀皇帝王衍とのやり取りを見てみよう。同光元年十月に後梁を滅した荘宗がその報告を蜀に対して行った折、蜀の人々は次はわが身かと恐れ国書を齎したのが用例③である。そのときすでに父王建の後を継ぎ、皇帝位に即していた王衍は自らを「大蜀国主」と名乗っていた。これは明らかに皇帝からの譲歩を示している。そしてこの国書が荘宗に収められなかったのは、文章中の言葉遣いが「抗礼」であったがためである。その後、「大蜀皇帝」と称した国書を中原主に宛てたが（用例④）、当然受け入れられなかったであろう。その翌年には後唐により滅せられることとなる。

蜀同様、呉に対しても荘宗は平梁の報告を行っていた。当時、呉の楊溥は国王位に自ら就いていたがまだ皇帝位には即しておらず、そのため荘宗は呉国に対し詔書をもって報告した。しかし詔書の形式を嫌った呉により拒否され、形式を一等上して齎された国書が用例①である。そこでは「敵国の礼」を用いて、「大唐皇帝致書于呉国主」と宛名した。その返書には「大呉国主致書上大唐皇帝」とし、呉の楊溥を「(大)呉国主」と呼ぶことに両者は一致した。

後唐荘宗が後梁を滅ぼしたことは遠く南海の地にも聞こえ、すでに皇帝となった南漢の劉陟(巌)は宮苑使何詞を中原に派遣した。その時に齎された国書には「大漢国主致書上大唐皇帝」と記されていた(用例⑤)。この書を荘宗が受け入れたかは史料の記すところではないものの、その使者何詞を鄴宮に召見し、南海の事情を問うていることなどから、その国書は受け入れられたことであろう。[3]

この三者の事例からすると、後唐荘宗はすでに皇帝を名乗っていた前蜀や南漢、また独立色甚だしい呉の国書に対し、彼らが「皇帝」を名乗れば当然受諾しなかったが、しかし一等下して「国主」と名乗る場合には別段とがめる様子は無く受納していたようである。ただ、その文面上において言葉遣いが抵触した場合は受け取らなかった。つまり中原主側より皇帝たる中原主と諸国との関係を見れば、至上に中原主＝皇帝がおり、その下に国主を置くという階梯は受け入れられるものであったのである。

ただ、問題は呉の用例に挙がっていたようにその待遇を「敵国の礼」と呼んでいることである。「敵国」という熟語は、文字通り「かたきの国」「敵対する国」という意味と「対等の国」との意味を併せ持つが、当然ここで用いられるのは後者である。しかし、以上の後唐と諸国との関係を見ていると、両者の関係が(少なくとも名称上)全く対等とは考えられない。となると「敵国の礼」を用いるとはどういうことなのであろうか。そのヒントはやはり呉の用例にあると思われる。そもそも呉に対し敵国礼を用いることとなったのは、呉が中原皇帝の王言である詔を受け入れなかったからであった。ということは敵国礼を用いた場合、相手国に対して中原皇帝の王言は直接下らないのであって、相手国における命令発給はその主に委譲することになる。つまり中原主が敵国礼を用いるとは、名義上は国主と設定し、そして詔勅が相手国に下らないという待遇を指していた。『唐会要』巻九四、北突厥条に、

（武徳）九年秋七月、頡利辺を寇す。是より先、突厥に書を与うるに、敵国礼を用ゆ、帝改めて詔勅を用いんと欲し、突厥遂に霊・相・潞・沁・韓・朔等州を寇す。

図1　中原—敵国関係図

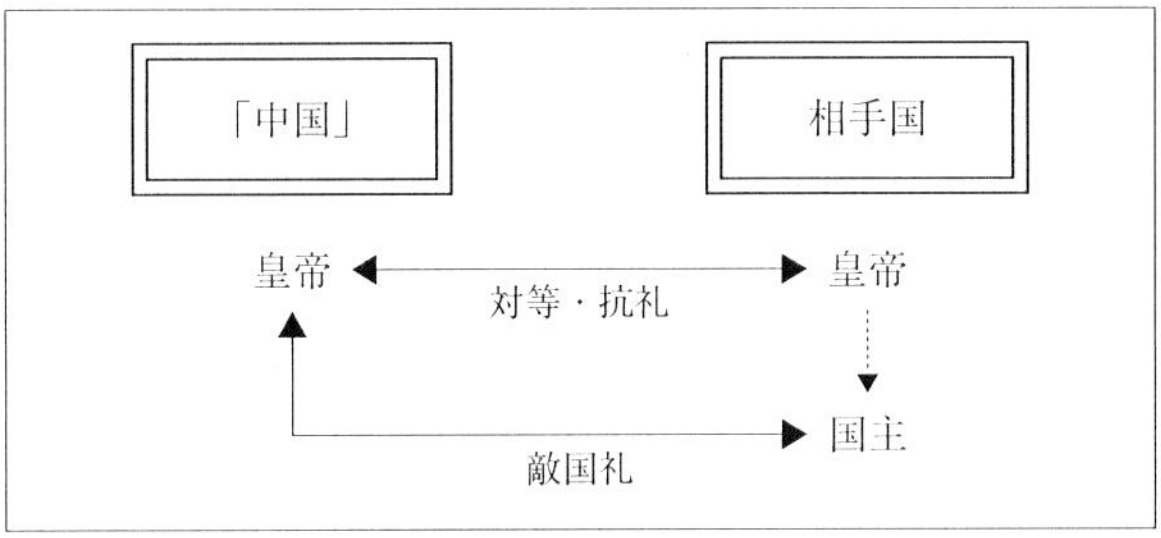

九年秋七月、頡利寇辺。先是、与突厥書、用敵国礼、帝欲改用詔勅、突厥遂寇霊・相・潞・沁・韓・朔等州。

とあるのはその好例かと思われる。唐初高祖の時の例ではあるけれども、敵国礼を用いることが突厥に対し詔勅を用いないことを指し、改めて詔勅を用いようとした高祖に対し、突厥が不服を表して侵略を行っていた。

　こうして見ると、中原主が相手国に対して敵国礼を用いれば、その絶対的命令である王言がその国内に下らず、その地の統治を国主に委任するという建前のもとに、中原王朝からの独立を容認するものであったと思われる。しかしこの建前こそが中原主にとって重要であって、それ故に相手国が皇帝を名乗って齎せた国書を受け入れられず、国主待遇としたのであろう。この関係を図式化すると**図1〈中原—敵国関係図〉**のようになる。

　長興四年（九三三）にすでに皇帝を称していたものの、依然敵国礼の待遇を得ていなかった閩は、天福四年（九三九）十月、呉や蜀に倣って敵国礼でもって国書

往来をすることを求めていた。しかし後晋高祖の却下するところとなっている(4)。

呉の後を受け建国した南唐は、用例⑨の段階では「唐皇帝奉書於大周皇帝」と中原主と対等の立場を表明していたものの、後周世宗との戦いに敗れ江北十四州割譲を余儀なくされた結果、国主待遇とされることとなった。これはやはり皇帝からの一歩後退を示している。そしてこの時、世宗は「唐が回鶻可汗に与えた式」に則って「皇帝恭問江南国主」とした（用例⑩）。この「唐与回鶻可汗之式」は『翰苑群書』巻五に収める『翰林学士院旧規』に詳しく記してある。この書は昭宗朝に翰林学士・吏部侍郎を勤めた楊鉅の手になるものであるが、その「待詔院当院伏見旧例答蕃書幷使紙及宝函等事例」に以下のようにある。

新羅渤海の書頭に云わく、勅某国王とし姓名を著す。……回鶻天睦可汗の書頭に云わく、皇帝舅は回鶻天睦可汗外甥に敬問す、と。……契丹の書頭に云わく、勅契丹王阿保機、と。

新羅渤海書頭云、勅某国王著姓名。……回鶻天睦可汗書頭云、皇帝舅敬問回鶻天睦可汗外甥。……契丹書頭云、勅契丹王阿保機。

新羅、渤海そして契丹に対しては「勅」で始まり姓名が続くが、回鶻の場合にはただ「回鶻可汗に敬問す」とあるのみで、「勅」で始まらずまたその姓名を記さなかった。これは他三国よりも上位待遇を表している。この書式に世宗は倣っていたのである。そしてこの「唐与回鶻可汗之式」でもやはり相手国に対して詔勅を用いてはいなかった。つまりは五代を通じ「国主」待遇＝「敵国礼」＝「唐与回鶻可汗之式」の等式が成り立ち、その意味するところは皇帝である中原主より上下関係は一段下るものの、その待遇は中原主の容認できる最上級のものであった。「国主」待遇の国は中原主の詔勅が下らず、また他に並ぶものが無いために対等に近似するという意味で「敵国」であったのであろう。

結局南唐は国書の文面上に国主を用いるだけでなく、国内においても実際に皇帝号を省いて国主を称ぜざるをえなくなってしまう(5)。

五代中原主と、特に称帝・対立した国との関係でいえば、相手国が皇帝を名乗れば、それこそ全くの対等の表明であった。しかし中原主にとって自らは無二至尊であるべきであるから、決して受け入れるものではない。つまり中原皇帝⇔他国皇帝の関係は、他国側からは成り立ちえても、中原主側からは成り立ちえなかった。しかし相手国がたとえ国内で皇帝を称していようが外に国主を名乗り、あるいは中原主が国主待遇としそれを相手国が受け入れれば中原皇帝⇔他国主の関係は成り立つものであったのである。そして中原皇帝が国主待遇とすることは南唐の主が「臣服」し「内附」することを表した（『資治通鑑』巻二九四、後周世宗顕徳五年五月）ように、いわば皇帝の徳のみ及ぶ「国」として認めることであったのである。南唐国主が宋斉丘をはじめとする建国の臣を誅殺せんとした際、中原皇帝世宗にその意を伺ったところ、世宗は「異国の家臣であるから、口出しするものではない」と突っぱねた(6)。このエピソードには過剰に中原皇帝を意識する南唐国主と、徳のみ及んで命令は及ばないとする中原皇帝世宗の認識のずれが浮かび上がっており、如上の皇帝と国主との関係が見えてこよう。

ここまでは国書の交換を軸として、特に中原王朝と対抗した呉＝南唐・蜀との関係を見た。次に中原王朝に対し恭順であった国々について見ていこう。

第二節　進奉と貢献

第三章で見たように、呉越国は中原王朝に対して貢献を行っていた。そこでは貢献物の状態によって二類型に分け、それぞれ個別の機能を持つことを述べた。つまり貢献物のうち、手が加えられた奢侈・贅沢品などの人工物は、中原皇帝の聖誕節や謝恩など特別な場合に贈られ、中原皇帝への私的贈与という性格から個人的恩寵関係の確立を狙ったものであった。以下この贈与行為を「進奉」と呼ぶ。他方、生成りのままの原材料物が納められる場合には、唐代における土貢の性格を持ち、期日も元日に合わせて冬に齎され、中原王朝に対する政治的従属関係を造出するものであった。こちらを「貢献」と呼んでおこう(7)。そして両者の頻度は、当然毎年行われる冬至元日の儀礼に送るのが原則であるから後者がより多く、併せてさらに銀絹茶が定額納められていた。こうして呉越国は中原王朝の天下支配構造に組み込まれていたのであった。

この呉越国の事例をもとに他国の場合を検討してみたい。以下個別に検討するが、その順序は比較的恭順であった楚から始め、順にその対極にあった呉＝南唐へと見ていくこととしよう。その際、章末に附した**表2〈諸国進奉貢献表〉**を併せ参照されたい。

楚は代々馬氏が楚王に封ぜられた国である(8)。初代楚王馬殷はもと淮北許州の木工で、蔡賊孫儒の楊州攻略に従い、孫儒の死後江西を攻略して楚国二〇余州の礎を築いた。末年の天成二年（九二七）六月には楚国王に進封され、その位階は頗る高いものであった。国王に封ぜられる以前、後梁の開平四年（九一〇）六月には唐太宗の故事に倣って天策上将軍の号を加えられ、後唐同光二年（九二四）には兼尚書令、そして天成二年六月に楚国王に封ぜられた。この年の八月に始めて国を興し、潭州を首府として宮殿を立て、百官を置き、国家体制を整えたのであった。しかしその子以後国王に封ぜられることはなく、兄弟不和により国は滅ぶことになる。

楚国は代々の王を通じて中原王朝に対して恭順であった。表に目を落としてみよう。そこに挙がる物品はその実、進奉品つまり加工を行った嗜好・贅沢品が多い。後晉天福二年（九三七）十二月乙丑を参照すると、「金漆栢木、銀装起突龍鳳茶床椅子、踏床子、紅羅金銀錦繡褥、紅絲網子、金銀玳瑁白檀香器四、銀結条假果花樹、龍鳳蛮画皷等物、含膏桃源洞白茅百霊藤渠、江南嶽紫蓋峰白雲洞清花等茶、蟬翼鍾乳乳頭香、石亭脂木瓜丸一萬顆」とある。これらは帝室財政を担う内府に納められていたと思われ、その内府の充足を裏付けている。こうした進奉品はこの年以後も頻繁に納められているが、かといって貢献品つまり土貢が納められなかったというわけではない。土貢はそれを記す史料によって内容が異なり、時間的変遷をも匂わせるため、どれが土貢であるとはなかなかいい難い性格がある。(9) もちろん幾種の史料を通じ共通する物品があるのも事実である。故に表上からは貢献品をなかなか割り出しえないものの、後周太祖の広順元年正月庚辰の詔で諸州府貢献品のうち滋味食饌の物を減除するよう命が下されるが、そのうち「湖南枕子茶、乳糖、白沙糖、橄欖子」と挙がっており、間違いなく貢献品は納められていたであろう。そして表上にのぼる進奉品も概ね冬に齎されているから、中に貢献品も含んでいたと考えられる。ただこうした貢献品・進奉品が中原に納める途中で強奪されることも多かった。楚国が貢献・進奉を行う場合、陸路で荊南を通過せねばならなかったが、

初め、荊南は湖南・嶺南・福建の間に介居し、地狭く兵弱し、武信王季興の時より、諸道入貢して其の境を過ぎる者、多く其の貨幣を掠奪す。

初、荊南介居湖南・嶺南・福建之間、地狭兵弱、自武信王季興時、諸道入貢過其境者、多掠奪其貨幣。（『資治通鑑』巻二八七、後漢天福十二年八月）

と荊南がその物品を奪うことが多かったことを伝える。また後晋時には襄州節度使の安従進が南方より齎される貢物を勝手に留めたりもしている。(10) だから表の空欄には送ってはいるが届けられることがなかった場合もあることを想定しておくべきだろう。

次に閩国について見ていこう。(11) 閩国の創始者王審知はもと淮南の光州出身の農夫であったが、一族を率いて長

江を渡り陸路福建に入って閩嶺五州を領域とする勢力を築いた。初代閩王の王審知の時には中原に対し恭順であったが、次子王延鈞が内乱により権力を握ると長興四年（九三三）には皇帝即位を果たす。表を見れば、即位した年の前後には進奉・貢献が行われていないものの、その後天福三年（九三八）十月には再び進奉・貢献を行っており、内に皇帝を名乗りながら外に恭順を示すのが閩国の有り方だった。この天福三年十一月には後晉より閩国王に封ぜられるものの、時の閩皇帝王継鵬はそれを辞退し、敵国礼でもって相対することを望んだが却下されたことは先に見たとおりである。その王継鵬は翌天福四年（九三九）閏七月に弑逆され、王審知の第二八子王延義が閩国王に就き、以後恭順に務めた。天福六年（九四一）には王延義は皇帝となるが、表より見れば、変わらず進奉・貢献は行われている。そして閩国の場合、楚国とは対照的にその内容が原料物であることがほとんどで、またその期日も冬である。

そして閩国の場合注目したいのは、乾化元年(12)（九一一）・天福六年（九四一）十月癸丑・天福七年（九四二）十二月に見られる「（塩鉄）度支戸部」への「権課」「商税」の「葛」布納入である。「権課」「商税」というから専売益・通過税を葛布で納めているが、これらは三司（塩鉄・度支・戸部）に対してなされている。つまりは中原国家財政の一部を形成する係省銭物にあたるものである。係省銭物とは、第二章で見たような地方で貯備されるものと、また別に中央へ齎す上供とに分かれるが、閩は係省銭物の上供部門を上納していた。このことから、閩国から齎される進奉・貢献に加え、中原国家財政に連なる税銭物が納められていることが分かる。称帝しながらも中原より国王に封ぜられた閩が係省銭物の上供を行うとは、その地より徴収される税のうち一部が中原国家財政にかかわることを示し、閩の係省銭物上供が中原国家財政の一構成要素となっていたことを表していよう。さらにこのことは他の国王・王もその義務を負っていた可能性を示唆する。中原直接支配領域に含まれる王や郡王は当然節度兼観察使など州の行政を担当するのであるから、その州の租税および専売・商税の上供を行うのは当然である。が、国王に封ぜられた閩が係省銭物の上供を行っていたとすれば、呉越・楚もその貢献・進奉の中に係省銭物の上供が含まれていたと考えてもおかしくない。そして、呉越国の場合、貢献としてあげた銀や絹、茶がおおよそ総量定額化していたことを思い起こせば、そのうち上供として国家財政に（帝室財政ではなく）吸収されていたと考えられるのではなかろうか。むろん、呉越の銀絹茶が右記の閩のように係省銭物額であることを伝える史料はないものの、その妥当性は高いものと思われる。

つまり呉越・閩・楚など中原王朝に対し恭順であり、かつ王朝側からも国王あるいは王に封ぜられた国々は、進奉と貢献、および上供（係省銭物）を行なっていたと考えて差し支えないと思われる。

次に南漢は当時南海貿易の中心地たる広州を基礎に、その貿易の利によって勢力を伸ばした国であるが[13]、その進奉・貢献は後梁朝しかも太祖期にのみ見られる。しかし貞明三年（九一七）に劉巌が皇帝を称してよりその事例は見えない。

同様に終始（同光初年を除き）皇帝を称した前蜀および後蜀も進奉・貢献の事例が全く見えない。

さて最後に呉＝南唐の進奉の例について見ておこう[14]。その祖楊行密は廬州から身を興し、揚州を拠点に呉を起こす。しかし呉が自立的に勢力を確立するのは三代目楊隆演（また楊渭ともいう）が自ら呉国王に就いてからで、次いでその弟楊溥が天成二年（九二七）に皇帝位に即した。章末の**表2〈諸国進奉貢献表〉**によると、呉の主が国王時代には進奉が行われている。その時期、形式、貢物を見ると貢献の要素はあまり見られず、進奉が主であった。先述のように貢献が政治的従属関係を創出するものであるから、貢献が行われていないのは当然といえる。代わりに進奉が盛んに行われており、中原主と呉国主との私的恩寵関係が積極的に築かれていることも注目される。が、呉国主が皇帝を称すれば、そこに進奉すらも行われず、両者の国家間通交は絶たれた。先の国書の事例でも見たように、皇帝を称する国と中原は通交しない規則がここでも通っている事が分かる。

呉の宰相であった徐温の養子徐知誥が呉より譲位され唐朝（いわゆる南唐）を興し皇帝に即位するのが天福二年（九三七）十月のこと。やはりこの期間も進奉は全くといっていいほど行われていなかった。しかし中原の主が鋭気に満ちた後周世宗になると事態は一変する。世宗は比部郎中王朴の献策を入れ、顕徳二年（九五五）十一月に江北攻略に乗り出すと、近代無比と謳われた世宗禁軍により瞬く間に揚州を攻略、かくて顕徳五年（九五八）に江北十四州と南唐の皇帝号を奪うことになった。世宗の江北攻略の進展に伴い、表上では進奉の盛行が窺われる。敗戦色の強い南唐側としては、進奉でもって世宗の更なる江南奪取の意欲を削ぎたい意向がにじみ出ている。ところが翌顕徳六年（九五九）六月に三九才の若さで五代随一の皇帝世宗は他界し、その翌年には禁軍に推戴された趙匡胤により宋が興されるが、以後宋朝でも国の滅亡まで進奉は続けられた。

各国より中原王朝に対してなされる進奉・貢献・上供は、それぞれ納入される機関が異なる。進奉は皇帝との私的恩寵関係が主として目的であることからも諒解されるように、帝室財政を管轄する内府（あるいは内庫とも）に保管される[15]。そして皇帝をはじめとする皇室の生活資材として利用されたり、あるいは家臣への褒美として下賜される。

貢献によって齎される手の加わらない原料物は、毎年元日の元会儀礼が行われる際に殿前で並べられ、皇帝の御覧に触れられる。『冊府元亀』巻四六七、台省部、挙職には、

> 晉の王権、初め梁に仕えて戸部侍郎と為り、権奏すらく毎年正仗の天下貢物、殿庭に陳ね、戸部に属して引進す。切に以《おも》えらく近年以来、未だ甚しくは斉整せず、本と二（三？）百餘州貢物、今六十餘州に止どむ。

晉王権、初仕梁為戸部侍郎、権奏毎年正仗天下貢物、陳於殿庭、属戸部引進。切以近年以来、未甚斉整、本二百餘州貢物、今止六十餘州。

とあり、戸部の管轄下に天下の貢献品目が殿庭に並べられる様を伝え、同様な記事は『冊府元亀』巻四七五、台省部、奏議六に、

（長興三年）正月甲寅、尚書戸部奏すらく、当司管する所の天下合に貢すべき方物の法、長興二年三月定めて七十餘州到す、旧例、冬至の後斉しく到り、正仗前に点簡し、元日に至り殿前において排列し、当司引進す。昨ごろ今年の正仗前を点簡するに、七十州貢する所の方物内、六十七州正仗前に至り、其の餘三十州、正月より三月に至り、方めて京師に到る。

正月甲寅、尚書戸部奏、当司所管天下合貢方物法、長興二年三月定到七十餘州、旧例、冬至後斉到、正仗前点簡、至元日於殿前排列、当司引進。昨点簡今年正仗前、七十州所貢方物内、六十七州正仗前至、其餘三十州、自正月至三月、方到京師。

とあって、本来ならば冬至にはすべて天下の貢物が揃っていることが原則であった。両史料から貢献が遅れがちの様子を窺い知れるが、貢献はこうした元日の儀礼において消費されるものであった。

係省銭物の上供は当然、当時の国家財政を運営する三司に対して納められる。この上供は逼迫し続ける中原国家財政を幾分潤したと思われるが、依然中原王朝が兵士給与を含む戦費のため火の車であることを考え合わせれば、焼け石に水であったろう。

以上の中原王朝と各国との進奉・貢献および上供の様を以下に図示しておこう（図2〈中国―諸国関係図〉）。

ところで封爵を受けた国々が貢献に止まらず係省銭物の上供さえ行っていたとすれば、「中国」下の諸道とど

図2　中国―諸国関係図

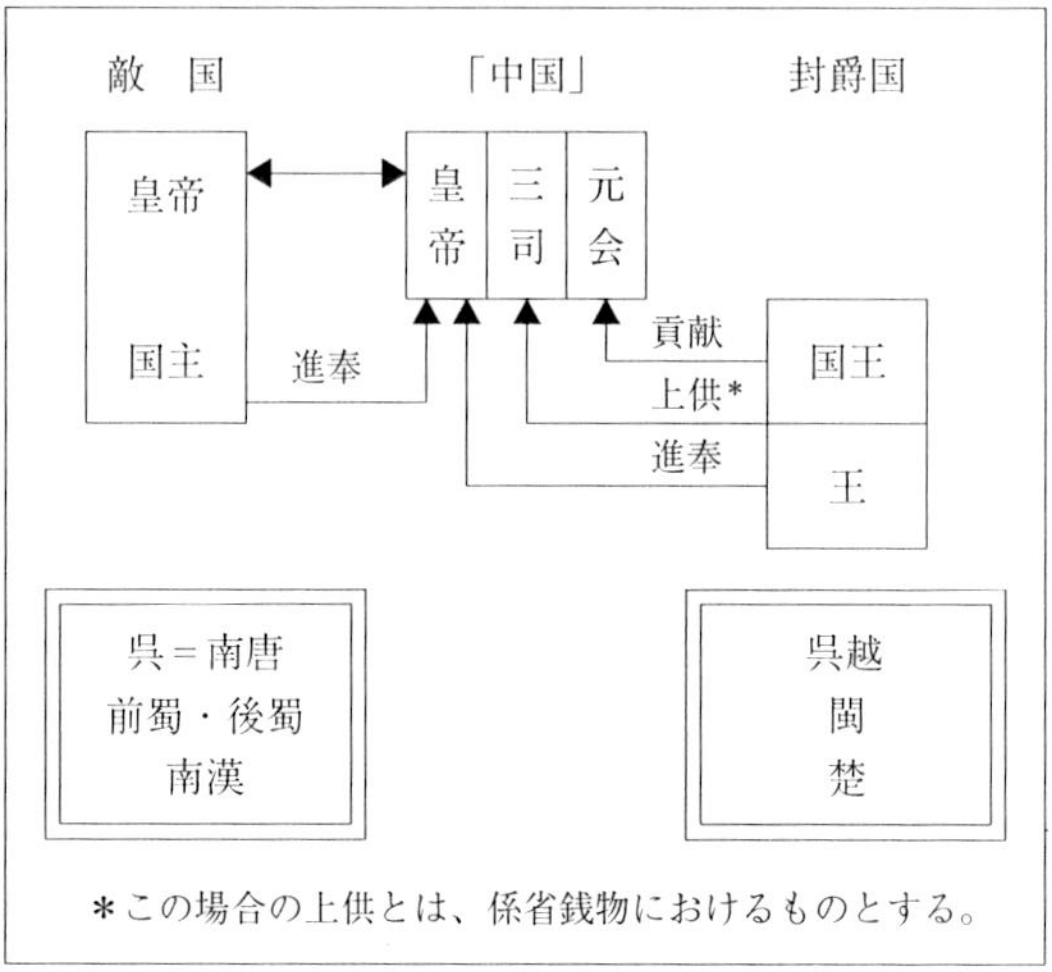

う異なるのであろうか。一見、同列に映じ江南諸国の独立性が無きかのようである。しかし、やはり諸道と諸国とは異なっていたと見るべきだろう。「中国」の諸道が行う上供の構成要素は郷里より徴収する両税銭物・斛斗を含む。五代においては自己申告制にもとづく戸籍を基礎に夏・秋二税が徴収され、一州総額の内二分の一から三分の一が上供に充てられたことは前述した。そもそも両税とは戸籍・耕地をもとに割り当てられ、国家財政の基幹を構成し、人戸支配の手段である。故に両税徴収こそは人戸の直接的支配を示すものと考えて差し支えない。五代における「中国」でもこの原理が通底していることは『五代会要』巻二五、租税に明らかである。

(天成)四年五月五日、戸部奏すらく、三京・鄴都・諸道州府、逐年徴する所の夏秋税租兼ねて塩麴折徴諸般の銭穀等、起徴条流後の如し。四十七処、節候常に早し。大小麦䵃麦豌豆、五月十五日起徴し、八月一日納足す。正税匹帛銭鞋地頭榷麴蠶塩及び諸色折料、六月五日起徴し、八月二十日に至り納足す。河南府・華州・耀・陝・絳・鄭・孟・懐・陳・斉・棣・延・兗・沂・徐・宿・汝・申・安・滑・濮・澶・襄・均・房・雍・許・邢・洺・磁・唐・隨・鄧・蔡・同・鄆・魏・汴・潁・復・鄜・宋・亳・蒲等州。二十三処、節候差《や》や晩し。本処に随い両等の期限を立つるを与す(二十三処州郡未だ見えず)。一十六処、節候較や晩し。大小麦䵃麦豌豆、六月一日起徴し、八月十五日に至り納足す。

正税匹帛銭鞵地頭榷麹蠶塩及び諸色折料、六月十一日起徴し、八月二十五日に至り納足す。幽・定・鎮・滄・晋・隰・慈・密・青・鄧（16）・淄・莱・邠・寧・慶・衍。七処、節候尤も晩し。大小麦䵃麦豌豆、六月十日起徴し、九月に至り納足す。正税匹帛銭鞵榷麹銭等、六月二十日起徴し、九月に至り納足す。幷・潞・沢・応・威塞軍・大同軍・振武軍。其の月勅して百姓今年の夏苗、人戸に委して自ら通じて手状を供し、頃畝の多少を具さしめ、五家保と為し、委して隠漏無く攢《あつ》めて状を連ね、本州は状を具して省に送り、州県は人を送差して検括するを得ず、如し人戸隠欺あれば、陳告せしむるを許し、其の田は倍して幷せ徴せしむ。

四年五月五日、戸部奏、三京鄴都諸道州府、逐年所徴夏秋税租兼塩麹折徴諸般銭穀等、起徴条流如後。四十七処、節候常早。大小麦䵃麦豌豆、五月十五日起徴、八月一日納足。正税匹帛銭鞵地頭榷麹蠶塩及諸色折料、六月五日起徴、至八月二十日納足。河南府・華州・耀・陝・絳・鄭・孟・懐・陳・斉・棣・延・兗・沂・徐・宿・汝・申・安・滑・濮・澶・襄・均・房・雍・許・邢・洺・磁・唐・随・郢・蔡・同・鄆・魏・汴・潁・復・鄜・宋・亳・蒲等州。二十三処、節候差晩。随本処与立両等期限。（二十三処州郡未見）。一十六処、節候較晩。大小麦䵃麦豌豆、六月一日起徴、至八月十五日納足。正税匹帛銭鞵地頭榷麹蠶塩及諸色折料、六月十一日起徴、至八月二十五日納足。幽・定・鎮・滄・晋・隰・慈・密・青・鄧・淄・莱・邠・寧・慶・衍。七処、節候尤晩。大小麦䵃麦豌豆、六月十日起徴、至九月納足。正税匹帛銭鞵榷麹銭等、六月二十日起徴、至九月納足。幷・潞・沢・応・威塞軍・大同軍・振武軍。其月勅百姓今年夏苗、委人戸自通供手状、具頃畝多少、五家為保、委無隠漏攢連状、本州具状送省、州県不得送差人検括、如人戸隠欺、許令陳告、其田倍令幷徴。

明宗天成四年五月五日に戸部が上奏した内容は、両税・専売および種々の雑税の徴納期日をその地方における穀物生長の遅速に応じて三段階設けるものである。そしてここに挙がる諸州府は総じて九三州（うち二六州が不明）にのぼる。そしてこの九三州に対し、両税徴収の元となる戸籍作成は人戸の手に委ねて作成するよう勅で求めていた。その対象地域は中原王朝が直接支配する領域、つまり「中国」を表している。

後唐朝は建国当時一二九州で構成されていたから（第二章参照）、その隔たりは三六州にのぼる。先の不明州と合わせると六二の州が表れてこないが、抜け落ちているのは夏州節度・霊州節度・鳳翔節度・武原節度・秦州節度・鳳州節度など寧夏・隴右地方の諸道であって、かつ唐末より自立的であった夏州李仁福・霊州韓建・岐の李氏の領域であることが示唆的である。また他には幷州節度・滄州節度・鎮州節度などの支郡がほとんど挙がっていない。これらの場合は不明州に含まれるのかもしれないが確証は無い。さらにはすでに征伐され支配領域化されていた蜀地方も全く数に上らない。とにもかくにも、中原支配領域の四分の三ほどが少なくとも直接両税を徴収する領域であり、戸籍を管理し人戸を直接的に支配していたことは諒解されよう。そしてまた、封爵国であった呉越・楚・閩などの州もここに含まれてこない。つまり人戸支配の根本たる戸籍にもとづく租税収取は、一方で「中国」の領域内で行われてその国内で運用消費されており、他方で封爵国においてはその国王に委譲され運用消費されているのであった。

ところが両税と異なり、専売や商税は田土を有する農民に対して直接的に徴収する税目ではない。そもそも専売の原則は「天下山沢の利は、当に王者に帰すべし[17]」との観念に法り課せられるもので、その収入は古くは帝室財政に帰し[18]、唐代では中央国家財政を構成するものであった。つまり正税たる両税を除き、専売にかかわる利益はそれらが「民と之れを共にす」（『春秋穀梁伝』荘公二十八年冬「築微。山林藪沢之利、所以与民共也。」）といえども、終局にはその利が皇帝に帰すべきものであるとの理念的根拠に基づき歴代専売が行われていたのであった。五代

後唐朝でも荘宗同光二年二月己巳朔の制書には、

歴代以来、桑田正税を除くの外、只だ茶塩銅鉄のみ有り、山沢の利を出だし、商税の名有り。

歴代以来、除桑田正税外、只有茶塩銅鉄、出山沢之利、有商税之名。(『冊府元亀』九二、帝王部、赦宥十一)

と山沢の利である茶塩銅鉄に対し、歴朝専売商税を課したことを述べている。そしてこの伝統的観念が五代でも生きていたと思われ、国を異にする専売商税といえども中原皇帝に帰すとされていたとすれば、閩国の専売商税に関する係省銭物上供も得心いくのである。こうして見れば、封国の地域では、人戸支配にかかわる両税はその国王に委譲運用され、国王はその地の実効的支配を執行するものであったが、専売商税の場合は中原皇帝――つまりは国家財政の機関である三司――に上納せねばならなかったのである。しかし、これはあくまでも理念であり、現実がそのまま行われていたとするのは早計で、専売商税で得た利益の一部のみを上供していた場合もあっただろう。しかし、天下分裂の時期といわれる五代において、天下の「山沢の利」が中原王朝に収斂し、財政的結合を持っていたことには注目せねばならない。

小　結　五代天下の素描、其の二

「中国」皇帝と江南諸国との関係を見れば、皇帝が封爵を行って「国」を設置する封爵国と、まったく「中国」皇帝の王言が下らない敵対国とに大別されうる。敵対国の場合、自らを「皇帝」と称する場合と、「国主」と称する場合とに別れる。江南諸国の主が自らを「皇帝」と名乗る場合、「中国」皇帝とまったくの対等を表明し、故に進奉も行われることは無かった。しかし一等降して「国主」と名乗る場合、「中国」皇帝の容認するところとなり、その両者の関係に上下が生まれ、「国主」は進奉を「中国」皇帝に対し行うことになる。しかし「中国」皇帝は

「国主」に対し王言である詔勅を降すことは出来ず、結局両国内で行われる命令体系も別となる。命令体系が異なるということは、当然その実効支配地で行われる法体系も異なることとなる。「中国」皇帝の法体系に属さず、「国主」の法体系が独自に国内で行われるのであるから、命令体系＝法体系を等しく持つという意味において、同等の国、つまり「敵国」と称されたわけである。

一方、封爵国の場合、「中国」皇帝により「国王」あるいはその前段階として「王」に封ぜられるのであるから、一等下りまた詔勅も「国王」に対し降ることとなる。「国王」は皇帝に対し不定期に進奉を行い、また政治的従属関係を創出する貢献を毎歳とり行う。そしてその地の人戸支配にかかわらない専売商税などを一部、三司に対し上供していたと思われる。

つまり当時の天下には「中国（皇帝）」「国（主）」「国（王）」がそれぞれブロック化して構成され、国主が皇帝を称する場合、中原の「天下秩序」に受け入れられることなく、国主と称する場合には「天下」を構成する一ブロックとして容認される。一方で封爵を受けて国王となる場合には、積極的に「天下秩序」形成にかかわっていた。天下には異なる意味を持つ「国」があり、それぞれがその意味に応じて進奉・貢献・上供を行い、天下を実体的に連結させていたのである。

本章では触れなかったが、「中国」皇帝から諸「国主」「国王（王）」に対して下賜が行われている。これは皇帝の恩沢を示した進奉の逆の流れであり、不定期であって制度的特徴を見出すことは出来ないだろう。大局的に見れば、五代では「中国」に向かって諸国からそれぞれ固有の名目と機能とをもった銭物・物品が絶えず流入していた様が窺えるのではないだろうか。そして在りし日の天下中国を当時なお担保し続け、五代の天下を一定秩序の元に結び付けていた貢献と上供こそが重要であったと思われるのである。

（1）中村裕一『唐代制勅研究』（汲古書院、一九九一年）所収、第三章「慰労制書」、第四章「璽書」を参照。

（2）出典は以下のとおり。

①『資治通鑑』巻二七二、後唐荘宗同光元年十月、

帝遣使以滅梁告呉・蜀、二国皆懼。……唐使称詔、呉人不受。帝易其書、用敵国之礼、曰大唐皇帝致書于呉国主、呉人復書称大呉国主上大唐皇帝、辞礼如牋表。

また同じ記事を『江南別録』には、

（順義）三年（九二三）荘宗克梁、遣使来告。義祖（徐温）曰、沙陀自称中興、来者必詔命。逆告之曰、若敵国之書乃可、餘則不奉命。時果齎詔来、使者盤桓、果具駅書上聞、荘宗初平大敵、意務懐柔、遂用敵国之礼、書曰唐皇帝謹命書与呉国主。

と記し、敵国礼を用いた荘宗の国書文頭の相違を伝えている。その著者宋初の陳彭年はかつて南唐に出仕しており、その史料は事実を伝えているとも、また美化しているとも考えられ、今は併記するにとどめ取らない。どちらにせよ皇帝⇔国主関係は変わらない。

②同右。また『旧五代史』巻一三四、楊溥伝、

唐同光元年、荘宗平梁、遷都於洛陽。十二月、溥遣使章景来朝、称大呉国主致書上大唐皇帝、其辞旨卑遜、有同箋表。

③『冊府元亀』巻二三二、僭偽部、称藩、

前蜀王衍、襲其父建偽号。後唐荘宗平梁、遣使告捷於蜀、蜀人悩懼、致礼復命、称大蜀国王致書上大唐皇帝。

『旧五代史』巻一三六、王衍伝、

時中国多故、衍得以自安。唐荘宗平梁、遣使告捷於蜀、蜀人恟懼、致礼復命、称大蜀国主致書上大唐皇帝、詞理稍抗、荘宗不能容、遣客省使李厳報聘、且市宮中珍玩、蜀人皆禁而不出。

また蜀が致書した年月は、史料①により同光元年十月であろう。

④『旧五代史』巻三一、唐荘宗紀第六、同光二年七月戊午条、

西川王衍遣偽署戸部侍郎欧陽彬来朝貢、称大蜀皇帝上書大唐皇帝。

『冊府元亀』二三二、僭偽部、矜大、

前蜀王衍、襲父建偽位。後唐荘宗同光二年七月、遣戸部侍郎欧陽彬朝貢、称大蜀皇帝上書大唐皇帝、書詞旨驕怠。

⑤『旧五代史』巻三一、唐荘宗紀第六、同光三年二月条、

広南劉巌遣使奉書於帝、称大漢国王致書上大唐皇帝。

同右巻一三五、劉陟伝、

及聞荘宗平梁、遣偽宮苑使何詞来聘、称大漢国主致書上大唐皇帝、荘宗召見於鄴宮、問南海事状、且言本国已発使臣、大陳物貢、期今秋即至。

また『冊府元亀』巻二三二、僭偽部、称藩にも同じ記事あり。

⑥『冊府元亀』二三三、僭偽部、矜大、

後蜀孟知祥、後唐末帝清泰元年、鳳翔進知祥来書、称蜀皇帝献書於大唐皇帝、且言見迫群情、以今年四月十二日即帝位。帝不答。

『旧五代史』巻四六、唐末帝紀上、清泰元年七月癸卯に同じ記事あり。

⑦『旧五代史』巻七九、晉高祖紀第五、天福五年七月戊子条、

宿州奏、淮東鎮移牒云、本国奏書於上国皇帝、曰……。

⑧『資治通鑑』巻二九二、後周世宗顕徳二年十月条、

蜀主致書於帝請和、自称大蜀皇帝、帝怒其抗礼、不答。

⑨『旧五代史』巻一一六、周世宗紀第三、顕徳三年二月甲戌条、

江南国主李景遣泗州牙将王知朗齎書一函至滁州、本州以聞、書称唐皇帝奉書於大周皇帝、……書奏不答。

⑩『資治通鑑』巻二九四、後周世宗顕徳五年三月条、

唐主聞上在江上、恐遂南渡、又恥降号称藩、乃遣兵部侍郎陳覚奉表、伝位於太子弘冀、使聴命於中国。……丙申、覚至迎鑾。……丁酉、覚請遣其属閤門承旨劉承遇如金陵、上賜唐主書、称皇帝恭問江南国主、慰納之。……唐主復遣劉承遇奉表称唐国主、請献江北四州、歳輸貢物十萬。於是江北悉平、得州十四、県六十。

『続資治通鑑長編』巻二、太祖建隆二年九月壬戌条、

唐主煜遣中書侍郎馮謐来貢。……初周世宗既取江北、貽書江南、如唐与回鶻可汗之式、但呼国主而已、上因之。於是、

始改書称詔。

『宋史』巻四七八、李景伝、

（顕徳）五年春、改元中興、未幾、又改元交泰。是春、周師克楚州、又進克揚州。将議済江、景大懼、請尽割江北之地、画江為界、称臣於中朝、歳貢土物数十萬、世宗許之。始稟周之正朔、上表称唐国王。世宗答書用唐報回鶻可汗之制、云皇帝恭問江南国主、臨汴水置懐信駅以待其使。

またこの顕徳五年五月および十二月に同様の国書が後周世宗から南唐李景に齎されている（『冊府元亀』巻一六七、帝王部、招懐五）。

⑪史料⑩引用の『資治通鑑』を参照。

（3）注（2）の史料⑤に引用した二つの『旧五代史』の記事は「大漢国王」あるいは「大漢国主」としているが、ここでは論を明確にするため「国主」を取る。

（4）『資治通鑑』巻二八一、後晉高祖天福四年十月庚戌条、

冬、十月庚戌、閩康宗所遣使者鄭元弼至大梁。康宗遺執政書曰、閩国一従興運、久歴年華、見北辰之帝座頻移、致東海之風帆多阻。又求用敵国礼致書往来。帝怒其不遜、壬子、詔却其貢物及福・建諸州綱運、並令元弼及進奏官林恩部送速帰。

（5）『資治通鑑』巻二九四、後周世宗顕徳五年五月条、

唐主避周諱、更名景。下令去帝号、称国主、凡天子儀制皆有降損、去年号、用周正朔、仍告于太廟。

（6）同右顕徳五年十二月条、

唐主欲誅（宋）斉丘等、復遣（鍾）謨入稟於帝。帝以異国之臣、無所可否。

（7）進奉、貢献の用法は宮薗和禧『唐代貢献制の研究』（九州共立大学地域経済研究所、一九八八年）に従う。

（8）岡田宏二「五代楚王国の建国過程」（初出一九八一年）、同「五代楚王国の性格」（初出一九八一年。以上『中国華南民族社会史研究』汲古書院、一九九三年）、伊藤宏明「五代楚政権の性格」（『名古屋大学文学部研究論集　史学』二七、一九八一年）を参照。

（9）注（7）『唐代貢献制の研究』第三章「各州・府における貢献物」を参照。

(10)『新五代史』巻五一、安従進伝、

自范延光反鄴、従進已畜異志、恃江為険、招集亡命、益置軍兵。南方貢輸道出襄陽者、多擅留之、邀遮商旅、皆黥以充軍。

(11)佐竹靖彦「唐宋期福建の家族と社会――閩王朝の形成から科挙体制の展開まで――」(『中国近世家族与社会学術検討会論文集』中央研究院歴史語言研究所出版品編輯委員会、一九九八年)を参照。

(12)『冊府元亀』巻一九七、帝王部、納貢献では「戸部多支権課葛」とし『旧五代史』巻六、梁太祖紀第六、乾化元年の末尾には「戸部所支権課葛」とするが「度支」と直すのがよい。

(13)伊藤宏明「南漢政権の性格――地域公権力と私権化――」(『名古屋大学東洋史研究報告』一四、一九八九年一二月)を参照。

(14)西川正夫「呉・南唐両王朝の国家権力の性格」(『法制史研究』九、一九五九年)、伊藤宏明「淮南藩鎮の成立過程――呉・南唐政権の前提――」(『名古屋大学東洋史研究報告』四、一九七六年)を参照。

(15)第二章「五代の道制――後唐朝を中心に――」を参照。

(16)「鄧州」とあるが、その前後の州の並び方からすると「登州」かもしれない。しかし列挙する州のうち鄧州は現れないから保留しておく。

(17)『旧唐書』巻四九、食貨志下、

其年(建中元年)詔曰、天下山沢之利、当帰王者、宜総権塩鉄使。

(18)増淵龍夫「先秦時代の山林藪沢と秦の公田」(初出一九五九年。『新版　中国古代の社会と国家』岩波書店、一九九六年)。また氏によれば戦国時代では「山沢の利に税し、関市に税する」実状があり、これらが専制君主の家産化する様を述べており、五代商税の皇帝への上供に対する理念的裏付けが取れよう。

表2　諸国進奉貢献表
湖南・楚

西暦	年号	月	形式	貢物	備考	史料
九〇七	後梁太祖 開平一					
九〇八	二	七月	助軍	賞犒将士銭十萬貫	馬殷	冊府四八五
九〇九	三					
九一〇	四					
九一一	乾化一					
九一二	二					
九一三	末帝三					
九一四	四					
九一五	貞明一					
九一六	二					
九一七	三					
九一八	四					
九一九	五					
九二〇	六					
九二一	龍徳一					
九二二	二					
九二三	後唐荘宗同光一					
九二四	二	十月	進	羅浮柑子		冊府一六九
			進萬壽節	銀龍鳳陷花漆浴斛一盤、龍御衣、龍鳳蹙金鞾腰、龍鳳装箭箙、龍鳳朱背弓、紅絲弦、金鍍頭箭、銀千両	馬殷	冊府一六九
九二五	三	二月	貢方物		桂州馬希賓	冊府一六九

九二六	明宗天成一	二月	進	羅浮柑子	馬殷	冊府一六九
九二七	二					
九二八	三					
九二九	四					
九三〇	長興一					
九三一	二					
九三二	三					
九三三	四					
九三四	廢帝清泰一					
九三五	二					
九三六	後晋高祖　天福一					
九三七	二	九月辛亥	進	大茶三萬斤	馬希範	冊府四八五
		十二月辛丑	進賀日南至	銀二千両	馬希範	冊府一六九
		十二月乙丑	進	金漆栢木、銀装起突龍鳳茶床椅子、踏床子、紅羅金銀錦繡褥、紅絲網子、金銀玳瑁白檀香器四、銀結條假果花樹、龍鳳蛮画皷等物、含膏桃源洞白茅百霊藤渠、江南嶽紫蓋峰白雲洞清花等茶、蟬翼鍾乳乳頭香、石亭脂木瓜丸一萬顆		冊府一六九
九三八	三	十二月乙酉	進	御輦一乘、金漆栢木、鏤金花板、銀装真珠車渠、紅絲網嚢、	馬希範	冊府一六九
			進謝恩	絹二千疋、銀紗羅四十面重二千両、土絹土絁吉貝布共三千疋、麩金五十両		冊府一六九

九三九	四					
九四〇	五	二月戊申	進	臥輦一乗、御衣一襲、鳳文之靴、龍玉之帯		冊府一六九
九四一	六	八月甲寅	進	金銀器及方物		冊府一六九
		十月甲午	貢	諸色香薬、蠟面含膏茶		冊府一六九
		十一月丁酉	献	吉貝等三千疋、白蠟一萬斤、朱砂五百斤、諸香薬五千餘斤		冊府一六九
			進	漆萬餘事		冊府一六九
九四二	出帝七					
九四三	八					
九四四	開運一					
九四五	二	十月	進	供御細絹六千疋、衣着白羅一百疋、筒巻白羅十疋、錦綺褥面十牀、錦綺背十合		冊府一六九
九四六	三					
九四七	後漢高祖天福十二					
九四八	隠帝乾祐一	十月丁酉	貢	除夜遊春圖、女俠画障、真珠枕、端午金銀彫装物色	馬希廣	冊府一六九
		十一月	貢	茶五萬斤		冊府一六九
		十二月	献	銀器千五百両	朗州節度馬希蕚	冊府一六九
九四九	二	九月壬寅	献	絹二萬疋、銀一萬五千両、玳瑁寶装龍鳳板床盤龍椅子、蹋床子、銀戯龍二銀食器六十八事、真珠花銀果子、其銀共千両	馬希廣	冊府一六九
九五〇	三					

西暦	年号	月	形式	貢物	備考	史料
九五一	後周太祖 廣順一				滅亡	

福建・閩

西暦	年号	月	形式	貢物	備考	史料
九〇七	後梁太祖 開平一					
九〇八	二	九月	貢	玳瑁・琉璃・犀象器、珍玩、香薬、奇品、海味色類良多、価累千萬		冊府一九七
九〇九	三					
九一〇	四	七月	貢	方物		冊府一九七
			献	桐皮扇		冊府一九七
九一一	乾化一		進	戸部多支権課葛三萬五千疋		冊府一九七
九一二	二	四月	進	供御金花銀食器一百件、各五千両		冊府一九七（宋）
九一三	末帝三					
九一四	四					
九一五	貞明一					
九一六	二					
九一七	三					
九一八	四					
九一九	五					
九二〇	六					
九二一	龍徳一					
九二二	二					
九二三	後唐荘宗 同光一					
九二四	二	二月	奉貢		王審知	冊府一六九

九二五	三	十月	進萬壽節	金銀、象牙、犀珠、香薬、金装寶帯、錦文織成菩薩旛等	王審知	冊府一六九
九二六	明宗　天成一					
九二七	二	十一月	進	犀牙、香薬、海味等	王延鈞	冊府一六九
九二八	三					
九二九	四	十月戊戌	進謝恩	銀器六千五百両、金器一百両、錦綺羅共三千疋、犀牙、玳瑁、真珠、龍脳、笏、扇、白氎、紅氎、香薬等	王延鈞	冊府一六九
			進謝恩進封母	銀四千五百両、茶蕉、海蛤、通榦箭等		冊府一六九
九三〇	長興一	十月	進賀郊礼	銀七千両、蕉、牙、香薬、金器百両	王延鈞	冊府一六九
九三一	二					
九三二	三					
九三三	四					
九三四	廃帝　清泰一					
九三五	二					
九三六	後晋高祖　天福一					
九三七	二					
九三八	三	十月乙亥	進奉天和節	銀五十（千？）両	王継恭	冊府一六九
			賀冬端午	銀五十（千？）両		
			進	金器六事二百両、金花細縷銀器三千両、真珠二十斤、犀三十株、銀装交床五十副、		冊府一六九

				牙二十株、大茶八十(千?)斤、香薬一萬斤、朱笥銀纏槍二百條、通節箭笴三萬莖、五色桐皮扇子、海蛤、麖靴、細蕉、薬木瓜等物		
九三九	四	十月庚戌	朝貢		王昶	旧五代史七八
九四〇	五					
九四一	六	十月壬子	進謝恩加官	銀四千両、象牙二十株、葛五十疋、乾姜、蕉、乳香、沈香、玳瑁、諸物	王延羲	冊府一六九
			進端午節	銀一千両、細葛二十疋、海蛤、靴、裁(具)、扇子等物、茶五千斤		
		十月癸丑	進	度支戸部商税葛八千八百八十疋		冊府一六九
		十月	進天和節	銀一千両		冊府二
九四二	出帝七	十二月	進謝降恩命	鋌銀二千両、花鼓六面	王延羲	冊府一六九
			進謝恩国信	象牙十株、紅蕉二百疋、蟬紗二百疋、餅香、沈香、煎香共六百斤、胡椒六百斤、肉豆蔻三百斤、箭幹二萬隻、		冊府一六九
			進	鋌銀四千両、		冊府一六九
			貢端午天和節正冬献賀	蕉二十疋、海蛤十斤、扇子、靴、裁具等		冊府一六九
			直進	鋌銀一千両、葛一萬疋、細蕉		冊府一六九

西暦	年号	月	形式	貢物	備考	史料
				二百疋、粉薑五千斤、象牙十株、蠟面茶二百斤、大茶五千斤		
九四三	八		進	塩鉄度支戸部三司葛一萬六千六百疋、諸口味等		冊府一六九
九四四	開運一					
九四五	二				滅亡	

広州・南漢

西暦	年号	月	形式	貢物	備考	史料
九〇七	後梁太祖開平一	五月壬午	進	奇宝・名薬品類甚多	劉隠	冊府一九七
		十月	進献	助軍銭二十萬、龍脳、腰帯、珍珠枕、玳瑁、香薬等		冊府一九七
		十一月	進	龍形通犀腰帯、金托裏含稜玳瑁器百餘副、香薬珍巧甚多		冊府一九七
九〇八	二					
九〇九	三					
九一〇	四	七月	貢	犀玉	劉巖	冊府一九七
			献	舶上薔薇水		
九一一	乾化一		貢	犀象奇珍、金銀等、其估数千萬		冊府一九七
九一二	二	四月	献	金銀犀牙雑宝貨、名香等合估数千萬		冊府一九七
九一三	末帝三					
九一四	四					

九一五	貞明一					
九一六	二					
九一七	三	八月			称帝、開寶四年（九七二）滅亡	

淮南・呉・南唐

西暦	年号	月	形式	貢物	備考	史料
九〇七	後梁太祖 開平一					
九〇八	二					
九〇九	三					
九一〇	四					
九一一	乾化一					
九一二	二					
九一三	末帝 三					
九一四	四					
九一五	貞明一					
九一六	二					
九一七	三					
九一八	四					
九一九	五					
九二〇	六					
九二一	龍徳一					
九二二	二					
九二三	後唐荘宗 同光一	十一月	入貢	金器二百両、銀器三千両、羅錦一千二百疋、龍脳香五斤、龍鳳絲鞋一百事、細茶・白	楊溥	冊府二三二

				檀・丁香薬物等		
九二四	二	十二月甲申	朝貢			旧五代史三〇
		三月	貢賀郊天	銀二千両、錦綺羅一千二百疋、細茶五百斤、象牙四株、犀角十株	楊溥	旧五代史三一
		八月甲申	献	方物		冊府二三二
		十二月	進賀正	金花銀器、錦綵千段、御衣、金器、太后礼物		冊府一六九
九二五	三	三月壬子	朝貢			旧五代史三二
		四月丙寅	貢	方物		旧五代史三二
		丁丑	献	鴉山茶・含膏茶		冊府二三二
		五月	献重午物	銀・錦・紗・穀・細茶・簟扇・龍鳳紗紋厨		冊府一六九
		八月	献	新茶		冊府二三二
		九月壬寅	献慰礼	銀絹二千		冊府二三二
		閏十二月甲辰	朝貢			旧五代史三三
		閏十二月乙卯	献賀正	礼幣金銀二千両、羅錦千疋		冊府二三二
九二六	明宗　天成一	二月辛亥	献	金花銀器、錦綺綾羅千段		冊府二三二
		丁酉	進奉賀平蜀	縑銀御服		冊府二三二
		四月庚子	進	新茶		旧五代史三五
		十一月	賀帝登極	銀千両、金百両、綾一千二百疋、茶三百觔	偽呉国主楊溥	冊府一六九
九二七	二	四月	進、修重午之礼	銀千両、綾羅錦綺千疋		冊府一六九
		五月乙丑	貢	新茶		旧五代史三八
		九月	献應聖節	金器百両、金花銀器千両、雑色綾錦千疋	十一月称帝	冊府二三二
九二八	三	二月庚辰	貢献			旧五代史三九

九二九	四					
九三〇	長興一					
九三一	二					
九三二	三					
九三三	四					
九三四	廃帝清泰一					
九三五	二					
九三六	後晋高祖 天福一					
九三七	二				南唐興	
九三八	三					
九三九	四					
九四〇	五					
九四一	六					
九四二	出帝七					
九四三	八					
九四四	開運一					
九四五	二	十月	進謝恩	羅穀一百疋		冊府一六九
九四六	三					
九四七	後漢高祖天福十二					
九四八	隠帝 乾祐一					
九四九	二					
九五〇	三					
九五一	後周太祖 広順一					
九五二	二					
九五三	三					
九五四	世宗 顕徳一					

九五五	二	二月壬午	進	金器一千両、銀器五千両、錦綺綾羅二千疋、御衣・犀帯・茶茗・薬物等、犒軍牛五百頭、酒二千石		冊府二三二
九五六	三	三月丙午	進	金一千両、銀十萬両、羅綺二千疋		冊府二三二
九五七	四	三月丙申	貢	羅縠紬絹三千匹、乳茶三千斤、香薬犀象等		旧一一八
九五八	五	三月丙午	献	犒軍銀十萬両、絹十萬両、銭十萬貫、茶五十萬觔、米麦二十萬石		旧一一八
		四月己巳	進上	金酒器一副、御衣一襲、戯衣魚犀帯一条、金器五百両、銀器五千両、銀龍一座、銀鳳二隻、錦綺千段、細馬二匹、金銀鞍轡各一副、玉鞭玳瑁鞭各一	五月去帝号、称国主	冊府二三二
		五月戊午	進	細茶五百斤、清酒百缾		冊府二三二
		九月	進賀天清節	御衣・金帯、金器千両、銀器五千両、錦綺綾羅共千疋		冊府二三二
		辛未	謝恩賜国信	銀一萬両、綾絹共二萬疋		冊府二三二
		壬子	進天清節	旃檀仏象一軀、細衣段千疋、乳香三百斤		冊府二三二
		甲戌	進謝恩賜国信	銀器五千両、錦綺綾絹五千疋	李景の世子弘冀	冊府二三二

		十月乙巳	進賀冬	銀器二千両、錦綺綾絹共五百疋	冊府二三二
九五九	恭帝六	十二月癸卯	進賀正	銀三千両、錦綺綾絹一千疋	冊府二三二
九六〇	宋太祖建隆一	三月十二日	進賀登極	絹二萬疋、銀一萬両、	会要・蕃夷七
			進長春節	御服、金帯、金器一千両、銀器五千両、綾羅錦綺一千疋	会要・蕃夷七
		七月二九日	貢	乗輿服御物	会要・蕃夷七
			貢賀平澤潞	金器五百両、銀器三千両、羅紈千疋、絹五千匹	会要・蕃夷七
九六一	二	一月二三日	貢長春節	御衣金帯、金銀器皿、	会要・蕃夷七
			謝恩賜生辰	金器二千両、銀器一萬両、綾羅錦綺三千段	会要・蕃夷七
		九月一日	貢	金器二千両、銀器二萬両、綾羅繒綵三萬疋	会要・蕃夷七
九六二	三	七月二日	謝賜生辰国信	金器二千両、銀器一萬両、胡錦綺羅綾計一萬疋	会要・蕃夷七
九六三	乾徳一	十一月十八日	貢賀南郊禮畢	銀一萬両、絹一萬疋	会要・蕃夷七
九六四	二	二月二八日	貢助改葬安陵	銀一萬両、綾絹各萬疋、	会要・蕃夷七
			貢	銀二萬両、金銀龍鳳茶酒器数百事	会要・蕃夷七
九六五	三	二月二日	貢長春節	御衣二襲、金酒器千両、錦綺羅縠各千疋、銀器五千両	会要・蕃夷七
九六六	四	四月十四日	貢賀收復西川	銀五萬両、絹五萬両	会要・蕃夷七
九六七	五				

九六八	開寶一					
九六九	二	六月二日	貢助車駕北征	茶薬器幣		会要・蕃夷七
九七〇	三					
九七一	四	十一月一日	貢郊禮			会要・蕃夷七
九七二	五					
九七三	六					
九七四	七	十月九日	進	絹二十萬疋、茶二十萬斤、買宴絹萬疋、銭五千貫、御衣金帯、金銀器用数百事		会要・蕃夷七
		閏十月十二日	貢	銀三萬両、絹五萬疋		会要・蕃夷七
九七五	八	十一月			滅亡	

＊『冊府元亀』、『旧五代史』、『宋会要輯稿』蕃夷はそれぞれ冊府、旧五代史、会要・蕃夷と略記した。

第二部　天下のそと篇

第五章　九世紀における東アジア海域と海商——徐公直と徐公祐——

はじめに

日中間の国際交流として華やかさを伝える遣唐使は、八三八年における承和年間の遣唐使派遣を実質的な最後とし、八九四年に左大臣菅原道真の建言で停止となった。唐への公的使節停止という日本側では一つの画期と見られるこの九世紀では、しかしながら交流そのものが途絶えたわけではなく、新羅や唐・渤海の海商による盛んな交易活動が見られた(1)。また近日、日本朝廷の遣唐使という公的使節の停止から貴族の私貿易の展開という通説(2)に対し、山内晋次氏は宋代にいたっても日本側では海上交流・交易に関して一定の政治秩序・国家規制が働いていたと主張している(3)。このように、九・一〇世紀において日本側では確かに公的使節の中国への派遣は停止されたが、代わって僧侶などによって使節の代替が行われたり、対中国交易における朝廷の管理下にありつつ、盛んな交易活動が見られたことが現在明らかにされている。

ならば、中国側ではどうか。唐後半期、特に九世紀を境に中国の東沿岸部において、海上交易に関して大きな変動が見られた。九世紀半ばごろには、東アジア海域の北部、特に揚子江以北から山東半島、遼東半島を経て朝鮮半島にいたる海域で、新羅人が交易の主導権を握っていたとされ、ついには莞島清海鎮を拠点に海上に勢力を張った張保皐のような人物が生まれるにいたった(4)。また、東南アジア海域から波斯・大食人などが広州を一つの交易センターとしながら、沿岸部を北上して揚州にいたり、居留区を形成していたとされる。これら二つの交易圏は揚州を結節点として互いに連結していた（詳しくは本書第八章を参照）。ところで八・九世紀にかけて、揚子江河口域から南の銭塘江河口域に及ぶ浙西地域の濵海部では沙張現象が確認されている(5)。海域に流れる長江・呉淞江・銭塘江等の河口部では土砂淤塞と堆積が進行していたのであり、こうした自然環境の変化に応じて国際交易港としての揚州も退色せざるをえなかった(6)。そうして国際交易の場は揚子江河口域から銭塘江河口域へと南下し、以後呉越国や北宋の市舶司体制・南宋の首畿時代を経ることになる。

右記の両交易圏も九世紀半ばころから、揚子江河口域から銭塘江河口域にて連結するようになり大きな転換点と見なすことができるが、この時期のもう一つの特徴として、中国海商、特に浙東地域出身者による渡海交易が見られるようになった。それは、それまでの新羅海商などの交易に中国海商が参画する形で達成された。国際交易の窓口の南下に伴い、あわせて銭塘江南岸の浙東地域の商人が海上交易に乗り出すようになったのである。また同時期に日本の大宰府において、そうした東アジア海域の情勢に連動して、鴻臚館交易や唐物使の大宰府への派遣等の新局面を迎えるようになる。本章であつかおうとする徐公直なる人物も、その歴史的役割を演じた浙東地域の商人の一例と見られる。

徐公直は円珍の入唐に際し、蘇州で病に倒れた円珍を手厚く看病し、また『高野雑筆集』末尾に混入された唐僧義空宛の書函群にその名が見られることは夙に指摘されている。特に後者について内閣文庫所蔵本を底本に校勘し内容を紹介されたのは高木訷元氏であった(7)。ところで、内閣文庫本は高木氏も指摘されるごとく、巻下の奥書に「本云、承安元年六月八日於理趣院書写了　範杲本也　一交了」とあり、その脇に同筆の朱書で「以栂尾山賢首院本書写了」と記されていることから、理趣院本を底本として栂尾賢首院にて書写したものであった。その内閣文庫本の底本であった理趣院本は現在、重要文化財の指定を受け、大谷大学博物館に所蔵され、デジタル・アーカイブスとして一般公開されている。[8] その奥書を見れば、「承安元年六月八日於理趣院書写了　範杲本也一交了」（墨筆）とあることによって内閣本の底本であることが確認されているから、[9] 大谷本は承安元年（一一七一）に範杲が山科勧修寺理趣院にて書写したものである。大谷本とそれにもとづく内閣本を比校すると、字の相違がまま見られる。故に義空宛書函は内閣本より大谷本を底本とするのがよいであろう。本章では大谷本を底本、高木氏の点校を参考として利用する。

高木氏の整理にもとづきこの書函群を分析した研究も数編出ているが、[10] その書函の紀年が不明であるために、十分な史料分析やそれにもとづく利用がなされていない。まずはこれら書函群についてより詳細な分析を進める必要がある。本章では徐公直の書函群に対する分析を行い、その結果をもとに、中国海商の動態を把握し、転換の過渡にあった九世紀半ばにおける東アジア海域と両浙地域で活動した海商の歴史的諸相を捕捉してみたい。

第一節　義空書函群の分析

義空宛書函群は都合一八通確認されている。義空は、入唐僧恵蕚の招聘に応じて来日した塩官県霊池寺の僧であり、これら書函群は日本に滞在した当時に義空へ宛てた書函である。ここで、これまでの研究によってこの書函群より明らかとなっている点を特に徐公直との関連にのみ限って整理しておこう。なお、書函に関して再録すれば煩瑣となるから、ここでは高木氏論文にふる番号を用い、随時書面内容を引用するにとどめ、書面の全容については高木氏論文を参考にされたい。

唐僧義空は、入唐僧恵蕚の要請によって八四七年（承和十四・大中元）七月八日に来日した。その様子を『元亨釈書』巻六、唐国義空伝は、

皇帝（仁明天皇）は賚錫甚だ渥く、太后（嵯峨太皇太后）は檀林寺を創り焉《ここ》に居る。時時に道を問い、官僚の指受を得る者多し。中散大夫藤公兄弟は其の選なり。

皇帝賚錫甚渥、太后創檀林寺居焉。時時問道、官僚得指受者多。中散大夫藤公兄弟其選也。

と伝えている。その義空に宛てられた書函は正確には一七通（ほか一通は宛名を欠く）で、恵蕚か徐公祐によって大中年間（八四七～八五九）に日本へともたらされたものであった。内訳は①徐公直から義空へ（五月二七日）、②徐公直から義空・道昉へ（五月二七日）、③徐公祐から義空へ（九月十一日）、④唐僧雲叙から義空へ（大中三年六月七日）、⑤日本僧真寂から義空へ（九月十三日）、⑥李隣から義空へ（四月三日）、⑦唐僧志円から義空へ（三月二九日）、⑧唐僧趙度から義空へ（五月二七日）、⑨唐僧趙度から義空へ（五月二七日）、⑩唐僧法満から義空へ（月日欠）、⑪唐僧無無から義空へ（十月十四日）、⑫廖公著から某（宛名欠）へ（九月十四日）、⑬徐公直から義空へ（大中六年五月二二日）、⑭徐公祐から義空へ（閏十一月二四日）、⑮徐公祐から義空へ（十月十五日）、⑯徐公祐から義空へ（六月三〇日）、⑰徐公祐から甥の胡婆へ（六月三〇日）、⑱徐公祐から義空へ（十月二一日）、となっている。

このうち、年次の記されているのは④の大中三年（八四九）六月七日、⑬の大中六年（八五二）五月二二日のみである。しかし①の五月二七日付の書函は、書面に「淮南崔僕射及太原王司徒」とあって、その肩書きより判断して、これが崔鄲・王宰のことであり、この二人が同時期に官位にあったのは大中三年であるので、この書函も④と同年のものである。また⑪無無からの書函には「徐州節度使李尚書」とあり、これは徐州節度使李廓のことであるから、やはり在職年次から考えて大中二年（八四八）十月十四日のものである。[11] ⑭については月日が閏十

一月二四日とあって、中国暦の大中三年に閏十一月を確認できる[12]（日本では同じ八四九年の嘉祥二年に閏十一月を設けている）。

以上の成果にもとづいて時系列に並べてみると、

⑪大中二年（八四八）十月十四日
①大中三年（八四九）五月二七日
④大中三年（八四九）六月七日
⑭大中三年（八四九）閏十一月二四日
⑬大中六年（八五二）五月二二日

となる。ここから大中三年グループと大中六年とに区分することがまず可能となる。

そこでまず、大中六年（八五二）五月二二日付徐公直書函⑬から分析してみよう。書面には、謁来を預かざること、数歳を累経す、舎弟廻る日より、忽ち　芳音を奉じ、頓に思心を解く、喩ゆる所為すなし、……往年、舎弟蕚禅に随い東行し、彼の国に達してより、常に恩煦を蒙る……

　　大中六年五月廿二日蘇州衙前散将徐公直状上
義空和尚法前
越綾一疋……
不頂謁来、累経数歳、自舎弟廻日、忽奉　芳音、頓解思心、无為所喩、……自往年、舎弟随蕚禅東行、達於彼国、常蒙恩煦……
　　大中六年五月廿二日蘇州衙前散将徐公直状上

義空和尚法前

越綾一疋……

とつづられており、徐公直が義空と離別して数年経過し、舎弟たる徐公祐が唐に帰国して義空の芳音を伝え耳にした、また先に徐公祐は恵蕚とともに日本へ向かった、としている。そして礼物に越綾一疋ほかを献上していた。この越綾一疋について十月二一日付徐公祐の書函⑱の追伸部には、

家兄の書中に綾一疋有り、官中の段（高木論文「収」）市を被り、出すこと得ず、今百和香十両を将て代後する処に充つ、伏して照察を望まん　謹空

家兄書中有綾一疋、被官中段市、出不得、今将百和香十両充代後処、伏望照察　謹空

とあって、官に強制購入されていた。この書函により徐公祐は仕方なく別物で代替している様を伝えるが、その間に先の五月二二日付の書函より五ヶ月経過している。

それは六月三〇日付徐公祐書函⑯の追伸部に、

家兄も亦た状及び信物有り、官中の開庫するを候ちて往くに附せん　謹空

家兄亦有状及信物、候官中開庫附往　謹空

とあって、「官中が庫を開くのを候」っていたためであろう。この書函⑯には「六月五日より明州を発し、廿日に至りて此の館中に到り、且く平善を蒙る」とあって、徐公祐が六月二〇日に鎮西府鴻臚館に到着していたことが分かる。つまり六月五日に明州を出帆した徐公祐は六月二〇日に鴻臚館に到着した。その際に五月二二日付の兄の書函と礼物も将来したが、日本側の対応を待ちつつ、まず来日の由を六月三〇日の書函で義空へ告げた。のち書函⑱本文に、

即ち此れ公祐在客の下、諸弊悉くすべし、前月中、京使至り、竟に垂情に謝し、特に札示を賜う。

即此公祐在客之下、諸弊可悉、前月中、京使至、竟謝垂情、特賜札示。

とあるから、九月に京からいわゆる唐物使が大宰府鴻臚館に到着したが、兄の礼物の越綾が官没されたことを十月二一日付の書函⑱で伝えていたのである。よってこの一連の書函は大中六年（八五二）のものと見てよいだろう。そして、書函⑯と同日の日付である徐公祐から甥の胡婆宛書函⑰も同年と考えられる。

この胡婆という人物は徐公直の息子で、在日中に童子を必要としていた義空のもとへ徐公直が駆使の任として遣わせていた。徐公祐がこの胡婆に宛てた書函⑰では、

汝と別れて已に久し、情念殊に深し、吾れ六月初めに明州を発し、廿之（廿日？）鴻臚館に到る、……汝彼に在りて如何、家中は渇衣服を将て来りて汝に与えんとす、汝且らく和尚に辞し、蹔く鎮西府に来たれ、一たび転ずるに多日を妨げず、汝在るを見れば即ち餘留は面《まのあたり》に処分せん。

別汝已久、情念殊深、吾六月初発明州、廿之到鴻臚館、……汝在彼如何、家中将渇衣服来与汝、々且辞和尚、蹔来鎮西府、一転不妨多日、見汝在即餘留面処分。

としたため、義空とともに京に滞在する胡婆に一目会いたいとの情を述べている。このことから胡婆が義空の下に赴いたのは、この書函が書かれる以前、つまり大中六年（八五二）六月二〇日以前となる。[13]

では次にその書函⑬に「自往年舎弟随蕚禅東行、達於彼国」と見える徐公祐と恵蕚が日本に来たったのはいつのことであろうか。結論的にいえば大中三年（八四九）の秋のことであろう。徐公直から義空宛ての書函①は先述のように大中三年五月二七日にしたためられたものであった。また本文中に『今秋舎弟重ねて往き、相い煩うこと頗る深し、……謹んで舎弟往くに因り状を奉ず」とあるから、この書函は秋に来日した徐公祐によってもた

らされ、その徐公祐が来日の由を記したのが九月十一日付書函③であろう。そしてこの時、恵蕚は徐公祐とともに帰朝し、大中三年六月七日付書函④（「蕚闍梨至枉　手字、兼恵方物」）、三月二九日付書函⑦（「……蕚供奉至得書、……因蕚供奉廻信」）、五月二七日付書函⑧（「……蕚和尚至、伏蒙恩念、不忘遠賜存問、幷恵及名席、……謹因蕚和尚廻」）、月日欠書函⑩（「蕚闍梨到、蒙　書問、……謹因蕚闍梨廻信」）を将来したのである。この時、大中二年十月十四日付書函⑪も同時にもたらされたと考えられる。

煩瑣になったので、以上の分析を時系列にしたがって整理することとしよう（表1〈義空書函群年表〉も参照）。まず八四七年（大中元・承和十四）七月八日に、徐公直・徐公祐と手紙を往来することになる唐僧義空が入唐僧恵蕚に伴われて入朝した。京にいたるや天皇・太后・貴族の尊崇を得たとされる。その後、日本での義空の様子や、また義空から中国に残してきた友人への礼物を携えて恵蕚は都合三度目の入唐を果たした。その後恵蕚は中国各地をめぐり、義空の日本における処遇を報告した。そして恵蕚の報告を受けて、在唐の僧達は義空宛てに書函を用意した。雲叙からの大中三年（八四九）六月七日付書函④には、

吾人彼に在り、是れ異域と雖も、大法を行い、利物もて心と為し、品類を沾（高木論文「沾」）濡す、彼此豈に殊ならん、況んや国恩を承け、渥沢稠畳するも、亦た人間の盛事なり。

吾人在彼、雖是異域、行於大法、利物為心、沾濡品類、彼此豈殊、況承国恩、渥沢稠畳、亦人間盛事也。

とあり、また法満からの月日欠書函⑩には、

毎に聞くならく、彼の国々王・太后は仏（高木論文「有法」）を崇敬すと。善名は他邦に流注す、人第だ縁有り、衆皆な賀喜す。

毎聞、彼国々王太后崇敬仏、善名流注於他邦、人第有縁、衆皆賀喜。

と義空の日本における成功を聞き称賛している。なお、この歳に徐公祐は日唐間を一往復している（書函①）。そして翌八四九年（大中三・嘉祥二）秋に恵蕚と徐公祐は書函①④⑦⑧⑨（書函⑧と同月同日であるからこの時将来されたと思われる）⑩⑪を将来した。またこのとき、徐公直の子息である胡婆も同伴し、義空の駈使となるために来朝した。このことに関して『続日本後紀』嘉祥二年（八四九）八月乙酉（四日）条に、

大宰府馳駅して言上すらく、大唐商人五十三人、多く貨物を賷らし、船一隻を駕し来著すと。

大宰府馳駅言上、大唐商人五十三人、多賷貨物、駕船一隻来著。

と記してある。おそらくこの度の徐公祐・恵蕚・胡婆などの来日を伝えたものであろう。

来朝した徐公祐は大中三年（八四九）閏十一月二四日の書函⑭を義空へしたためており、この八月に来着してそのまま滞在したと見られる。また徐公祐十月一五日付書函⑮には、

其れ胡婆、伏して承るに和尚の慈悲もて収教するを承くと。

此の子毎事癡愚にして、一に

表１　義空書函群年表

年月日	事項	齎された書函
847・7・8	恵蕚、義空・玄昉を伴って帰朝	
848	徐公祐日唐間を往復す(①) 恵蕚、三度目の入唐す	
849秋 （8月?）	徐公祐・胡婆・恵蕚来日す(①⑬)	①②④⑦⑧⑨⑩⑪
849・9・11	徐公祐、義空へ書函をしたためる(③)	
849・10・15	徐公祐、義空に胡婆の世話を願う(⑮)	
849・閏11・24	徐公祐、義空よりの手紙に謝辞を述べ、礼物を沿える(⑭)	
850	徐公祐帰唐するか(⑮)	
852・6・20	徐公祐来日す(⑯)	⑬
852・6・30	徐公祐、義空(⑯)・胡婆(⑰)へ書函をしたためる	
852・10・21	徐公祐、義空に胡婆を大宰府へ寄こすよう願う(⑱)	

解く所無し、伏して望むらくは日夕の勤は提将（奨カ）を与えんことを。他日併せて謝す、或いは明年唐に帰す、此の時道途遙阻にして、客程に限り有り、面《まのあたり》に礼辞するに及ばず。

其胡婆、伏承々和尚慈悲収教、此子毎事癡愚、無一所解、伏望日夕勤与提将、他日併謝、或明年帰唐、此時道途遙阻、客程有限、不及面礼辞。

と義空へ胡婆を宜しくと頼んでいるから、同八四九年のものであろう。またここには翌年に唐に帰ることも伝えている。いつ帰唐したかは史料上不明だが、この書函の予定だと、八四九年秋に来日し翌年に帰国することになっており、徐公祐は半年近く滞在していたものと思われる。

その後、徐公祐は大中六年（八五二）六月二〇日に三度目（書函上に限り）の来日をした。また来日して一〇日後の六月三〇日に義空と胡婆に書函⑯⑰を用意し、鎮西府に胡婆が来るよう催促していた。ところが十月二一日付書函⑱によれば、それも叶わなかったようである。この渡海の際に兄徐公直の書函⑬を持ち来たり、併せて吾が子である胡婆の世話を見てもらっている徐公直から義空へ礼物を用意したが、うち越綾一疋が九月に恐らく唐物使に強制購入されてしまい、他物で補ったことを伝えている（書函⑱）。

以上、徐公直に関連する書函の整理によって、唐末の海商に関して実にさまざまなことが判明する。以下に検討してみよう。

第二節　大宰府鴻臚館と海商

書函上では三度にわたり日唐間を往来した徐公祐は、二度目の来日時におよそ秋（八月）に来日し、長くて半年近く滞在し、翌年に帰国した。八四九年の二度目の来日時には見えないが、八五二年の三度目には鴻臚館に滞在している（書函⑰「廿之至鴻盧館」）。この度の滞在は六月二〇日から少なくとも十月二一日の四ヶ月間にわたる。大宰府鴻臚館は、もと筑紫館と呼ばれた蕃客讌饗の客館であり、かつ遣唐使や入唐僧の宿泊所となっていたこと[14]は多言を要しない。

この大宰府鴻臚館の唐商利用の開始時期に関しては諸説ある。松原弘宣氏は唐商人の鴻臚館利用を史料上の初見から貞観四年（八六二）と判断する。[15]これに対して、渡邊誠氏は『文徳実録』仁寿四年十二月二二日中の承和五年の記事「近者大宰鴻臚館、有唐人沈道古」を分析して、承和五年（八三八）まで遡りうることを主張するもの[16]の、田島公氏はこの「鴻臚館」の語の使用について、『文徳実録』編纂時（元慶三年［八七九］）の知識による書換えの可能性を示唆している。[17]故に徐公祐の書函から、八五二年に徐公祐の大宰府鴻臚館の利用が知られたことは比較的早期の例として重要であろう。

また先にも見たように、徐公祐は大中六年（八五二）六月二〇日に鴻臚館に到着し、「官中が庫を開くのを候」っていた。このことに関しては『日本三代実録』元慶三年（八七九）十月十三日に、

是れより先、府司申請すらく、唐人来る毎に、貨物の直を募り、庫物を借用し、交関し畢る後、砂金を以て、官給の綿に准りて、惣計して返納せんことをと。

先是、府司申請、毎唐人来、募貨物直、借用庫物、交関畢後、以砂金、准官給綿、惣計返納。

とあって、唐の海商が渡来した場合の「貨物」購入に当たっては、大宰府の「庫物」で代納したと伝えている。右記の徐公祐の場合も、大宰府庫が開くのをまち、開いたのち他の商人たちと将来した「貨物」を交易したと考えられる。そして実際に徐公祐と朝廷側との交易が見られたのは、三ヶ月後の九月であり、「前月中京使至」とあって、京より使者が訪れ、兄徐公直が義空へ届けさせた越綾が強制購入（「被官中段市」）されてしまっている。こう

した一連の流れは、まさしく唐商人が鴻臚館にいたると、大宰府がその報を朝廷へ告げ、朝廷はその報を受けて唐物使を派遣して「検領」（検査・選別および登録、朝廷への報告・京進）・「和市」（値段を交渉して決める交易）する様[18]を髣髴とさせる。唐物使派遣の開始時期は、ちょうどこの九世紀後半ごろと推定されている。大宰府に派遣され始めた唐物使の交易方法について田島公氏の所論を参考に掲げると、

> 先ず大宰府が「大唐商客」が来航したことを朝廷に言上してくると、もたらされた「貨物」を「検領」し「和市」の事を行わせるため、蔵人所より蔵人と出納を一人ずつ大宰府に遣わした。……そして使は「唐物」を「検領」して、内裏に参上し、その後、更に蔵人所は出納一人を派遣して、その「賜直」（代価）を「大唐商客」に弁済し、その結果は太政官から天皇に奏上された[19]。

というものであった。よって、徐公直の越綾に対する強制購入（「被官中段市」）は、おそらく唐物使の到着を待って「検領」したのち庫を開き、大宰府庫物の代納によって「和市」が行われたことを指すと思われる。

ただ到着してから唐物使派遣にいたるまでに三ヶ月を要しており、私人による先買が横行する契機を与えたことを窺わせる。『類聚三代格』巻十八、夷俘并外蕃人事の天長八年（八三一）九月七日付太政官符に、「愚闇の人民」が新羅人と高値で取引し、家産をつぶす者が多いため、

> 宜しく太宰府に下知して厳しく禁制を施し、輙りに市せしむることなかるべし。商人来着すれば、船上の雑物一色已上は、適用の物を簡定し、駅に附して進上し、不適の色は、府官撿察して、遍く交易せしむ。其の直の貴賤は、一に估価に依れ。若し違犯する者有らば、殊に重科に処し、寛典に従うなかれ。
>
> 宜下知太宰府厳施禁制、勿令輙市。商人来着、船上雑物一色已上、簡定適用之物、附駅進上、不適之色、府官撿察、遍令交易。其直貴賤、一依估価。若有違犯者、殊処重科、莫従寛典。

と禁制を出している。この場合は新羅海商の民間交易を禁じ、「適用の物を簡定し駅に附して進上し、不適の色は府官が検察し、遍く交易せし」めており、ここでは大宰府官が先に見た「検領」にあたるよう命じている。こうした禁令にもかかわらず、朝廷に先駆けて交易する者が絶えず、『日本三代実録』仁和元年（八八五）十月二〇日に、

是れより先、大唐の商賈の人、大宰府に着く。是の日、府司に下知し、王臣の家使及び管内の吏民、私かに貴直を以て他物を競買するを禁ず。

先是、大唐商賈人、着大宰府。是日、下知府司、禁王臣家使及管内吏民、私以貴直競買他物。

とあって「王臣の家吏及び管内の吏民」が高値取引し、競って交易しているのを禁じている。徐公祐の事例から察して、唐物使の到着までの数ヶ月に民間での私交易が見られたと思われ、『類聚三代格』巻十九、禁制事の延喜三年（九〇三）八月一日付太政官符には、

頃年聞ならく、唐人の商船来着の時、諸院・諸宮・諸王臣家等、官使未だ到らざるの前に使いを遣りて争買し、又た墎内富豪の輩は心より遠物を愛し、直を踊らせ貿易す。茲に因りて貨物の価直は定准平らかならず。

頃年如聞、唐人商船来着之時、諸院・諸宮・諸王臣家等、官使未到之前遣使争買、又墎内富豪之輩心愛遠物、踊直貿易。因茲貨物価直定准不平。

とあり、「諸院・諸宮・諸王臣家等」が官使の到着前に私交易を行っている様を伝えている。

このように、義空宛書函群より鴻臚館交易の実態が判明し、筑紫鴻臚館の中国海商の利用や唐物使による交易を八五二年という極めて初期の例として確認できた。つまり徐公祐の渡来したこの九世紀中期は、東アジア海域の東端で日本の公的窓口であった大宰府が中国海商の渡来に直面し、大宰府鴻臚館における中国海商の安置供

給・唐物使の派遣という新局面を迎える時期にあったのである。よって、この書函の持つ歴史的意義も改めてとらえなおす必要があろう。

第三節　両浙地域と海商

a．蘇州と海商

大中三年五月二七日付書函①は徐公直から義空へ宛てたものだが、その中で徐公直は自らを「婺州衙前散将徐公直」と名乗っていた。またその三年後の大中六年五月二二日付の書函⑬では、「蘇州衙前散将」としている。またその翌年の八五三年（大中七・仁寿三）に円珍が蘇州で徐公直の看病を受けたとき、その肩書は「蘇州衙前同十将」であった。この衙前散将等の衙職について、渡辺孝氏は安史の乱以後の藩鎮体制下において衙前は藩軍内の地位を示す位階・加号として形骸化が進んでいたことを明らかにされている[20]。徐公直の例に見る衙前散将・衙前同十将とは藩鎮や州における有名無実の形骸化した衙職であるが、こうした衙職を商人が帯びて商業活動を行っていたことも石井正敏氏によって指摘されている[21]。さらにまた、衙職を帯びて「回易」や「知市」するといった衙職の商業にかかわる吏職化が見られることも渡辺孝氏により提示されており[22]、商人の衙職確保による商業活動は、右記の衙職形骸化と衙職の吏職化を一面において共ながらに促進したことと思われる。徐公直は衙前散将を帯びながら弟を日本に派遣し交易に携わらせるなどの商業活動を行っており、唐末の衙職を考察する上でも重要であるが、ここで問題としたいのは大中三年に婺州、大中六年に蘇州の衙前散将となっていることである。以下この点について見ておきたい。

大中六年五月二二日付徐公直書函⑬に「蘇州衙前散将」を確認しうるが、同年に書された六月三〇日付胡婆宛

徐公祐書函⑰には、

州の宅中、婆は万福、汝の父母並びに万福、弟妹已下も亦た平善を蒙る。

州宅中婆万福、汝父母並万福、弟妹已下亦蒙平善。

と見えていて、蘇州に宅地を設けて徐公直とその母、徐公直の妻、子息で胡婆の弟妹の家族で生活していた。また翌大中七年に円珍が蘇州の地で罹病した際のこととして、

便ち蘇州に至り、疾に縁りて衙前同十将徐公直の宅に寄宿す、直尽力して看病す。

便至蘇州、縁疾寄宿衙前同十将徐公直宅、直尽力看病。（「天台宗延暦寺座主円珍伝」『続群書類従』巻二一二）

とあるから、徐公直が蘇州に居宅を持っていたことは間違いない。さらには、大中六年六月三〇日付徐公祐書函⑯に、

公祐、蘇州の田稲三二年全く収まらず、用は本より至って多し、此れに因りて困乏す。

公祐、蘇州田稲三二年全不収、用本至多、因此困乏。

と記して義空への「貨物」が少ないことの断りとしている。ここから、徐一族は蘇州において田土を保有していることが分かり、かつ大中六年の二・三年前の収穫が無に等しかったことを伝えている。

唐代後半期以降の蘇州周辺では、微高地や低地での農田開拓が進んでいた。とくに低地の水辺・水域では、強度の湿田であり常習的に冠水を被る湖田・圩田などの新田開発が進んでいたとされる。しかしながらその新田は年々の出水状況が作付けの可否を決定する不安定な段階にあり、かつ農業水準も浙東地域などの河谷平野・支谷・扇状地（古田）に比べ粗放な水準にとどまっていた(23)。施肥もほとんど行われず、潮汐灌漑による養分の補給等(24)によって地力の再生産が可能な段階であったとされる。また、微高地についても、農地の水分補給に不安定で、

すぐに旱田化してしまう段階であった。このような蘇州近傍の田土の状況について北宋の煕寧三年（一〇七〇）に昆山出身の郟亶は、神宗皇帝に上書し、以下のように説明する。

蘇州の五県、号して水田と為す。其の実昆山の東は、海の堽隴に接す。東西僅かに百里、南北僅かに二百里なり。其の地は東高く西下る、向《さき》に所謂《いわゆる》東のかた海に導かんと（欲）すれども、水反りて西流するは是れなり。常熟の北は、北江の漲沙に接す。南北七八十里、東西僅かに二百里なり。其の地皆な北高くして南下る、向に所謂北のかた江を導かんと欲すれども、水反りて南下するは是れなり。是の二処は皆な之を高田と謂う。而れども其の昆山堽身の西は、常州の境に抵り、僅かに一百五十里なり。常熟の南は、湖秀の境に抵り、僅かに二百里なり。其の地は低下なり、皆な之を水田と謂う。高田は常に水を欲すれども、今水は乃ち流れて蓄えず、故に常に旱を患うなり。……水田は常に水を患い、今西南は既に太湖数州の水有り。而れども東北は又た昆山常熟二県の堽身の流有り、故に常に水を患うなり。

蘇州五県、号為水田。其実昆山之東、接于海之堽隴。東西僅百里、南北僅二百里。其地東高而西下、向所謂東導於海、而水反西流者是也。常熟之北、接于北江之漲沙。南北七八十里、東西僅二百里。其地皆北高而南下、向所謂欲北導於江、而水反南下者是也。是二処皆謂之高田。而其昆山堽身之西、抵于常州之境、僅一百五十里。常熟之南、抵于湖秀之境、僅二百里。其地低下、皆謂之水田。高田者常欲水、今水乃流而不蓄、故常患旱也。……水田者常患水、今西南既有太湖数州之水。而東北又有昆山常熟二県堽身之流、故常患水也。

（『呉郡志』巻十九、水利上）

郟亶によれば、蘇州の田には「高田」と「水田」の二種類ある。このうち、高田は蘇州東の濵海部と北の臨江部に分布し、農業用水を貯水しないために旱害を被ることが多い。また水田は濵海部から西行して常州界にいたる部分と常熟の南湖州・秀州にいたる部分に分布するが、排水路が整備されておらず、水害を被るという。こうした蘇州における水害と旱害が併発することに対し、郟亶は蘇州管内において縦横に水路を建設して、災害を防ぐことを上申していた。郟亶の語る蘇州は宋代における状況であるものの、唐代の状況を考える上でも十分参考になる。ここに見られる高田・水田は、先に見た微高地および低地での田土に対応する。蘇州近傍における田土の作付けは常習的な水・旱害によって極めて不安定であったことが読み取れるだろう。

　しかしながら濁潮による泥砂堆積や塩官県に見られた防潮堤の再建・塘路の形成にともなって、一方で農田開拓が進んでいた[25]ことも確かであろう。徐一族は海上交易に携わりながら、その利潤を新開拓の農田に投資していたと見られるが、浙西地域の低地農田における収穫の不安定も、この書函から同時にうかがうことができる。

　東アジア海域から蘇州を眺めると、まず蘇州城の南を流れる呉淞江がその出入口としてあった。『入唐求法巡礼行記』大中元年（八四七）六月九日に、

　蘇州船上にて唐人江長・新羅人金子白・欽良暉・金珍等の書を得て云えらく、五月十一日、蘇州松江口より発して日本国に往くと。

　得蘇州船上唐人江長・新羅人金子白・欽良暉・金珍等書云、五月十一日、従蘇州松江口発往日本国。

とある。この蘇州船は二一日に莱州へと向かい、九月二日に円仁を乗せ朝鮮半島沿いに日本へと出帆している。また三月二九日付義空宛志円書函⑦には「自従崑山一別、早逾数載」と記して、義空が日本に旅立つに際し、志円と崑山で最後の別れをした。崑山は蘇州城の東に位置し、やや南を呉淞江が流れる。故に、塩官県霊池寺の義空は八四七年に塩官から運河に出て北上し、蘇州城から呉淞江を下って出帆したと見られる。その折、蘇州城下で徐一族と面会したであろう。

ただ、恵蕚が義空をつれて帰朝したのは恵運をともなった張支（友）信等の船であることは、『続日本後紀』承和十四年（八四七）七月八日に、

天台留学僧円載・傔従仁好及び僧恵蕚等、大唐より至り、円載の表状を上奏す、唐人張友信等四十七人、同乗して来着す。

天台留学僧円載傔従仁好及僧恵蕚等、至自大唐、上奏円載之表状、唐人張友信等四十七人、同乗而来着。

とし、『入唐五家伝』安祥寺慧運伝に、

即ち大唐大中二（一の誤り）年歳次丁卯夏六月二十二日、唐張支信・元浄等の船に乗り、明州望海鎮頭より上帆す。

即大唐大中二年歳次丁卯夏六月二十二日、乗唐張支信・元浄等之船、従明州望海鎮頭上帆。

とあることによって明らかである。義空が張支信船で来朝したとすれば、張支信船は崑山或いは蘇州を出発してのち沿岸を南下し、明州望海鎮へと向かったのであろう。

呉淞江は当時長江デルタの最大河川であったが、先に見たように感潮による河口の淤塞が進行しており[26]、海域への出入口としては不安定であったと思われる。河口の淤塞現象は、平底の河船は別として、少なくとも一定の船脚を必要とする尖底海船に座礁を導く。故に、徐々に進行する河川の淤塞も手伝い、唐宋時代に呉淞江が国際交易の窓口となることはなかった。右記の八四七年に蘇州を出発した新羅商人金珍の「蘇州船」は沿岸を北へ走り山東半島の登州赤山浦で逗留し、また同年に蘇州を出発したと思われる張支信船は南下して明州望海鎮から大洋へ出発しており、蘇州から直接に海域へ出ることはほとんどなく、登州赤山浦や明州望海鎮からの海路を取ったのである。

以上のように、九世紀の蘇州は運河や呉淞江を導線として海域と連繋しており、衙職などを得た海商に海上交易を担う契機を与えていた。また、海商は長江デルタの成長に伴った農田開発の担い手としても登場し、結果として浙西地域の都市や農田の開発を促進したのである。唐後半期以降の蘇州は、近隣諸州の人口が減少するなかひとり増加傾向にあり、開元（七一三―七四一）年間の戸数は六八、〇九三、元和（八〇六―八二〇）戸で一〇、八〇八を数えた（**表2〈『元和郡県志』記載両浙諸州戸数表〉**を参照）。九世紀中葉の数字を伝えるとされる『呉地記』の蘇州城下の戸数は、呉県・長洲県合わせて六二、〇六一と、ほぼ蘇州管轄内の半数近く占めている(27)。中には中原地方から多くの貴族官僚が移住したことによる増加が含まれる(28)が、加えて徐公直のような海商が蘇州に拠点を設け、農田開発に携わるなどによる人口増加も含まれるであろう。

ただ、次なる問題として、大中三年における徐公直の肩書きが婺州衙前散将と見えることである。次節で検討したい。

表2　『元和郡県志』記載両浙諸州戸数表

浙西道			浙東道		
州名	開元戸数	元和戸数	州名	開元戸数	元和戸数
潤州	91,635	55,400	越州	107,645	20,685
常州	96,475	54,767	婺州	99,409	48,036
蘇州	68,093	100,808	衢州	62,288	17,426
杭州	84,252	51,276	処州	33,278	19,726
湖州	61,133	43,467	温州	37,554	8,484
睦州	55,516	9,054	台州	50,000	?
			明州	?	4,083

b．婺州と海商

婺州は浙東地域の内陸山間部に位置し、州城の置かれた金華周辺には金衢盆地が東西に展開する。山間・盆地を縫ってくだる東陽江を主要水路とし、東陽江はやがて蘭渓と合流し銭塘江を形成する。また婺州北辺から北へくだる浦陽江に船を流せば、越州の諸暨県をへて越州城へと向かうことができる。唐後半期の行政管轄は浙江東道観察使に属した。浙東地域は現在では杭・湖州も含めて「七山一水二分田」と称されるほど全体的に丘陵山地が広く分布する自然景観を呈するが、婺州はその中心部に盆地が展開する特徴を持っている。

先に見たように徐一族は大中六年（八五二）には蘇州に居宅を構えている。そして、その年を三年遡った大中三年（八四九）五月二七日付書函①で婺州衙前散将を名乗っているが、その書状には、田三郎此土に至りてより、公直忝くも主人と為る、然れども寂寥と雖も、州郡毎事相い奉じ、淮南崔僕射及び太原王司徒は、皆な遠献の息（高木論文「恩」）を荷い、具さに文奏を事とし、塵俗惟れ忻（大谷本作折）躍し、共に善を談ず。

自田三郎至於此土、公直忝為主人、然雖寂寥、州郡毎事相奉、淮南崔僕射及太原王司徒、皆荷遠献之息、具事文奏、塵俗惟忻躍、共談善焉。

と記してある。ここにみえる田三郎は田口円覚であり[29]、八四〇年に入唐した（『円珍入唐求法目録』）。そこには、その田口円覚が入唐してから徐公直はその接待主となっていたこと、州郡の長官は事あるごとに円覚を訪れ、淮南節度使崔鄲（八四七—八四九在任）や太原の河東節度使王宰（八四四—八五〇在任）が遠くからの書状（あるいは贈物）を円覚から受け、その恩に感じて書状をしたためたことを伝える。田口円覚は入唐後、久しく五臺山にとどまっていたとされるが、八五五年六月八日に円珍と長安崇仁坊で面会するまで消息は伝わらない。書面に登場する太原の河東節度使はその管轄下に五臺山を抱える。田口円覚と王宰の繋がりは、田口円覚の五臺山巡礼時に求めることができる。その田口円覚が銭塘江を遠く遡った山間の盆地である婺州で徐公直に接待を受けたとは考えにくいが、もし田口円覚が婺州で接待を受けたとなると、三年経つうちに蘇州へ徐公直は一家を連れて移住したことになる。また、大中三年にすでに蘇州で生活していたと考えることもできるので、明解を得ず後攷を俟つほかない。いずれにせよ、徐公直は婺州出身で、やがて蘇州に移住したと考えてもよさそうである。

ところで、当時海上交易にかかわる海商に婺州出身者が他にも見られ、円珍に尽力した詹景全が知られる。詹景全は日唐間を五回以上上行き来した海商だが、『天台宗延暦寺座主円珍伝』などは「婺州人」と記す。ところが、円珍「台州公験請状」には、「越州商人詹景全」と見える。この問題も、先の徐公直と同様に婺州出身者が越州を商業活動の拠点にすえ、海上交易に携わったものと考えられる（越州については後述）。また李達なる人物も円珍ゆかりの海商として史料に散見する。いま摘出すれば『上智慧輪三蔵書』には「婺州永康門徒李達」と見え、また『智証大師年譜』には「是歳（元慶五年［八八一］）、大唐婺州人李達字処芳付張蒙舶贈大蔵闕本百二十巻」とある。八五八年に円珍帰朝船（李延孝船、次章参照）に同乗し、鴻臚館で詩文の贈答をしたことでも知られる（『唐房行履録』巻下「風藻餞言集」）。婺州永康県を本貫とする李達は、李延孝や張蒙船で日本に赴いていた。

唐代の婺州は人口流入に伴い農田開発が進められていた。『文苑英華』巻八〇〇、李華「衢州刺史庁壁記」に婺州の隣州のことを伝えて、

去年江湖登らざれども、茲の境稍や穰り、故に浙右の流離、多く遺秉に就く。凡そ万餘の室を増せども、衆しと為さず、呉越は地卑し、而れども此の方は高厚にして、居る者疾無し、人斯に永年たり。

去年江湖不登、茲境稍穰、故浙右流離、多就遺秉、凡増萬餘室、而不為衆、呉越地卑、而此方高厚、居者無疾、人斯永年。

とあって、不作のなか衢州周辺は豊穣であり、浙東地域の飢えた流民は多く流入して余った稲を手にした。そうした流民は万餘を数えたが、それでも多しとしない。呉越の低地に比べ、衢州近辺は高地であり、人々は憂いも

なく永住したとする。衢州は婺州と盆地を同じくする。この壁記は宝応元年（七六二）十二月二一日に作成されたもので、八世紀後半に金衢盆地への流入が見られたようであり、比較的近い天宝年間（七四二―七五六）の婺州戸数は一四四、〇八六（『旧唐書』巻二〇、地理志）を数えた（衢州は六八〇、四七二戸）。

婺州は、秦漢時代の早くから開発が進められつつも、保水力に乏しい土壌の質のため溜池灌漑が広く展開していたが[30]、唐代においてはその溜池のほか、堰を利用した灌漑も見られる。貞観中（六二七―六四九）に刺史となった厲文才は東陽県の居宅の東に堰を開いた。

唐貞観の間、刺史厲公文才、居山の西を卜う。……又た宅の東隅において、渠千餘丈を開き、渓流を引きて田伯（百カ?）餘頃に灌漑し、都督堰と号す。利を為すこと甚だ広く、民今に到るまで其の賜を受く。

唐貞観間、刺史厲公文才、卜居山之西。……又於宅之東隅、開渠千餘丈、引渓流灌漑田伯餘頃、号都督堰、為利甚広、民到于今受其賜。（淳祐元年［一二四一］・厲模「宋厲山夏厲記」『両浙金石志補遺』）

とあるように、その利益は南宋時代でも享受されたという。ほか大中年間（八四七―八六〇）に永康県に県令となった顧徳藩は堰を三ヶ所に設けて日照や長雨に備え（明・『金華府志』巻一四、本府宦蹟）、また、

任公廟　県の西長安堰上に在り。唐光化元年邑人任留堰を築き、溉田すること萬餘畝、上配するに五代の周鮑二使君を以てす、三人皆な堰に勤労する者なり。

任公廟　在県西長安堰上。唐光化元年邑人任留築堰、溉田萬餘畝、上配以五代周鮑二使君、三人皆勤労於堰者。（明・『金華府志』巻二三、祀典）

とあって、光化元年（八九八）に任留は武義県に堰を設け、以後五代にわたって利用され続けている。このように堰の利用も見られ、いわゆる古田の開発は進められていた。しかし、婺州における農田生産力は宋代に一定限度

九世紀両浙地域図

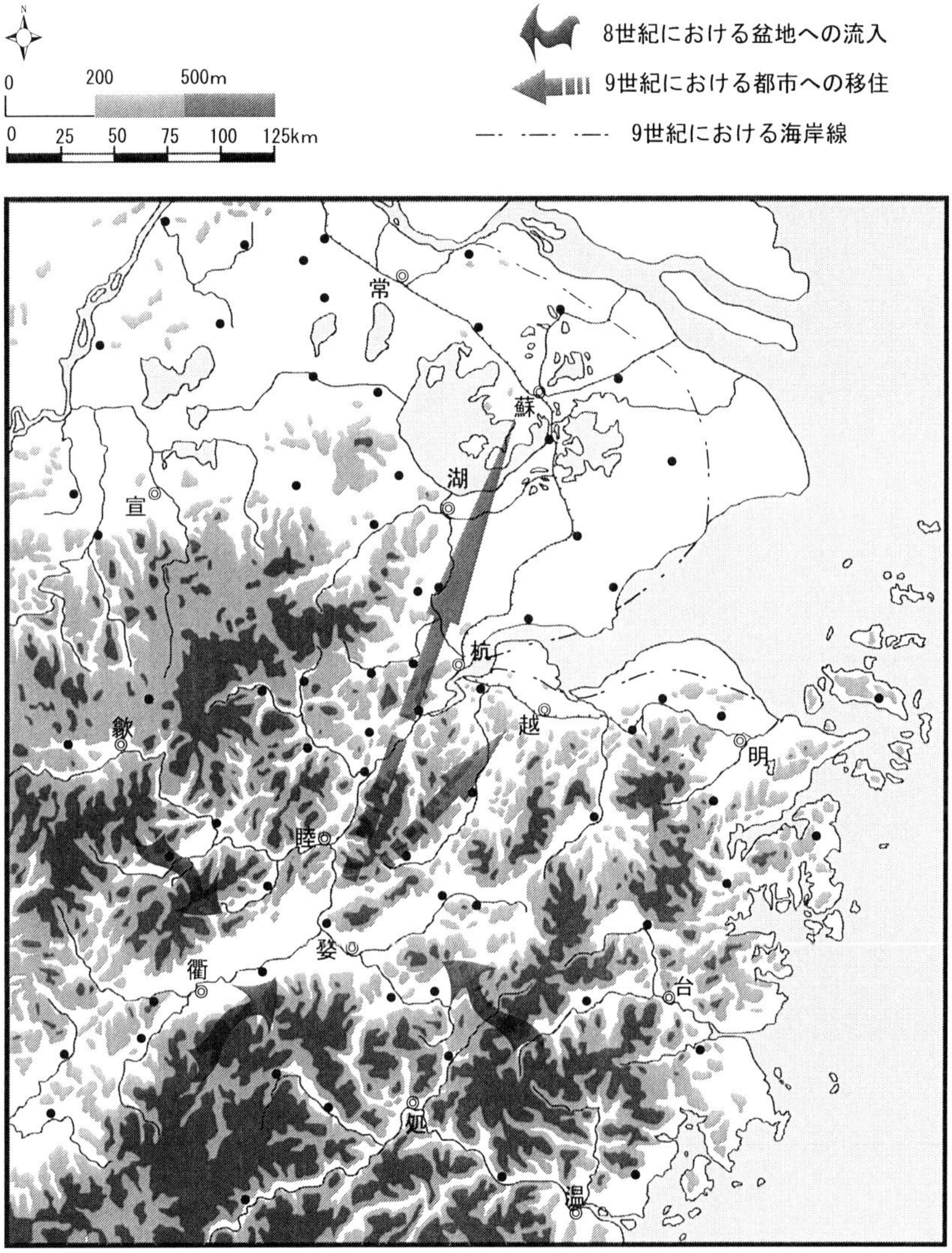

＊『中国大地図』(1973年)をもとに製図。河川については、『中国歴史地図集』にもとづき改めたところがある。

に達したとされ、宋代では人口が、唐代天宝年間とほぼ同数の一四万程度で頭打ちとなり、他地域への人口流出が見られるようにもなる[31]。史料の問題もあるが『元和郡県志』に載す元和年間（八〇六―八二〇）の人口が四八、〇三六戸であることを参考にすると、九世紀ころから一部に人口流出も考えられよう。あわせて元和年間の初めには深刻な日照によって餓死者が続出し、七・八割の人口減に見舞われたという（韓愈「故江南西道観察使贈左散騎常侍太原王公墓誌銘」『韓昌黎集』巻三三）。文に誇張が入っていると見られるが、深刻な旱害に見舞われ、人口が減ったことは確かであろう。よって、この九世紀前半において、婺州では人口圧や旱害などによる人口流出が起こっていたことを想定できよう。そして徐公直を初めとする婺州出身の海商が蘇州や越州を拠点としていたことを想起すれば、八・九世紀における婺州の人口圧や自然災害による人口流動が、人びとを海上交易の場となる都市への移住へと導引したのではなかろうか。

第四節　東アジア海域と浙東地域

前節のように、婺州出身の徐公直や詹景全は当時の一大都会である蘇州や越州へと赴き、海上交易に携わっていた。最後に、越州を中心とする浙東地域と海上交易のあり様を考察しておきたい。

九世紀半ばごろより、浙東地域の各地で海上交易の痕跡を見ることができるが、すでに開元年間（七一三―七四一）の孫逖「送裴参軍充大税使序」（『文苑英華』巻七一九）に、

越、会稽郡は、海の西鎮にして、国の東門なり、都会蓄育し、膏肆兼倍す、故に女に餘布有り、農に餘粟有り。

越、会稽郡者、海之西鎮、国之東門、都会蓄育、膏肆兼倍、故女有餘布、而農有餘粟。

と見えていて、会稽郡（越州）は海上の西方に鎮座し、国家の東門であって、その繁栄の様を伝えている。また、『唐会要』巻七八、諸使雑録上に、

（元和十四年［八一九］）八月、浙東観察使薛戎奏すらく、……今当道の望海鎮は、明州を去ること七十餘里、大海に俯臨し、東は新羅・日本諸蕃と界を接すと。

八月、浙東観察使薛戎奏、……今当道望海鎮、去明州七十餘里、俯臨大海、東与新羅・日本諸蕃接界。

とあり、浙東地域の東は新羅や日本などの諸蕃と境界を接しているとの認識を示している。このように、海上交易が盛んとなる以前から浙東地域、特に越州は海上の出入口であるとの認識が見られる。やがて浙東地域のうち海上交易が見られるようになるのは、銭塘江南岸の平野部・東海岸の河口平野部の諸都市であった。

『日本紀略』弘仁十年（八一九）六月十六日に、

大唐越洲人周光翰・言升則等新羅人船に乗りて来たり。唐国の消息を問うに、光翰等対えて曰く、己等遠州の鄙人なり、京邑の事を知らず。但だ去る元和十一年、円洲（青州）節度使李師道反し、擁する所の兵馬五十万、極めて精鋭と為すと。

大唐越洲人周光翰・言升則等乗新羅人船来。問唐国消息、光翰等対曰、己等遠州鄙人、不知京邑之事。但去元和十一年、円洲節度使李師道反、所擁兵馬五十万、極為精鋭。

とあるのが、日本に来朝した越州商人の初見である。そして「越洲人周光翰・言升則等」は新羅船に乗り日本に赴き、かつ円洲（青州）節度使李師道の反乱を伝えている。当時の山東半島が新羅海商の交易圏内に含まれていたことを考えると、越州商人の周光翰・言升則等は乗船地は不明だが新羅船に乗り、山東半島から朝鮮半島を経て日本に向かったと考えるのが妥当である。とはいえ、越州商人が海上に乗り出したことは、後の詹景全等に見

られる越州商人の交易活動を牽引したことは確かであろう。

越州が海上交易の拠点となるには、東に位置する明州の整備が進められる必要があった。七三八年に越州から明州が独立するが、州治は鄞江上流の小渓（旧鄮県治）に置かれていた。海域との結びつきが確実なものとなったのは、七七一年に鄮県治が三江口に移動したのち、八二一年に明州刺史韓察がその三江口を州治としてからである。八二三年には刺史応彪が州治東面の奉化江上に浮橋（のち東津橋）を建設するなど、交通網の整備が進められ物流が促進された。三江口に置かれた明州城は八九二年に羅城が建造され、その威容を整える。こうして明州城を中心に、東は甬江をくだって望海鎮より海域へ抜け、西は慈渓を遡って越州へと向かう交通網が九世紀前半に形成されたのであって、九世紀後半に見える海上交易の場としての越州、延いては銭塘江河口を用意したのであった。[32]浙東地域が海上交易に応じて地域が再編成されていく様をここに見ることができる。

やがて、中国江南沿岸部の河口平原部に位置した台州城・温州城も海上交易に参画するようになった。温州城はその北を流れる甌江が城下まで海潮にさらされるため、海船の入港が容易であった。そのような特徴は江南の諸港（福州城・泉州城など）に普遍的に見られる。台州は他の諸港に比べ幾分内陸に位置するが、宋代には霊江の海潮遡上による城壁崩壊が見られ、[33]城下も感潮地域にあった。そのような諸港は海船停泊に有利であり、海上交易の拠点となる条件を当初から持っていた。

港としての台州の初見は、円珍の帰国に際してである。「太政官給公験牒」（『園城寺文書』第 巻、講談社、一九九八年。四三）には、

（八五八年）六月八日、辞（台）州、商人李延孝の船に上り、過海す、十七日申頭、南海に高山を望見す、十八日丑夜、山島に至り止まる、……十九日平明、山に傍いて行き、本国西界肥前国松浦県管旻美楽埼に至る、

天安二年六月廿二日、廻りて大宰府鴻臚館に至る。
六月八日、辞州、上商人李延孝船、過海、十七日申頭、南海望見高山、十八日丑夜、至止山島、……十九日平明、傍山行、至　本国西界肥前国松浦県管旻美楽埼、天安二年六月廿二日、廻至大宰府鴻臚館。

とあり、渤海商人ともいわれる李延孝の船が台州を出発していた。また『日本三代実録』元慶元年（八七七）八月二二日には、

是れより先、大宰府言すらく、去る七月廿五日、大唐商人崔鐸等六十三人、一隻船を駕し、管筑前国に来着す、其の来たる由を問うに、崔鐸言すらく、大唐台州より、貴国の使多安江等を載せ、頗る貨物を賷す。六月一日解纜し、今日聖岸に投ずるを得と。是日勅して、宜しく例に依り安置供給すべし。
先是、大宰府言、去七月廿五日、大唐商人崔鐸等六十三人、駕一隻船、来着管筑前国、問其来由、崔鐸言、従大唐台州、載貴国使多安江等、頗賷貨物。六月一日解纜、今日得投聖岸。是日勅、宜依例安置供給。

とあって、台州から崔鐸などが多安江（豊後介正六位下多治真人安江）を同船させて来朝している。この船は六月一日に艫綱を解き、七月二五日に大宰府に来着している。二ヶ月弱もの間隔があり、別港に寄っている可能性が考えられる。

温州に関しては、著名な『菅家文草』巻十「奉勅為太政官報在唐僧中瓘牒」、
牒す。勅を奉じ中瓘の表を省るに之を悉くす。久しく兵乱に阻まれ、今稍や安和なり。一書数行、先に憂い後に喜ぶ。……来状に云えらく、温州刺史朱褒、特に人信を発し、遠く東国に投ずと。波浪眇焉なり、宿懐に感ずと雖も、之を旧典に稽うれば、容納を奈何せん、敢えて固疑せず。中瓘の消息、事理至る所、罷めんと欲すれども能わず。聞くならく商人大唐の事を説くの次多く云えらく、賊寇以来、十有餘年、朱褒独り所

部を全うす……と。寛平六年（八九四）七月廿二日左大史云云。

牒。奉勅省中瓘表悉之。久阻兵乱、今稍安和。一書数行、先憂後喜。……来状云、温州刺史朱褒、特発人信、遠投東国。波浪眇焉、雖感宿懐、稽之旧典、奈容納何、不敢固疑。中瓘消息、事理所至、欲罷不能。如聞商人説大唐事之次多云、賊寇以来、十有餘年、朱褒独全所部。……寛平六年（八九四）七月廿二日左大史云云。

および同巻九「請令諸公卿議定遣唐使進止状」に、

右臣某、謹んで在唐僧中瓘、去年三月商客王訥等に附して致す所の録記を案ずるに、大唐の凋弊、之を載すこと具さなり。……寛平六年九月十四日　大使参議勘解由次官従四品下兼守左大辨行式部権大輔春宮亮菅原朝臣某。

右臣某、謹案在唐僧中瓘、去年三月附商客王訥等所致之録記、大唐凋弊、載之具矣。……寛平六年九月十四日　大使参議勘解由次官従四品下兼守左大辨行式部権大輔春宮亮菅原朝臣某。

とある。八九三年、在唐の僧中瓘からの書状により唐の凋落が伝えられ、菅原道真が遣唐使の可否を論じた史料だが、唐末の温州刺史朱褒が僧中瓘・商人王訥を介して日本と連絡を持とうとしていた。ここに見える朱褒は、『呉越備史』（四部叢刊本）巻一に付す朱褒伝によれば、唐末の乱に乗じて兄と温州を乗っ取った人物で、兄の死後自ら州刺史となった。性格は強悖とされるが、仏教には礼をもって接した（『宋高僧伝』巻二五、梁温州大雲寺鴻楚伝）。朱褒は日本僧の中瓘を手厚くもてなしたと思われるが、ただ八九三年当時、浙東地域では、叛旗を掲げた劉漢宏が破れ、代わってまた偽国を建てた董昌が勢力を構築しつつあり、朱褒も董昌側に付いていた。だが北の台州や明州は、浙西節度使となった銭鏐（のちの呉越国の建国者）側に付き対立姿勢を見せていた。このような情勢を勘案すると、朱褒が託した王訥船は明州の舟山列島を経由せずに、直接大宰府へと向かったかもしれない。

以上のように九世紀の後半には浙東地域の河口平野部に立地する台州城・温州城などが海港として見えるようになり、ここでは詳しくは触れないが明州城[34]も含め浙東地域が海域に連繫し、海域の窓口として地域編成されていく様がうかがえよう。同時に商人たちの活動も活発化する。越州商人は日本に赴き（前述周光翰・言升則、詹景全など）、盛んに交易を行ったと思われるが、また越州商人は蘇州にも商船で赴き、商業を営んでいた。『宋高僧伝』巻七、唐越州応天山寺希円伝に、

　光啓中（八八五―八八八）、属《まさ》に徐約軍乱し、孫儒略地す、呉苑俶擾なり。（希）円は通玄寺より商船に附し、甬東に避地す。其の估客は偕に越人なり。

　光啓中、属徐約軍乱、孫儒略地、呉苑俶擾。円由通玄寺附商船、避地于甬東。其估客偕越人也。

とあり、希円は蘇州城内北辺の通玄寺（俗称北寺）から越州商人の商船に乗って、明州東の甬東（舟山列島）へと逃れている。ここに、越州商人が銭塘江河口を縦断して蘇州間を往復し商業を行っていた様を見ることができる。

このような浙東商人の旺盛な海上交易活動は、新羅商人の活動範囲内へと浸透し、やがて交易の主導権は新羅商人から中国商人へ移行したとされる[35]。この問題について最後に触れ、本章の末としたい。

張保皐の海上覇権はその死によって分解し、統率下にあった海商は「海賊」と化し、その対応として八四二年に日本朝廷は新羅商人による大宰府鴻臚館の利用を制限した。一方で大宰府により「唐客」と認定された海商は、鴻臚館に安置・供給され、交易の機会を獲得した。徐公祐もその一人である。その際に、「唐客」であることの身分証明・渡海証明等書類の提出とその審査が推測されている[36]。その発行主体について、やはり推測を重ねることになるが円珍の台州過所や、先の温州刺史朱褒の保護を受けたと考えられる王訥の事例、そして徐公祐を派遣した兄徐公直の婺州・蘇州衙前散将等を勘案すれば、そこに刺史権力による交付が考えられよう。各州刺史は海商

に衙職を与え、また諸証明書の交付による交易の保障を付与し、一方で海商は交易による利潤を刺史へと回帰させる互酬関係は、新羅商人も吸引して「唐商」を形成するようになった。その互酬関係は唐末五代の地域財政を形成する節度使蓄財活動の刺史権力版といえる。[37]五代華北王朝下では刺史権力は藩道へと収斂されるが、浙東地域においてそれは、のちの呉越国へと収斂された。呉越国下では商人の蒋承勲・蒋袞などの来朝が確認され国王の信書を将来しているのも、刺史権力と海商の互酬関係の延長上にとらえることができる。その後、宋朝の市舶司体制による海商への公憑発給の集約化等、[38]渡海制度の確立を見ることになる。

また海商による渡海交易は、各地の僧をも運搬した。唐僧義空や日本僧恵蕚・円珍を想起するまでもないが、そこには商人と僧侶間における経済的関係（顧客関係・資本貸借・経営請負・経営保護・営業特権等）や、また商人たちによる職業倫理観としての浄土信仰の存在が指摘・示唆されている。[39]経済的・信仰的関係にもとづき海商は僧侶に渡海船を提供し、僧侶自身や仏典・仏像・仏具等の運搬を担ったが、そのことによって交易の信仰的保障（仏恩による渡海の保護）を得ることに加えて、また公的権力による保障も獲得されたのである。当時の浙東刺史に仏教崇拝が見られることは、先の温州朱褒や明州黄晟、また呉越国建国者銭鏐の例が示している。[40]刺史や節度使などの仏教帰依・保護は、深甚な仏心によることもあろうが、また僧侶と連繫した商人との結びつきの希求も顧慮にいれるべきであろう。このように、刺史と僧侶と商人の三者間に互酬関係が認められるのであり、それはのちの宋代にまで継承される東アジア海域における交易・交流の基本構造であった。

おわりに

『高野雑筆集』に混入した義空宛書函を通じて見えてきた九世紀における東アジア海域と海商について、最後にまとめておきたい。

九世紀の中国東沿岸部での沙漲現象の進行に伴い、交易口は銭塘江河口へと南下する傾向にあった。その中で明州州治は山裾から三江口へと移動し、海口と越州とが連結し、台州城や温州城も海港として史料上に見えるようになる。こうして浙東地域の河口平野部は海上交易の舞台に上がる。一方その九世紀前半ごろまでに山間の婺衢州盆地に見られた人口流入は一定限度に達したようであり、その人口圧は蘇州や越州等河口平野部の大都市への移住を引き起こし、移住した商人は海外交易を担う契機を掌握した。そうした商人は節度使や刺史下で衙職を得て交易の公的保障を獲得し、海上へと乗り出した。それら浙東商人は新羅商人と同船する等の協力関係を構築し、両者は日本史料に見える「唐商」として溶解し、鴻臚館交易を担ったのである。これに対し日本朝廷は、新羅商人の鴻臚館利用を制限したが、「唐商」の鴻臚館利用と、京から唐物使の派遣という対応を取った。

それら海商は刺史権力と互酬関係を持ちながら、また仏門に帰依するなどして仏恩を希求し、かつ経済活動の基礎とし、一方で刺史権力と仏教界も相互の報酬関係を構築し、三者の互酬関係が構築された。この関係性は海上交易・交流を把握する上で常にとらえておかなければならない問題である。

義空宛書函に登場した徐公直と徐公祐の兄弟は海商として活躍した一介の商人であるけれども、右記のような九世紀に中国沿岸部や日本大宰府といった東アジア海域が大きく転換する時期における刺史・商人・僧侶の関係性を代表する人物として、歴史上に位置づけることができるだろう。

銭塘江河口という場に着目すれば、九世紀末に杭州城が港湾都市へと変貌し海口と運河が杭州を中心に連結することで、国際交易口としての相貌を整えるにいたる(41)。直接的な海港は明州であるが、この両都市が連結することによって、杭州を中心とした両浙地域の再編成が進んでゆく。それは以下の章で見る呉越国時代を経て、次代の宋代市舶司体制下の両浙地域を用意する。約まるところ、蘇州や越州などの歴史の古い大都市を中心とした海上交易から、明州や杭州などの比較的新興の都市での海上交易へと九世紀を境に転換していくのであって、そこに並行して右記のような海商と河口域（浙東地域も含めて）の変容過程をとらえておくべきであろう。

（1）早くに木宮泰彦『日華文化交流史』（冨山房、一九五〇年）を初め多くの論著がなされているため一々あげないが、山内晋次『奈良平安期の日本とアジア』（吉川弘文館、二〇〇三年）の末尾に有用な目録が載せられているので、参照されたい。
（2）森克己『新編　森克己著作集1　新訂日宋貿易の研究』（初出一九四八年。勉誠出版、二〇〇八年）。
（3）山内晋次「中国海商と王朝国家」（初出一九九三年。前掲注（1）山内書、第二部第二章）。
（4）蒲生京子「新羅末期の張保皐の台頭と反乱」（『朝鮮史研究』一六、一九七九年）。
（5）本田治「唐宋時代・両浙淮南の海岸線について」（布目潮渢代表『唐・宋時代の行政・経済地図の作成研究成果報告書』、一九八一年）。
（6）愛宕元「唐代の揚州城とその郊区」（初出一九八四年。『唐代地域社会史研究』同朋舎、一九九七年）。
（7）高木訷元「唐僧義空の来朝をめぐる諸問題」（初出一九八一年。『空海思想の書誌的研究　高木訷元著作集4』法藏館、一九九〇年）。
（8）大谷大学博物館のホームページ・アドレスは、以下のとおり。
http://www.otani.ac.jp/kyo_kikan/museum/
（9）太田次男「高山寺旧蔵本高野雑筆集平安末鈔本について」（初出一九八四年。『空海及び白楽天の著作に係わる注釈書類の調査研究』中、勉誠出版、二〇〇七年）。
（10）石井正敏「九世紀の日本・唐・新羅三国間貿易について」（『歴史と地理』三九四、一九八八年）、佐伯有清「唐と日本の仏教交流」（池田温編『古代を考える　唐と日本』吉川弘文館、一九九二年）、田中史生「唐人の対日交易――『高野雑筆集』下巻所収「唐人書簡」の分析から――」（『経済系』二二九、二〇〇六年一〇月）。

（11）同右佐伯論文。
（12）前掲注（7）高木論文。
（13）大中六年六月は大の月である（『三正綜覧』によった）。また高木氏は胡婆の来日を大中六年のこととしているが、それ以前であることは本文のとおりであろう。また氏の根拠とされる書函⑬の「……自往年舎弟随蕚禅東行、達於彼国、常蒙恩煦、眷念之深、愧佩在心、未能陳謝、又児子胡婆、自小童来、心常好道、阻於大唐、仏法褰否、遂慕興邦、伏惟和尚不弃癡愚、特賜駈使、此之度脱、無喩可陳」の箇所についても、末文は「伏して惟うに和尚は癡愚を弃てず、特に駈使を賜わる、此の度脱は、喩えて陳ぶるべからず」と駈使の任を与えられたことに謝意を表している。よって、この書函の書かれる以前に胡婆は来日していたと見てよく、「児子」の前の「又」も「自往年舎弟随蕚禅東行」と呼応し徐公祐・恵蕚ともに来日していたと思われる。
（14）森克己「日宋貿易の端緒的形態」（前掲注（2）森書）。
（15）松原弘宣「鴻臚館交易について」（『愛媛大学法文学部論集』人文学科編一〇、二〇〇一年）。
（16）渡邊誠「承和・貞観期の貿易政策と大宰府」（『ヒストリア』一八四、二〇〇三年四月）。
（17）田島公「大宰府鴻臚館の終焉――八世紀〜十一世紀の対外交易システムの解明――」（『日本史研究』三八九、一九九五年）。
（18）前掲注（3）山内論文。
（19）前掲注（17）田島論文。
（20）渡辺孝「唐・五代における衙前の称について」（『東洋史論』六、一九八八年）。
（21）前掲注（10）石井論文。
（22）渡辺孝「唐・五代の藩鎮における押衙について（上・下）」（『社会文化史学』二八・三〇、一九九一年・一九九三年）。
（23）足立啓二「宋代両浙における水稲作の生産力水準」（『熊本大学文学部論叢』、史学篇一七、一九八五年一〇月）、草野靖「唐宋時代に於ける農田の存在形態――古田と新田――（上・中・下）」（『熊本大学法文論叢』、史学篇三一・三三、一九七二年一二月、一九七四年三月、『熊本大学文学部論叢』、史学篇一七、一九八五年一〇月）。
（24）北田英人「中国江南の潮汐灌漑」（『史朋』二四、一九九一年一月）。

(25) 北田英人「八—一三世紀江南の潮と水利・農業」(『東洋史研究』四七—四、一九八九年三月)。
(26) 北田英人「中国江南三角州における感潮地域の変遷」(『東洋学報』六三—三・四、一九八二年三月)。
(27) 『呉地記』に記す蘇州管轄下の全戸数は、一四二一八九六戸。
(28) 礪波護「唐宋時代における蘇州」(『中国近世の都市と文化』同朋舎、一九八四年)。
(29) 前掲注(10)佐伯論文。
(30) 本田治「宋代婺州の水利開発——陂塘を中心に——」(『社会経済史学』四一—四、一九七六年)。
(31) 同右本田論文。
(32) 楽承耀「隋唐五代時期的寧波」(『寧波古代史綱』寧波出版社、一九九五年)。
(33) 小野泰「宋代浙東の都市水利——台州城の修築と治水対策——」(『中国水利史研究』二〇、一九九〇年)。
(34) 林士民「唐・呉越時期浙東与朝鮮半島通商貿易和文化交流之研究」(『海交史研究』一九九三年第一期)、榎本渉「明州市舶司と東シナ海交易圏」(初出二〇〇一年。『東アジア海域と日中交流——九〜一四世紀』吉川弘文館、二〇〇七年)。
(35) 亀井明徳「唐代陶磁貿易の展開と商人」(荒野泰典・石井正敏・村井章介編『アジアのなかの日本史Ⅲ　海上の道』東京大学出版会、一九九二年)、「鴻臚館交易」(新版『古代の日本　第三巻　九州・沖縄』角川書店、一九九一年)、石井正敏「一〇世紀の国際変動と日宋貿易」(新版『古代の日本　第二巻アジアからみた古代日本』角川書店、一九九二年)。
(36) 前掲(16)渡邊論文。
(37) 第二章「五代の道制——後唐朝を中心に——」を参照。
(38) 前掲注(3)山内論文。
(39) 山内晋次「平安期日本の対外交流と中国海商」(前掲注(1)山内書)。
(40) 拙稿「呉越国の首都杭州——双面の都市変貌」(『アジア遊学』七〇、二〇〇四・一二)、および第八章を参照。
(41) 第八章「港湾都市、杭州——五代における都市、地域、海域——」を参照。

第六章　唐末杭州における都市勢力の形成と地域編成

はじめに

安史の乱を分水嶺として分期される唐代後半期以降になると、唐朝の統治空間に「辺境―王都―長江下流連結」の大きな地域分節が成立したとされる。この地域分節について妹尾達彦氏は、「「辺境―王都―長江下流連結」とは、西北部軍事前線が、王都を媒介に長江下流域（江南・江淮）に連結する政治・経済組織のことであり、八世紀後半以降の王朝の主要財源地としての長江下流域の登場が、この政治・経済組織の前提」であり、「唐朝の長安と洛陽の両都の都市構造や、既存の行財政機構自体が、この「辺境―王都―長江下流連結」の影響をうけて変化していった(1)」と述べる。

また佐竹靖彦氏は視点を首都と河南、江淮に絞り、「安禄山の反乱とそれに対する唐朝側の対応の結果、すでに見たように広大な唐朝の支配領域の中核部分に、長安と洛陽を頂点とし、河南をその武装装置の人的供給基盤とし、江淮を財政的基盤とする緊密な相互依存的な収奪関係が形成された。このような社会関係を其の基礎に於いて支えていたのは、黄河、済水、淮河長江を通じる公的、私的な商品流通であった」とし、当時の大運河を軸とする公私の経済活動によって連結された首都―江淮地域と、その間に人的供給地としての河南地域を介する地域分節を論じた(2)。

如上の視点を踏まえ山根直生氏は近年、地域分節とその連節の様態を「地理的臓器群（地理的器官群）」と独自の言葉で呼ぶが、意味するところは地域の独自性とその有機的連結であり、以上のような国家の地理的様態に対する注意を喚起する(3)。

以上のように唐後半期の地域情勢として、「辺境―王都―長江下流連結」（あるいは「軍事（河朔）―政治（河南）―財政（江淮）」）の分節構造が指摘されつつある。このうち、西北部軍事前線については軍事や財政方面に関して研究が進められているが(4)、こうした分節構造を見据えた江淮地域の分析はさほど進んではいない(5)。右記の地域分節の成立は、当然ながら長江下流域以南の社会にも影響を及ぼすはずであり、経済基盤あるいは主要財源地としての江淮地域の成立は、地域内にその経済活動、特に租税運搬や商業行為を支える大運河を主幹とする交通網の整備拡張を促すことになる。また、中央政府の財源のうち、塩税に重心が置かれることによって塩業務機関の整備が進み、運河に連結するための小規模運河（運塩河など）の整備も進められる。このように、物資の恒常的な運搬の必要性は地域内に毛細血管のごとく交通網を張り巡らせ、かつその交通網上に商業行為が展開し、やがては同地域における唐末五代の情勢を形作ることとなる。

しかし長江下流（あるいは江淮）といっても、淮河流域の低地氾濫平原部、長江南部（浙西）の低地デルタ部、銭塘江以南の山間高地部（浙東）などは地理的形状を大きく異にし、そこに根付く社会形態もまた異なり(6)、一括して扱うには危険である。そこで本章では、江淮地域でもそのうちの浙西と浙東における唐末の地域的特色を考慮に入れ、両地域がその地域的特色からどのように地域勢力を形成して呉越国へと受け継がれるのかを考察の対象としたい。特に浙西地域の最南部に位置する杭州では鎮を中心とした政治権力が編成され、浙東地域を支配するという形で地域編成が進むことになる。その過程はまさに、唐後半期に分節された長江下流域内の諸地域形態の特質を反映するものであり、地域分節についての究明の糸口となるだろう。またその解明は唐末から五代を経て宋代にいたるまでに、地域（中間領域）[7]がどのようなプロセスを経て形成されていくのか[8]を明らかにすることにも連なっている事に触れておきたい。

第一節　杭州初期勢力とその立地

乾符五年（八七八）夏、浙西・浙東地域は黄巣の乱の煽りを受け、その余波に対応するため杭州近傍の都市群はそれぞれ武装集団を形成し、相互に連繫して在地の防衛と治安維持を担った。杭州八都（臨安・銭塘・富春・新城・餘杭・塩官・龍泉・臨平の鎮）と称されるこの武装集団についてすでに明らかにされた部分も多い[9]。なかでも佐竹靖彦氏の研究で本論とかかわる箇所について、「（杭州八都は）東北は運河に沿って、……西南は浙江をさかのぼって」立地し、「当時の主要な交通路にそって」成立しており、「在地有力者たちの結合と財力を基盤に編成され」、「兵力の内容は直接的な生産関係をこれらの土豪（在地有力者）層との間に結ぶ佃戸達ではな」く、「没落下層農民や商業労働者を重要な成分とし、その下部には一層こうした要素の強い傭兵軍として成立」（括弧内引用者）しているると指摘し、杭州八都が水系を主とする交通路上に下層民を糾合して成立したことを明らかにしている。本論では佐竹氏の説を踏まえつつ敷衍し、かつ新たな点を論じたい。その際に八都については先行研究に譲り、のちに増設された十三都などの杭州初期勢力の基盤となった諸勢力を分析対象（八八〇—八八七）とする。杭州八都は広明元年（八八〇）（あるいは乾符五年）に、それまでに形成されていた石鏡鎮を中心に武装勢力として形成・結合された（図1〈杭州勢力分布図〉、二一三頁参照）。そしてほどなくして十三都となって拡大し、光啓三年（八八七）

に石鏡鎮の副将であった銭鏐が杭州刺史となる。そこでこの間の時期を初期、そして銭鏐の杭州刺史就任後、越州の董昌を伐つ乾寧三年（八九六）を中期、それ以後開平元年（九〇七）までを後期として行論していく。

まず十三都に数えられる義和鎮について。『至元嘉禾志』巻一、沿革には、

黄巣の乱するや、豪傑義兵を起こし、郷井を保護し、遂に陞して義和鎮と為す。餘杭の呉公約は董昌に随い巣を西鄙に禦し、奏して都額を硤石に置き、兼ねて義和鎮遏使を授く。後、其の子重裕は西佳鎮遏使兼義和鎮事を襲拝す。

黄巣之乱、豪傑起義兵、保護郷井、遂陞為義和鎮。餘杭呉公約随董昌禦巣於西鄙、奏置都額於硤石、兼授義和鎮遏使。後其子重裕襲拝西佳鎮遏使兼義和鎮事。

とある。義和鎮は杭州より運河を東北へ上り嘉興へと向かう中間に位置し、後には崇徳県へと昇格する運河要衝の地で、黄巣の乱に際して呉公約が義兵を起こして成立した。

また呉越国時代のこととして、光緒『嘉興府志』巻五一、嘉興県孝義伝に、

薛仁徳は、呉中戎府の右職なり、倜儻にして施しを好む。崇徳堰を過り、牽船人の多荷校会《ママ》するを見る。令佐来謁す。因りて之れに問う。対うるに路は当に要所に衝り、秋税を逋るること甚だ多く、堰役夫は皆な是の物なるを以てす。仁徳は実に欠くるは幾何なるやを問う。令は具に籍もて之れに呈し、九千七百餘緡を計う。仁徳は橐中より金を出だし、数の如く之れを償う。遂に纜を解きて去る。

薛仁徳、呉中戎府右職、倜儻好施。過崇徳堰、見牽船人多荷校会。令佐来謁、因問之、対以路当衝要所、逋秋税甚多、堰役夫皆是物也。仁徳問実欠幾何。令具籍呈之、計九千七百餘緡。仁徳出橐中金、如数償之、遂解纜去。

とあって、蘇州の軍職に就いていた薛仁徳なる人物が義和鎮（あるいは崇徳県）の崇徳堰に差し掛かったところ、積荷チェックを行っているのを目撃し、下級吏はここが要衝であり、（積荷チェックしたところ）秋税の脱税が多いと嘆息している。この史料から、義和鎮の運河に設けられた崇徳堰が税物の集散する要所と見えている。故に杭州初期勢力の一つである義和鎮も佐竹氏のいうとおり、運河に連繋した鎮であり、しかも直接運河上に立地したことが確認される。

また光緒『浙江通志』巻二三五、唐民部尚書呉公約墓附注によると、

羅隠呉公約神道碑にいえらく、黄巣の将に叛せんとするや、天下騒動し、杭の豪傑、挺を挙げて以て郷里を衛る者八人、故に八都の号を立つ。其の間王公節将、派れて分有る者一十三都、君は其の一に居る。君諱は公約、字は処仁、餘杭の人なり。胆略を以て郡邑の推すところと為り、西討に応募し、西佳鎮遏使を授かる。其の後董太尉に従い巣を禦し、御史中丞を加えられ、奏して都額を置き、硤石を改めて郡邑の所と為す。

羅隠呉公約神道碑、黄巣之将叛也、天下騒動、杭之豪傑、挙挺以衛郷里者八人、故立八都之号。其間王公節将、派有分者一十三都、君居其一焉。君諱公約、字処仁、餘杭人。以胆略為郡邑推、応募西討、授西佳鎮遏使。其後従董太尉禦巣、加御史中丞、奏置都額、改硤石為郡邑之所。

とあり、義和鎮将の呉公約が硤石に都額を置いて「郡邑之所」としたとする。この「郡邑之所」は『十国春秋』巻八五、呉公約伝では「訓兵之所」とし、硤石に兵隊の訓練所を設けたとなっている。いずれにしても、呉公約によって新たに人の集散する硤石都が設けられた。この硤石はやがて杭州と嘉興を結び、近傍の県・鎮とを連結する水路交通の要所となり、南宋代に巡検司、元代には税務、明初には税課局兼河泊所が置かれるようになり、現在の海寧市となる。

次に臨平について見ておきたい。佐竹氏は嘉興の東に位置するとしているが、やはり臨平鎮（現在余杭市、臨平山のふもと）とすべきであろう。[10] そしてこの臨平には塩業務機関である臨平監が置かれていた。『新唐書』巻四一、地理志、江南には、

杭州、……臨平監・新亭監塩官二有り。

杭州、……有臨平監・新亭監塩官二。

と記し、また『輿地紀勝』巻四〇、淮南東路泰州に引く『元和郡県志』に、

元和郡県志に云えらく、……今海陵県に官塩監を置く、一歳ごとに塩を煮ること六十萬石。而して楚州塩城・浙西嘉興・臨平両監、出だす所は焉に次ぐ。

元和郡県志云……今海陵県官置塩監、一歳煮塩六十萬石。而楚州塩城・浙西嘉興・臨平両監、所出次焉。

と見え、臨平・嘉興には塩監が置かれていることに注意したい。[11]

また先ほどの『新唐書』巻四一に見えた新亭監（塩監）は塩官にあった。[12] 顧況『華陽集』に附す顧況伝（海塩姚士麟撰）には、

顧況、字は逋翁、蘇州海塩の人なり。……嘗て新亭監を知せんことを求む。監は塩官の海瀕に在り。人或いは之れを詰す。況曰く、余は海中の山を貌るを要むるのみと。

顧況、字逋翁、蘇州海塩人。……嘗求知新亭監、監在塩官海瀕。人或詰之。況曰、余要貌海中山耳。

とあり、新亭監が濱海（銭塘江岸）に位置していたことがわかる。当時の銭塘江は現在の流域と大きく異なり、今は杭州市蕭山区として内陸化している龕山と赭山の間を流れていた。塩官県城も現在はすぐ南に銭塘江が肉薄しているが、当時は四〇里近くの隔たりがあったとされるから、[13] 新亭監は県城から南に離れた銭塘江岸にあったの

である。

以上のように臨平・嘉興・塩官は、大運河から枝分かれして立地し、かつ塩監がおかれていた[14]。また杭州にも塩場が設けられていた[15]。さらに杭州初期勢力の中心者である銭鏐も販塩の徒と伝えられ[16]、会稽県の跳山は銭鏐が私塩を販売し、官兵から跳んで逃れたことから命名されたという俗伝が残っている[17]。ここから、大運河という幹線水路に連繫する塩業務機関を、在地の私塩商人などの実力者が支配し立都して初期勢力を形成したとみなすことが許されるだろう。ほぼ同時期に唐末揚州において節度使権力に寄生した呂用之集団も塩業務機関を押さえて基盤形成を図っており[18]、唐末当時において、幹線水路とそこに分置される塩業務機関に武装勢力が形成される傾向を見て取ることができる。

つぎに澉浦鎮について見てみたい。鎮の設置は開元五年（七一七）張延珪の奏によるが[19]、唐末になると屠瓌智が鎮将となって杭州初期勢力に加わった。『全唐文』巻八九八、皮光業「屠将軍墓誌銘」によれば、

将軍姓は屠氏、諱は瓌智、字は宝光、其の先河東の人なり、……大父某は地を呉に避け、澉川の青山に家し、遂に世よ蘇州海塩の人と為る。……呉越国王初め郷兵を起こし黄巣を拒み、将軍は之れに従う。時時籌画を以て進め、遂に幕府の謀議に与す。

将軍姓屠氏、諱瓌智、字宝光、其先河東人、……大父某避地於呉、家於澉川之青山、遂世為蘇州海塩人。……呉越国王初起郷兵拒黄巣、将軍従之。時時以籌画進、遂与幕府謀議。

と記し、また光緒『嘉興府志』巻四、市鎮に、

澉浦鎮、……呉越銭氏鎮遏使を置き、是を以て土豪傑管領す。

澉浦鎮、……呉越銭氏置鎮遏使、以是土豪傑管領。

とあって、屠氏は澉浦に移住し在地の有力者となっていたところを、鎮遏使として初期勢力に参画していた。鎮が発達し市舶司の設置にいたるのは南宋のこととなるが[20]、当時の澉浦も宋代以降に見られるような、銭塘江北岸での海上交易の一拠点としてあったと見られる。また澉浦北部の乍浦にも鎮遏使が設けられたとされる[21]。杭州初期勢力には銭塘江河口の北岸に位置する海上交易拠点の勢力も含まれていた。

少しまとめれば、杭州八都からはじまる杭州初期勢力は、大運河と銭塘江で結ばれる水系の重要拠点に立地したが、なかでも運河周辺の塩業務機関の所在地に見られた。また運河—銭塘江ラインのみならず、河口の交易拠点をも含んでいる。裏返せば、当時の塩業務機関のもつ利潤や、運河—銭塘江上の交通利便性を背景として諸地域で武装勢力が形成され、相互に連繫を生みより大きな勢力を形成していたことを表している。杭州初期勢力は、運河という一大幹線とそれに連繫する塩業務機関、また海上へとつらなる銭塘江の河口から上流にいたる交通ルート[22]を諸武装勢力連結の契機としてもっていたのである。

唐後半期より運河や塩業務機関が整備され、江淮地方は中央政府の大半の財賦を負担することとなった。それによって浙西道では南北に貫通する大運河を軸に巡院・塩監・塩場などの塩業務機関の設置がうながされ、運塩や両税斛斗の上供などを担う漕路・商業ルートが道内で発達していた。官船や塩商人（一般の商人も含まれたであろう）はそうした商業ルートを日常的に往来したが、結果として地域に不可分の連帯意識をもたらせたと考えられる。杭州初期勢力も、そうした地域のもつ連帯性を背骨としながら形成された集団であった。

ただ問題として、十三都に数えられる於潜・昌化の鎮は大運河—銭塘江上流の幹線からはずれ、水系上では天目渓・紫渓に連繫していた[23]。水系では杭州城と明確に区分される[24]。天授二年（六九一）には於潜の租税を運搬するに際して、臨安より東に流れる苕渓を利用するよう勅が下っている[25]が、於潜と臨安の間には天目山が聳えるか

図１　杭州勢力分布地図

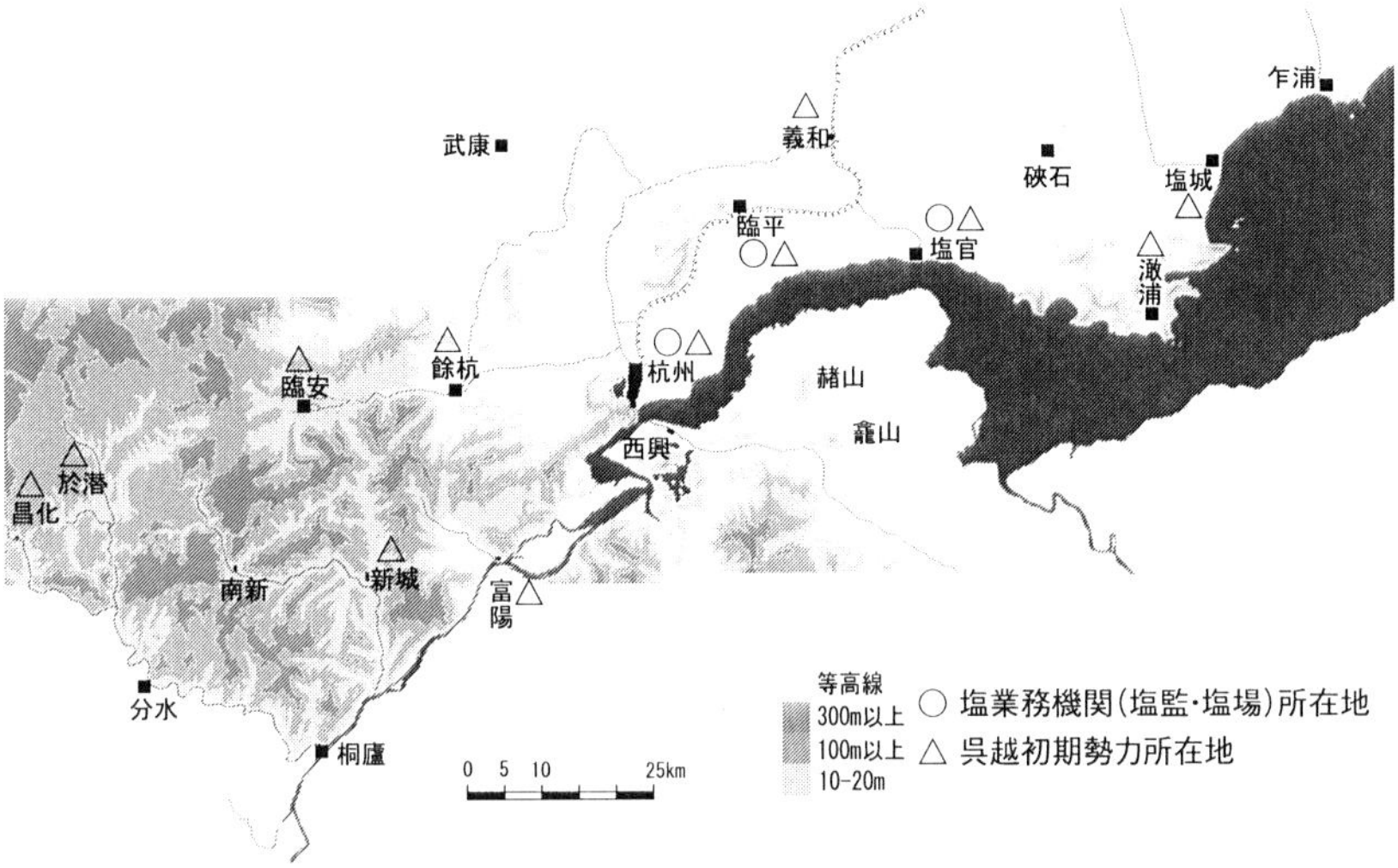

＊日本陸地測量部10万分の１地図にもとづき製図

ら、陸路による交通が目指されたと思われる。ただ、のちに於潜と新城の中間に位置する南新に税場が置かれ、租税運搬の便を図っているから(26)、於潜からは南新へ出て葛溪を下って新城に出るか、あるいは南新から山谷を抜けて臨安に向かう陸路も呉越国時代になって見られたかもしれない。こうしたことから杭州初期勢力の形成には、塩業務機関の存在や水路交通の利便の少ないところでも武装勢力が形成され、一部の山間交通によって連繋し杭州初期勢力の基礎となっていたことも指摘しておく必要がある。

光啓三年（八八七）一月に杭州刺史に任ぜられた銭鏐は、浙西節度使の管下に置かれることになる(27)。ところが三月には潤州で軍乱が起こり、節度使周宝が駆逐された。銭鏐は杭州初期勢力を連れて潤州へと行軍を開始する。行路は太湖の西側を通って常州・潤州を下し（八八七年十二月—八八八年一月）、その後、江南河を南に下って蘇州を下し、一時江南河を支配するまでにいたった。だが、のち淮南楊氏に江南河上流の潤・常州を奪われ、江南河全体の支配は頓挫することになり、その矛先を浙東地方へ向けることになる。杭州初期勢力の浙東支配過程は第三節で見ることとし、次節では杭州初期勢力の結合紐帯について明らかにしたい。

第二節　杭州勢力の結合形態

杭州の諸武装勢力がどのような紐帯によって結合し、勢力形成したかの分析はいまだない。穴沢彰子氏の論のように、武器供与のネットワークによる結合[28]も想定できるが、杭州初期勢力の場合、より現実的には武力勢力間で姻戚結合が行われていた。

表1は杭州初期勢力間で姻戚関係の判明する者を挙げ、**図2**は**表1**にもとづき作成した。図中の番号は表のNo.である。こうして見れば、残された僅かな史料ながら初期勢力間（一部中期も含む）での姻戚関係が多く見られることが判然とする（No.1臨安・No.2新城・No.3餘杭・No.4臨平・No.5富陽）。

No.4曹仲達の事例によれば、父曹圭は初め富陽の陳詢の娘に曹仲達を娶わせようとしたが、銭鏐が娘を娶わせることになるなど、諸武装勢力間で姻戚関係の構築が目指されていた。No.6屠瓌智の子屠龍驤の娶った聞人氏は稀有な姓だが、富陽鎮将の初代が聞人宇であり、なんらかの血縁関係の存在が想起される。またNo.7杜雄はもと草賊あがりで台州刺史となるが、董昌が越州節度使となると、銭鏐と通じるようになり、やがて銭鏐と董昌の戦いの中で、銭鏐側となって董昌を討った。杭州初期勢力が銭鏐中心に結集され、両浙支配を進める過程での戦略として、銭鏐と杜雄間の姻戚関係が構築されたと考えられる。

また塩城で武装勢力に加わっていた朱行先の墓誌銘を見ておきたい[29]。この墓誌銘によれば朱行先は、初め塩城

表1　杭州勢力血縁関係表

No.	名前	出身地	役職	備考	史料
1	銭　鏐	杭州臨安県	石鏡鎮副将[875]→杭州都知兵馬使[881]→杭州刺史[887・1]→鎮海節度浙江西道観察処置等使潤州刺史[893・9]→鎮海鎮東等軍節度使[896・10]		備史1、旧133銭鏐伝
2	杜　稜	杭州新城県	武安都将[880]→常州制置使[887・12]→潤州制置使[888・1]	父稜、……初八都建、稜率郷党、以武安為号。時武粛王輔董庶人、起石鏡鎮、……稜遂帰于我。光啓三年、命征薛朗平之、遂為常州、尋遷潤州。	備史4、乾祐3年(950)2月甲午附杜建徽伝
	杜建徽	杭州新城県	武安都将[887・12]	睦州刺史陳詢叛銭鏐、挙兵攻蘭渓、……武安都指揮使杜建徽与詢連姻、鏐疑之、建徽不言。	通鑑264、天復3年(903)7月
3	陳　晟 陳　詢	杭州餘杭県	清平鎮将→睦州刺史[887？]	詢、即晟之弟、餘杭人也。八都建、称清平鎮将、因侵睦州、而刺史韋緒称疾、以州付之。晟在郡十八載而卒。子紹権嗣、詢黜紹権而自立。	備史1、天祐2年(905)12月付伝
4	曹　信	歙州	臨平鎮将[880]→知嘉興監事	省略	備史3、天福8年(943)11月附曹仲達伝
	曹　圭	杭州臨平鎮	嘉興都将→蘇州刺史[898・10]	(光化元年十月)王以嘉興都将曹圭権蘇州制置使、尋命為本州刺史。	備史1
	曹仲達	杭州臨平鎮		圭在姑蘇時、与仲達求婚于睦州陳詢、及将逆、卜之、曰、陳氏親必不就、当聘他門、由是栄貴。既而途由国城、武粛王見而奇之、乃以王妹儷焉。	備史3、天福8年(943)11月附曹仲達伝
5	成　及	杭州銭塘県	靖江都将→潤州刺史[889・5]	乾符中(874—879)、代聞人宇隷八都之一、遂以富陽鎮称静(一作靖)江。……及因為子仁璹娶王女、情好甚篤。	十国84、成及伝、 備史1
6	居瓌智	蘇州澉浦鎮	澉川鎮遏使→越州指揮使[898]	省略……(董)昌誅、以功授指揮使。……明年(898)春再遷越州指揮使。……娶銭氏、子三。長龍驤、授澉川鎮遏使、娶閩人氏。次子昱、節度使・銀青光禄大夫、娶都虞候鎮遏使鄭公良女。三曰晟、呉興刺史高公掌書記判官、娶同里許氏。	全唐文898、皮光業「居将軍墓誌銘」
7	杜　雄	台州楊梅鎮	草賊→台州刺史	雄、台州楊梅鎮人也。初与朱党・婁文倶為草寇、婁文以雄為副。……漢宏署婁文知明州事、以杜雄知台州。……帰越、以功董昌奏授雄為徳化軍使。 女四人、……長適鎮海軍都指揮右揆呉章、……次許嫁陳氏、即□閫帥司空公第二子、次許嫁銭氏、即今両浙中令彭城郡王愛子也。	備史1、乾寧4年(897)10月附杜雄伝、両浙金石志3、唐台州刺史杜雄墓誌銘
8	馬　綽	杭州餘杭県	越州都指揮使→三城都指揮使	綽、餘杭県人也。性気淳直、与王同事董昌、……王因以従妹帰綽。綽尋随董氏于越、及董僭号、綽棄家先奔于王。	備史1、龍徳2年(922)8月附馬綽伝

*『旧唐書』・『資治通鑑』・『呉越備史』・『十国春秋』は、それぞれ旧・通鑑・備史・十国と略記した。

図２　杭州勢力血縁図

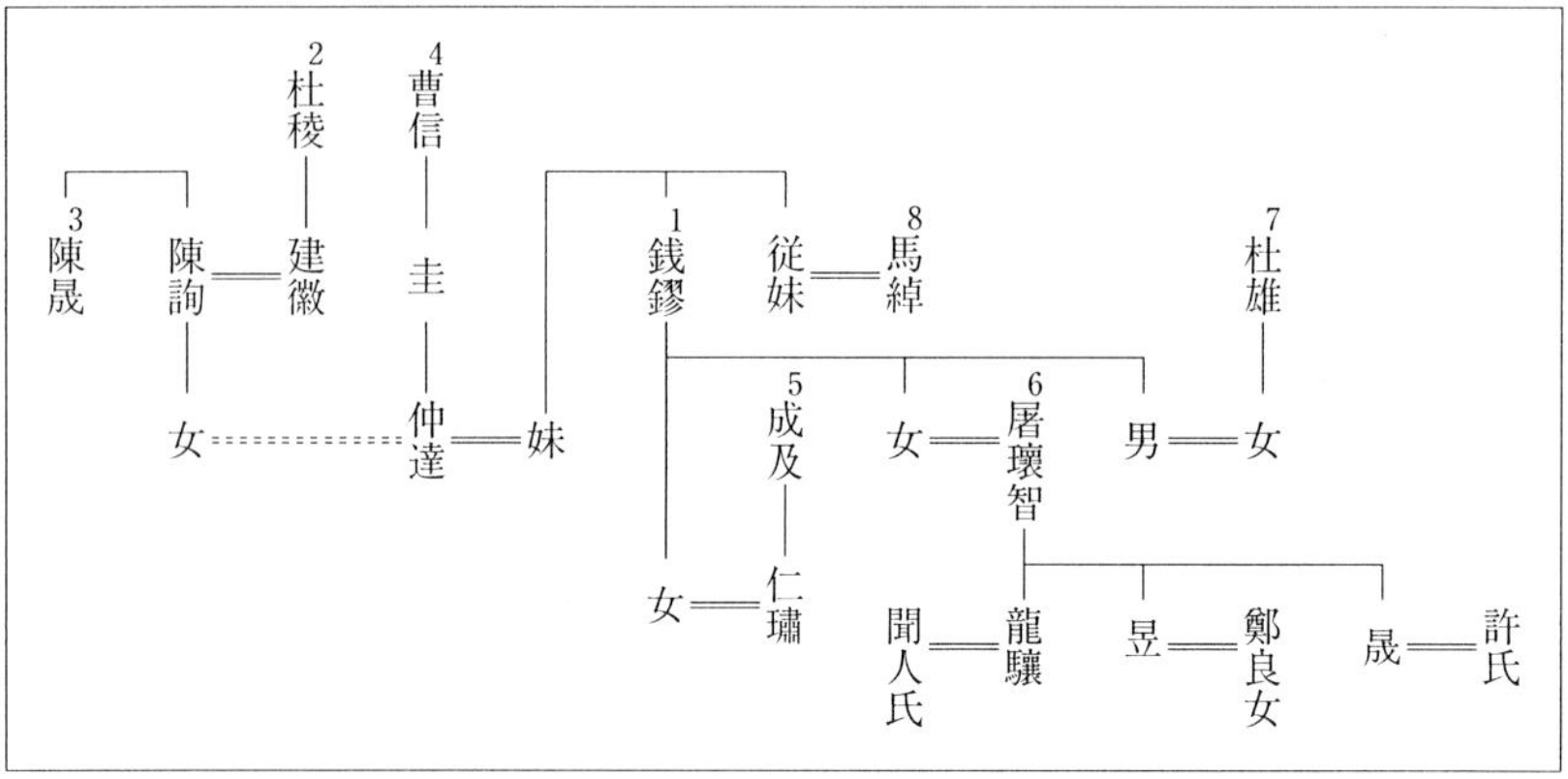

の建寧都に加わり高彦に従った。朱行先は九一七年ごろ静海鎮（定海鎮、のち定海県）に赴任し、そこで諸暨鎮遏使韓章、明川羅□使（明州羅城使）陳師靖、上亭[30]鎮遏使翁錫・上亭鎮遏将翁元昉など、明州を中心とした地域で姻戚関係を結んでいる。この上亭の翁氏について、『呉越備史』巻一、開平三年（九〇九）六月戊申条附注に、

王の句章（明州）を巡るや、餘姚丈亭鎮に行次す、舟巨石に湊り、進む能わず。既にして大雨震電し、二龍有りて王舩の下を負う、鎮遏将翁元軻舟を拽きて進む、二龍舩より升る。

王之巡句章也、行次餘姚丈亭鎮。舟湊巨石、不能進。既而大雨震電、有二龍負王舩之下、鎮遏使翁元軻拽舟而進、二龍自舩而升焉。

と見えており、上亭鎮遏将翁元昉と（丈亭[31]）鎮遏将翁元軻は同一人物か兄弟関係にあるものと思われる。そしてこの上亭は右記引用史料に見るように明州県城と越州餘姚県を結ぶ重要水路拠点であった。餘姚県の太平山から流れる慈谿江は餘姚県城を抜けて東へ流れた後、上亭にて二手に分流していた。南を流れる「大江」は明州城を経て海に注ぎ込み、北の「小江」は慈谿県を貫通し再び「大江」と合流したが、「大江」は海潮の影響を受けるため「小江」が利用されたと

表２　董昌血縁関係表

No.	名前	出身地	役　職	備　考	史　料
a	董昌	杭州臨安県	石鏡鎮将[875]→杭州刺史[881・9]→越州観察使[887・1]		備史１、乾寧３年(896)５月附董昌伝、新225下、董昌伝
b	陳巌	建州	団練副使→福建観察使[884・12]	初、黄巣転掠福建、建州人陳巌聚衆数千保郷里、号九龍軍、福建観察使鄭鎰奏為団練副使。泉州刺史・左廂都虞候李連有罪、亡入溪洞、巌撃敗之。鎰畏巌之逼、表巌自代、壬寅、以巌為福建観察使。巌為治有威恵、閩人安之。 ・……夫人銭塘范氏……子六人。長曰延晦。……次延美、一子出身、守閩県尉。……□適于太子正字董承和、即制東廉問相国之令子。	通鑑256、中和４年(884)12月 閩中金石略２、観察使陳巌墓誌銘
c	鄭鎰	?	福建観察使		同上
d	杜雄	前表No.７を参照			

＊『新唐書』・『呉越備史』・『資治通鑑』は、それぞれ新・備史・通鑑と略記した。

いう(32)。故に朱行先の姻戚関係を見た結果、そこにもやはり杭州初期勢力が運河―銭塘江上に結集され姻戚関係を構築していたのと同様に、明州と越州を結ぶ幹線水路上に姻戚関係が形成されていたことを窺い知るのである。

　また墓誌にはさらに、おそらく明州静海鎮将となるに先立って、出自した建寧都内で建寧都虞候張全とも姻戚関係をもち、また子の朱元杲は先に注意した聞人氏を娶っていることも記されている。杭州初期勢力から呉越国へいたっても、両浙支配を進める中で、姻戚関係が勢力結集に一定の役割を担い、かつそれは幹線水路上に展開していたことがより確固なものとなる。

　杭州八都の発起者である董昌も姻戚関係を構築し、その関係性はある程度判明する。ところで、董昌は浙東節度使就任以後、やがて独立色を強め羅平国を建国する(33)にまでいたるが、五代王朝に信任された銭鏐によって一年で滅ぼされた。ゆえに反旗を翻したとされる董昌の姻戚関係について、史料は多く語らない。確

図3　董昌血縁図

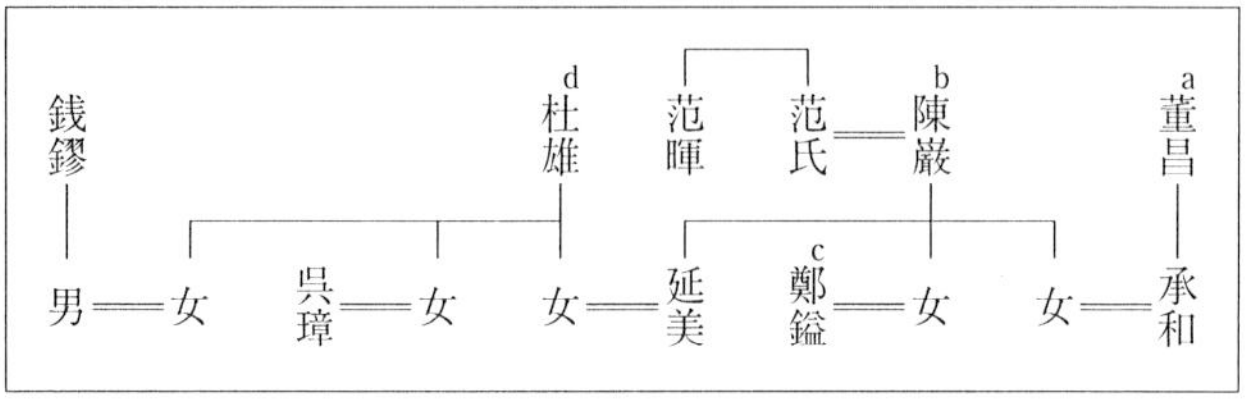

認できるのは、董昌が浙東節度使に就任以後に福建の武装勢力へ食い込んでいる様である。以下同様に関係史料と図を作成した。

史料から確認できる限りでは、董昌は福建の武装勢力と姻戚関係を構築している。図表中のNo.b陳巌の妻は銭塘の范氏であり、董昌との姻戚関係も地縁が手伝って、構築しやすかったと推測される。また遠い姻戚関係でも援軍を依頼し、それに応じるという現実的効用を持っていた。『資治通鑑』巻二五八、大順二年（八九一）に、

福建観察使陳巌疾病す、使を遣わし書を以て泉州刺史王潮を召し、授くるに軍政を以てせんと欲するも、未だ至らずして巌卒す。巌の妻弟都将范暉は将士を諷して己を推して留後と為さしむ。

福建観察使陳巌疾病、遣使以書召泉州刺史王潮、欲授以軍政、未至而巌卒。巌妻弟都将范暉諷将士推己為留後。

同右巻二五九、景福二年（八九三）四月に、

王彦復・王審知は福州を攻むるも、久しく下らず。范暉救いを威勝節度使董昌に求む。昌と陳巌とは婚姻す、温・台・婺州兵五千を発して之れを救う。

王彦復・王審知攻福州、久不下。范暉求救於威勝節度使董昌、昌与陳巌婚姻、発温・台・婺州兵五千救之。

とあり、福建観察使陳巌の死後、姻族の范暉が跡を継いだが、王彦復・王審知に攻め立てられ、苦境にあった。そこで范暉は董昌に救援を求め、董昌も五千の兵を送っている。こうしたことから、当時の越州と福州は海上航路によって相互に連携し、董昌の福建武装勢力への姻戚関係構築を促していたと見てよいだろう。

以上によって、唐末黄巣の乱を受け、杭州を中心とする交通網、特に浙西の運河─銭塘江水路やそこに分置された塩業務機関や海上拠点に武装勢力が形成され、相互に姻戚関係を構築して勢力基盤としていたといえるだろう。かつこうした情勢は明州─越州水路上、さらには越州─福州海路上にも見られるのである。それは唐末浙西地域の都市において見られた武装勢力形成とその結合が、当時の交通情勢とそこに展開した商業流通を背景としていたことを指示しているのである。

第三節　浙東への進出

先に見たように、長江デルタの浙西地域においては、唐末の叛乱に対応して当時発達し来たった幹線─支線水路上の鎮などの都市に武装勢力が形成され、かつ姻戚関係を実効的紐帯としながら諸都市武装勢力間の結合が構築されていたが、一方で中国大陸を駆け巡った黄巣反乱軍は各地に社会的流動をもたらせ、浙西・浙東地域への流民の潮流を生むこととなった。その内には戦乱を避けた流民に加えて、反乱軍に参加し流動した流賊も含まれた。浙西地域では、杭州勢力が流入した蔡賊（河南汜濫平原の蔡州出身の流賊で、黄巣の残党）を武勇都という主力軍へ再編成し、勢力内への取込みが図られている。一方の浙東地域では流賊が州城を占拠する事例が見られる。以下にその事例を見ておきたい。

『呉越備史』巻一、光化三年（九〇〇）九月条附王壇伝には、

壇、本と孫儒の隊将なり。儒敗れ、其の党三千を率い睦州の陳晟に奔す、晟頗る之れを疑い、外城に処す。未だ幾くならずして、壇降党と三河鎮将陳厳を率い婺州を攻む。婺州刺史蔣環会稽に奔し、壇遂に其の地有り。

壇、本孫儒隊将。儒敗、率其党三千奔睦州陳晟、晟頗疑之、処于外城。未幾、壇率降党与三河鎮将陳厳攻婺

州。婺州刺史蒋環奔会稽、壇遂有其地。

とあり、のちに婺州に拠った王檀はもと蔡賊で、三〇〇〇人を率いて睦州へと入るが、のち婺州を攻めてその地を手にしていた。また陳儒という流賊については同史料光化三年（九〇〇）九月甲午条附陳岌伝に、

岌、兄儒、本と黄巣の党なり、尋いで朝廷に降り、授かるに饒州を以てす。光啓三年、其の部伍を率い、……既にして径ちに衢州に趨き、……而して自ら焉れに拠る。

岌、兄儒、本黄巣之党、尋降朝廷、授以饒州。光啓三年、率其部伍、……既而径趨衢州、……而自拠焉。

と見えて、黄巣の党であった陳儒が配下を率いて饒州より衢州へと流入していた。

これらは流賊が浙東地域の州城へ侵攻し占拠する様を伝えたものだが、浙東地域の高地山間部ではその余波を受けて以下のような対応が見られた。明末清初の地理学者顧祖禹の『読史方輿紀要』から拾い出してみると、

武強山―唐末郷兵聚を此に保ち、黄巣を拒破す。（巻九〇、睦州遂安県「唐末郷兵保聚於此、拒破黄巣」）

千頭湖―県南二十五里に在り。唐末黄巣境を犯し、義兵敵を拒み、賊党を誅すること千級、湖中に投ず、因りて名づく。（巻九二、台州仙居県湘湖「在県南二十五里。唐末黄巣犯境、義兵拒敵、誅賊党千級、投湖中、因名」）

寨　渓―府東七十里に在り。一名板沸渓、下流して永寧江に入る。相伝すらく唐末方将軍なる者有り、兵を駐して此に寇を撃つ。（巻九二、台州臨海県百歩渓「在府東七十里。一名板沸渓、下流入永寧江。相伝唐末有方将軍者、駐兵撃寇於此」）

松　山―県南七十里に在り。相伝すらく唐末馬将軍なる者有り、寨を此に立て、以て黄巣を拒む。（巻九三、婺州東陽県三邱山「在県南七十里。相伝唐末有馬将軍者、立寨於此、以拒黄巣」）

烏舞巌―県南七十里。高五百丈、上寛平にして千人を容るるべし。唐末寨を此に置き、以て黄巣を拒む。（巻九

三、婺州東陽県「県南七十里。高五百丈、上寛平、可容千人。唐末置寨於此、以拒黄巣」）
黄　山―甚だ高広たり、山下に断坑有りて、路険峭なり。相伝すらく邑人黄巣を此に拒む。（巻九三、婺州義烏県黄蘗山「甚高広、山下有断坑、路険峭。相伝邑人拒黄巣於此」）
黄龍山―唐末盧約処州に拠る、施使君なる者有り、寨を山上に結び以て之れを禦す。（巻九四、処州縉雲県「唐末盧約拠処州、有施使君者、結寨山上、以禦之」）
金石巌―其の巓萬馬を容るるべし。唐の乾符中、邑簿張軻嘗て義兵を率い此に駐し、以て黄巣を禦す。（巻九四、処州遂昌県唐山「其巓可容萬馬。唐乾符中、邑簿張軻嘗率義兵駐此、以禦黄巣」）
玉巌山―黄巣乱するや、郡人兪強復た郷民を率いて焉に避く。（巻九四、処州宣平県「黄巣乱、郡人兪強復率郷民避焉」）

と見える。これらの事例は、唐末の黄巣の乱を受け、浙東山間部において山地に「邑人」や有力者などが義兵を組織し、また寨を構えて防衛したことを伝えている。浙東山間部でも、浙西地域で見られたように在地防衛の必要上から武装勢力が形成されていたことを示すが、一方で武装勢力の立地が浙西地域のように県城・鎮などの都市に展開したのではなく、むしろ県城を避けて山間部へ逃避し、寨を拠点としたという相違を見出すことができよう。

この山間立寨について、後代の史料であるが具体的に見ておきたい。日比野丈夫氏の紹介する明代嘉慶年間の龔景瀚「堅壁清野議」には立寨防御の具体的方策を述べる。

「山頂が寛平で男女万餘あるいは数千名をいれうるような地をえらんで寨を立てなければならぬ。……寨の築造はとくに険峻厳重をむねとし、周囲には石塁を築き、外がわには壕を掘る。寨上には柴薪と水源のあるところが望ましい……指定区域内のものは老幼男女となくみなその寨内に入るのだから、当然、家屋を建てなければならぬ。食料はすべて寨中に運びこむ……武器は相当数の鉄砲を設備するほか、投げ石などを適当に集めておく。

寨の責任者として寨長を立てるが、それには資産もあり品行も正しく、知識経験に富んだ信望のある人、または紳士耆民をえらぶ。[34]

この「堅壁清野議」は四川合州で白蓮教の乱に対応するために立議されたものである。明代の事例であるだけに武器の貯備に鉄砲が見え、また在地有力者に紳士が見えるが、その点を除けば概ね山間立寨の様子を伝えたものといえる。そしてこの「堅壁清野議」にみえる立寨次第は、先に挙げた唐末の立寨事情と近似している。たとえば立寨の場所を寛平の山頂に求めるが、唐末に婺州東陽県烏舞巌や処州遂昌県金石巌でも千人・万馬収容の地とある。石塁や壕の存在は不明にしても、山間立寨の一モデルとして唐末の事例にも想定しえるだろう。加えて台州臨海県寨渓のように、その名から渓谷に寨を構えたと見られるが、このような渓谷での立寨も多く見られたに違いない。

ただ温州州城では『呉越備史』巻一、天復二年（九〇二）五月庚戌条附朱褒伝に、

褒、永嘉の人なり。兄誕、始め本州通事官と為る。属たま寇乱あり、兄弟皆な兵を聚めて禦し、功を以て遂に摂司馬となる。副使胡燔卒するに及び、乃ち自ら焉に拠る。

褒、永嘉人也。兄誕、始為本州通事官。属寇乱、兄弟皆聚兵禦、以功遂摂司馬。及副使胡燔卒、乃自拠焉。

とあって、朱兄弟が軍隊を形成しやがて温州を占拠しているが、稀な例と見てよいだろう。山間立寨が見られた原因にはまず、浙東地域の諸県城に城壁が備わっておらず[35]、防衛の観点からすれば無に等

しい状況であったことが挙げられる。ただ城壁とはいっても山間州県城で見られたものは、恐らく土塁を連ねた粗末なもの（「土城」）であったり、あるいは木柵による囲いなどであり、実効性に欠けるものがほとんどである。故にそもそもにおいて浙東地域の山間部における諸都市は防衛能力に欠けていた。

またより大きな相違点として、それらの武装勢力が山間部に寨を構え煙火を逃れるという性格上、諸武装勢力間での連繫・結合の契機に欠け、個別分散化傾向にあった。故に浙東の山間部では武装勢力の連合が生ずることなく、先に見たように他郷からの流賊の進入を可能ならしめていたのである。ただ浙東居民のこうした山間逃避はやがて未開拓地の開拓へと連動し、宋以後の浙東地域の開発に連結することが示唆されるだろう(36)。

さて、浙西北部の支配に挫折した杭州中期勢力を率いる銭鏐は、乾寧二年（八九五）二月に羅平国を建国したかつての上官の董昌を打倒し、乾寧四年（八九七）に鎮東の節鉞を受け、浙東地域の支配権を中原政府より付与された。しかし、当時の浙東地域の州城では先に見たように流賊が割拠していたため、その婺州王檀、衢州陳岌（兄陳儒の死後、跡を継ぐ）の討伐を開始する。ところがこのような他郷流賊の排除の姿勢は、うちに抱えていた他郷の流賊である武勇都の反乱を誘引した。銭鏐は天復二年（九〇二）七月に杭州城で勃発した乱を九月には鎮圧に成功するが、同時に衢州刺史を任されていた蔡賊の陳章も反旗を翻すこととなった。結局、杭州後期勢力は、浙東地域を支配してゆく過程で蔡賊を完全に排除することになり(37)、開平元年（九〇七）五月には浙東地域の諸州城を下して支配領域化が完了し、同年呉越国の実質的な立国を迎えた。

杭州勢力は浙東地域を支配し呉越国へと昇華したのち、浙西地域も含めて県城の建設を行っている。杭州の臨安県・餘杭県・於潜県・新城県・富陽県、蘇州海塩県、越州新昌県・諸曁県、明州定海県、台州州城、婺州州城・東陽県・武義県・浦江県、温州州城などであるが、特に浙東地域山間部の県城建設は、実効性はさておき、呉越国による治安維持と支配領域化の表象として見られたであろう。

結びにかえて

唐後半期に財賦の供給地と設定された江淮地方は、中央政府の経済基盤として分節されたが、その内部においては公私にわたる経済活動の活性によりさらなる地域特性が現れてきた。浙西地域の特にデルタ南部においては、南北に貫く大運河（江南河）を主幹水路として各地に塘などの小規模運河が発達し、塩業務機関との連繋とあいまって、基盤にふさわしい経済活動が行われていたと見られる。そうした状況下で、在地社会の不安を突発させる反乱の浪が打ち寄せると、経済活動の拠点としてあった都市に豊富な財力を有する有力者が立って武装勢力を形成し、在地防衛を担うようになった。杭州近傍の各都市で勃興した武装勢力は、連繋する各都市間で共同戦線を張って結合を図った。杭州八都あるいは十三都とはそうした集団である。またこの武装勢力結合の契機には、交通網とそこを頻繁に往来する商業行為が挙げられることはもはや贅言に属するだろう。そして、その結合に当たっての具体的紐帯として姻戚関係が用いられたのであり、のちの呉越国への礎となったのである。

一方で浙東地域の特に山間部では、山間を縫って下る河川の利用があったが、むしろ低地の銭塘江南岸に展開する運河網に主要交通は集約される。しかしこの運河網の東端は海域に連結しており、海上交易の主幹水路として発達することになる。故に一部の山間部商人は川を下って越州などに出て海上交易に携わり、その商機を鋭敏に嗅ぎ取っていた(38)。また越州節度使となった董昌が福建の陳巌と姻戚関係を構築したのも、その背景に海上航路の存在があり、加えて浙東地域の沿海部に当たる明州や温州・台州においても海上交易の痕跡を見ることができる。前章で見たとおり、浙東地域と海上交易との関係は注意に値する。

だが内陸の山間部では、反乱の浪が県城などに打ち寄せると居民は山中に逃れて武装勢力を形成した。その特徴は南北朝期[39]や清末[40]にいたるまで通時的に見出すことのできる現象であるが、唐末当時の特質として、在地有力者が居民を率いて山間に逃避しかつ開発を手がけ、その結果として宋代以降の浙東地域において比較的狭隘の可耕地に農業集約化が見られるようになるのではないだろうか。浙東地域山間部の個別分散の各勢力は自然の天嶮に雌伏し浙東山間部開発の端緒を築いたが、またその空隙地に流賊の流入を可能ならしめることにもなったと思われ、この二重の山地入植を把握して、浙東地域開発史を考察する必要があるだろう。

以上のように、唐後半期に現出した地域分節構造は、浙西地域のデルタ部と浙東地域の銭塘江南岸の低地平原部に交通網の発達と商業の活性化を導き、武装勢力の連合を生ましめるにいたったが、一方の浙東地域山間部では依然として交通網の未成熟と農地開発の発展段階にあり、強力な武装集団を形成するにはいたらなかったと思われる。

第八章で見るとおり、浙東地域を支配した杭州勢力は、杭州城を港湾都市へと変貌させる。それは大運河と浙東運河、そしてその先の海域とを杭州城を中心に連結させる意図を持ち、唐末まで相異なる地域性を持った浙西と浙東地域を不可分の領域へと結合させることとなる。それは杭州勢力が浙東地域を併呑する形で進んだために杭州と海域とが連結するようになり、後の北宋市舶司時代・南宋首畿時代を迎えるのであって、そこに浙西・浙東地域の自然環境とそれに応じた歴史の特質を読み取ることができるだろう。

（1）妹尾達彦「中華の分裂と再生」（『岩波講座世界歴史』九、岩波書店、一九九九年）。

（2）佐竹靖彦「朱温集団の特性と後梁王朝の形成」（中央研究院歴史語言研究所会議論文集之一『中国近世社会文化史論文

集』、一九九二年)。

(3) 山根直生「唐宋政治史研究に関する試論――政治過程論、国家統合の地理的様態から」(『中国史学』一四、二〇〇四年九月)。

(4) 森部豊「唐末五代の代北におけるソグド系突厥と沙陀」(『東洋史研究』六二―四、二〇〇四年三月)、丸橋充拓「唐代後半の北辺財政――度支系諸司を中心に――」(初出一九九六年)、同「唐代後半の北辺における軍糧政策」(初出一九九九年。以上『唐代北辺財政の研究』岩波書店、二〇〇六年)。

(5) 妹尾達彦「唐代後半期における江淮塩税機関の立地と機能」(『史学雑誌』九一―二、一九八二年二月)、中砂明徳「後期唐朝の江淮支配――元和時代の一側面――」(『東洋史研究』四七―一、一九八八年六月)。

(6) 江南の地理的形状については北田英人「唐代江南の自然環境と開発」(『世界史への問い』一、岩波書店、一九八九年)。自然環境に応じた新田・古田形態の相違に関して、草野靖「唐宋時代に於ける農田の存在形態(上)」(『法文論叢』三一、一九七二年一二月)、同「唐宋時代に於ける農田の存在形態(中)」(『法文論叢』三三、一九七四年)、同「唐宋時代に於ける農田の存在形態(下)」(『熊本大学文学部論叢』史学篇一七、一九八五年一〇月)。また斯波義信「長江下流域の水利組織」(『宋代江南経済史の研究』汲古書院、一九八八年)は土地利用・主要水利形態等によって河谷扇状地・上部デルタ・下部デルタに分類する。また浙西と浙東の地理的形状にもとづく農業形態の相違については足立啓二「宋代両浙における水稲作の生産力水準」(『熊本大学文学部論叢』史学篇一七、一九八五年一〇月)がある。

(7) 華北道制は唐代から五代末にいたるまで細分化が進行するが(本書第二章)、華南の場合、唐末道制が十国の基礎となっており、道がむしろ統合・拡大化した形で十国は建国された。また十国を経験したことが宋代華南の路制の区域形成と無関係ではない点は注目されてもよい。なお北宋中期の行政中間領域については小林隆道「宋代の広域区画(路)について」(『史滴』二五、二〇〇三年一二月)、同「宋代三級行政体制の形成――元豊帳法の分析から――」(『史観』一五〇、二〇〇四年三月)、同「北宗期における路の行政化――元豊帳法成立を中心に――」(『東洋学報』八六―一、二〇〇四年六月)がある。

(8) 似た観点をもつ論文として山根直生「唐末五代の徽州における地域発達と政治的再編」(『東方学』一〇三、二〇〇二年一月)が挙げられる。

（9）谷川道雄「唐代の藩鎮について――浙西の場合――」（『史林』三五―三、一九五二年三月）、渡辺道夫「呉越国の建国過程」（『史観』五六、一九五九年）、佐竹靖彦「杭州八都から呉越王朝へ」（初出一九七八年。『唐宋変革の地域的研究』同朋舎、一九九〇年）。
（10）『呉越備史』巻三、天福八年十一月（九四三）附曹仲達伝、
　仲達、臨平人也。……祖信、知嘉興監事。……本歙州人、尋帰杭州為臨平鎮将。八都建、時信因保嘉興東界、遂家臨平焉。
（11）また臨平について『資治通鑑』巻二五三、乾符五年（八七八）十二月条の胡三省注では「臨平、銭塘北」とする。また『文苑英華』巻八〇八、顧況「嘉興監記」がある。
（12）前掲注（5）妹尾論文は新亭監を台州にあったとする。事実、台州にも同名の監があったが、ここは塩官の新亭監のことであろう。
（13）本田治「唐宋時代・両浙淮南の海岸線について」（布目潮渢代表『唐・宋時代の行政・経済地図の作製研究成果報告書』、一九八一年）。
（14）前掲注（5）妹尾論文。
（15）『文苑英華』巻八〇七、沈亜之「杭州場壁記」。
（16）『五代史記』巻六七、銭鏐伝。
（17）『乾隆紹興府志』巻三、地理志。
（18）山根直生「唐末における藩鎮体制の変容――淮南節度使を事例として――」（『史学研究』二二八、二〇〇〇年六月）。
（19）『海塩澉水志』巻一、地理。
（20）池田静夫「外港――澉浦について」（『支那水利地理史研究』第六章第二節、生活社、一九四〇年）。
（21）『光緒嘉興府志』巻四、市鎮。
（22）小岩井弘光「宋代銭塘江流域の交通について」（『東北大学東洋史論集』一、一九八四年一月）は宋代における交通路としての銭塘江の機能を述べる。また唐代でも『李文公集』巻一八「来南録」（四庫全書本）によれば、その著者李翶が洛陽から広州へ六ヶ月かけて観光しつつ赴任する際、運河をくだり、杭州から銭塘江をさかのぼり、富春（富陽）を

経て睦州へと抜けている。
(23)『唐会要』巻七一、州県改置下、
於潜県、……武徳七年(六二四)六月置潜州、至其年八月、以水路不通、州廃来属。
また『新唐書』巻四一、地理志、江南、
於潜、南三十里有紫渓水漑田、貞元十八年(八〇二)令杜泳開。又鑿渠三十里、以通舟檝。
(24)本田治「宋代杭州及び後背地の水利と水利組織」(『中国近世の都市と文化』同朋舎、一九八四年)。
(25)『読史方輿紀要』巻八九、浙江・觚渓。
(26)『太平寰宇記』巻九三、杭州南新県条、
本臨安県地。皇朝乾徳五年、銭氏割臨安県地、置南新場以便徴科。至太平興国六年、改為南新県。
(27)『呉越備史』巻一、光啓二年(八八六)十二月条には、杭州刺史任命に先立って、浙西節度使周宝が銭鏐を権知杭州軍州事・兼杭州管内都指揮使に任じている。
(28)穴沢彰子「唐宋変革期における社会的結合に関する一試論――自衛と賑恤の「場」を手掛かりとして――」(『中国―社会と文化』一四、一九九九年六月)。
(29)『古誌石華』巻二五、謝鶚撰「朱行先墓誌銘」、
府君諱行先、字蘊之、呉郡人也。……始隷職於建寧都、従高公彦、所在征討、累有功績。……時天下都元帥呉越国王親統全師、撫寧郡県、以有功者、宜加爵賞、遂封協力勤王功臣、尋封佐正匡国功臣、加封右僕射、仍委之静海劇鎮。……有子八人。長曰従訓、耽味雲泉、不楽仕宦。……次曰元晟、節度使正散将……娶諸曁鎮遏使楚牧韓章司徒愛女。次曰元杲、節度正散将・銀青光禄大夫・検校太子賓客兼監察御史、……娶聞人氏。……女三人、長適潁川氏、西都軍将都知兵馬使・明川羅□使陳師靖僕射之子某。……次適清河氏、建寧都虞候張全尚書之子某。次適上亭鎮遏使翁錫尚書之孫、節度討撃使上亭鎮遏将元昉之子継貞。
(30)上亭鎮については、『新唐書』巻四一、地理志、江南明州条に上亭戍を記す。
(31)上亭と丈亭に関して、丈亭を銭氏が上亭に改名したと『宝慶四明志』巻十六、驛鋪・丈亭館条は伝えている。
(32)『宝慶四明志』巻十六、慈谿県・水、

江源于紹興餘姚之太平山、東来至丈亭、乃分為二、大江由鹹池歴西渡、経府治之北、入海。小江貫県中出東郭、至西渡、又与大江会。率随潮進退、大江乗潮、多風険。故舟行毎由小江。

(33)『呉越備史』巻一、乾寧三年（八九六）五月付董昌伝、

及議立国号、有客使倪徳儒、語昌曰、中和辰巳間、越中嘗有聖経云、有羅平鳥、主越人禍福。敬則福、慢則禍、于是民間悉図其形以禱之。今観大王署名与当時鳥状相類。乃出図示昌。昌欣然遂以為号。

(34)日比野丈夫「郷村防衛と堅壁清野」（『中国歴史地理研究』同朋舎、一九七七年）。

(35)『読史方輿紀要』における浙東地域の諸県城条を参照。

(36)先学の研究に従えば、唐末五代では流民の移住入植が江南で起こり、塢などの小谷への定住によって農地開発が進展し、宋代以降には特に河谷平野・支谷・扇状地の農業の集約化が見られるようになる（前掲注6諸氏論文、および斯波義信「宋代の湖州」、『宋代江南経済史の研究』、北田英人「中国太湖周辺の「塢」と定住」『史朋』一七、一九八四年九月を参照）。しかしながら本文で見たように、浙東地域の居民による山間入植も顧慮すべきと考える。

(37)呉越国は、むしろ他郷流賊を排除する形で勢力の安定化を図ったが、一方で隣国の呉では同じ蔡賊を黒雲都として編成し、軍事行動の尖兵となり、その勢力拡大に大いなる貢献をした。またこの蔡賊の一派は湖南へと入り楚国を建国する。このように、十国を形成した諸国において流入蔡賊の果たす役割に相違が見られ、唐末の蔡賊流入と地域の受容偏差に関しては唐末流民、十国形成、地域史等々において注目すべきであろう。

(38)本書第五章「九世紀における東アジア海域と海商――徐公直と徐公祐――」を参照。

(39)那波利貞「塢主考」（『東亜人文学報』二―四、一九四二年）。

(40)並木頼寿「捻軍の反乱と圩寨」（『東洋学報』六二―三・四、一九八一年三月）。

第七章　未完の海上国家──呉越国の試み──

はじめに

前近代中国の「国家」は自らを中心とする世界の秩序化をはかり、その結果、中心をなす国家およびその秩序内にある諸国・諸地域は相互作用を及ぼす圏域を構成し、一つの秩序構造として運動してきた。前近代中国における「国家」とは、自らの直接実効支配する領域とその間接支配の影響下にある諸国・諸地域との連関からなる政治空間であり、そこに統一的秩序構造（「天下秩序」あるいは中華秩序）がはたらく場であるといえる。

このような意味で、とりわけ西嶋定生氏によって提唱された「東アジア世界」とその秩序構造である「冊封体制」論は今なおその意義を失ってはいない。(1)しかし「東アジア世界」の構造原理を見てみれば、中華から外夷への冊封という一方向のベクトルだけでなく、外夷から中華への貢献・朝貢というベクトルもはたらいており、この二つの双方向的運動によって「東アジア世界」が構成されていたことも事実である。(2)

前近代東アジアにおける国家群を「帝国型国家」と「蕃国型国家」とに大別してとらえようとするのは石上英一氏の説だが、(3)前者を「天下型国家」と読み替えるのは渡辺信一郎氏である。(4)「帝国」はヨーロッパの概念であるとして、前近代中国の実体に即して「天下」と規定しなおした。この「天下型国家」には帝国秩序（中華秩序）が構築されており、渡辺氏の場合、貢献物の貢納を通じて帝国秩序が形成されていたとする[5]。西嶋氏が「冊封」という中華から外夷へ冊封するという流れをとらえていたのに対し、渡辺氏は地方（外夷）から中央への貢献を通じて帝国が形成されたという逆の流れをとらえて構造と秩序を把握する。

このように見ても、前近代中国の「国家（＝天下）」と、天下および天下をとり巻く外夷に対する秩序化（「天下秩序」）は不可分である。前近代中国の国家を考える上でも「天下秩序」の構造は理解されなければならない。また「天下秩序」の問題は国際関係にのみ収斂されるのではなく、栗原朋信氏[6]あるいは渡辺氏のように、前近代中国の「国家」の構造原理としても把握される必要がある。しかしそれでもなお不十分である。一歩進んでこのような「天下秩序」と密接なかかわりを持ちながらも、独自の「秩序」形成を模索した事例がないわけではない。「天下」の周縁に位置し、海洋とそこに展開する交易圏を基礎に新たな政治的秩序を構想しようとした呉越国こそ、その例である。「天下秩序」は、そのような試みを包摂してとらえなおされるとき、より豊かな歴史学の概念として構成されうるであろう。

こうした観点に立てば、五代という時代も従来とは異なった色彩を帯びてこよう。それは、必ずしも帝国型や蕃国型、あるいは天下型には限らない。五代の沿海部、「天下」の周縁部に着目するとき、一つの現実的可能性としてあった「国家秩序」形成の萌芽が見えてくる。

第三章・第四章で指摘したように、五代諸王朝である「中国」と諸国との間には一つの秩序構造（「天下秩序」）が見てとれ、その秩序が機能することによって五代という「国家（＝天下）」が維持されたと考えられるが、ことはそう単純ではない。諸国各々の中には独自の秩序構造を持つ場合もあれば、「五代天下秩序」に包摂されている場合もある。本章で取り上げる呉越国は中間的様相を示している。つまり、「五代天下秩序」に一方で包摂されながらも、他方で独自の秩序構造を模索してもいる。この秩序構造は中国大陸を基盤として形成された方形の「天下秩序」とはあい異なるものであった。海洋とそこに展開する交易圏を見据えた呉越国の「国家」構造を考察することは、従来の「天下秩序」とは違った新たな、前近代中国社会における「国家」および「秩序」をとらえることになるだろう。

その方法はまず呉越国と他の海外諸国との関係を総合的に把握することから始められる。日野開三郎氏は呉越国と中原王朝との関係を綿密に検討しているが[7]、対中原のみでは呉越国の対外政策の全体像を把握できない。当時親交のあった契丹や朝鮮、そして他の諸国との総合的な関係の上に呉越国の対外政策が存在し、また「国家」構造も規定されるからである。そしてその考察結果から初代国王銭鏐の政策を取り上げることになるだろう。そこに独自の「国家」構造が特徴的に現れるわけだが、その基底となった当時の東シナ・南シナ海域の交易状況をとらえ、呉越国による「海上国家」とでも呼ぶべき「秩序」を生ましめた要因を探る。最後に「呉越海上秩序」がやがて「五代天下秩序」に包含されてゆく過程を見ることになるだろう。

第一節　呉越国の海上通交国

最初に、海外各国と呉越国との関係を個別に見てゆき事実確認をしておこう。史料上その関係を具体的に挙げうるのは朝鮮・契丹・日本の三国に止まるものの、呉越国の海上政策を充分に示しうる。ではまず朝鮮から通交状況を見ることにしよう。

a. 朝鮮

朝鮮との関係は、後百済との関係が目立っている。呉越国王銭鏐は後百済の甄萱に対して検校大保を与えるなど封爵を施していた。『三国史記』巻五〇、甄萱伝に、

> 是において（甄）萱は窃かに覦心有り、徒侶を嘯聚して、行きて京西南州県を撃ち、至る所響応し、旬月の間、衆五千人に至る。遂に武珍州を襲い、自ら王とするも、猶お敢えて公然と王を称せず、自ら署して新羅西面都統指揮兵馬制置持節都督全武公等州軍事・行全州刺史兼御史中丞・上柱国・漢南郡開国公・食邑二千戸と為す。……遂に自ら後百済王を称し、官を設けて職を分く、是れ唐の光化三年、新羅の孝恭王四年なり。使を遣わし呉越に朝せしめ、呉越王聘に報じ、仍お検校大保を加え、餘は故の如し。
>
> 於是萱窃有覦心、嘯聚徒侶、行撃京西南州県、所至響応、旬月之間、衆至五千人。遂襲武珍州、自王、猶不敢公然称王、自署為新羅西面都統指揮兵馬制置持節都督全武公等州軍事・行全州刺史兼御史中丞・上柱国・漢南郡開国公・食邑二千戸。……遂自称後百済王、設官分職、是唐光化三年、新羅孝恭王四年也。遣使朝呉越、呉越王報聘、仍加検校大保、餘如故。

とある。封爵に加え、甄萱が自称するに止まっていた官職も呉越国王が初めて認証することとなり、甄萱政権に大きく寄与したことは間違いない。その後幾度か両者の通交が確認され、後百済の滅亡もあって銭鏐の死後その関係は終わる。

また呉越が高麗とも通交があったことは、

> 昇元二年（九三八）、（高麗）遣使して来りて方物を貢し、上る所の書は牋を称し、大略に云えらく、今年六月内、当国中原府入呉越国使張訓等回り、伏して聞くならく大呉皇帝已に禅礼を行ない、中外推戴し、大寶に

即登する、とあり。

昇元二年、遣使来貢方物、所上書称牋、大略云、今年六月内、当国中原府入呉越国使張訓等回、伏聞大呉皇帝已行禅礼、中外推戴、即登大寶者。（『陸氏南唐書』巻五〇、高麗伝）

とあって、時代は下るものの、高麗が呉（後の南唐）に使者を派遣した際に上書した牋に「入呉越国使張訓」と見えることから窺える。しかしあまり頻繁ではなかった。

呉越国と朝鮮各国との関係で注目すべきは、九二七年の呉越国による後百済と高麗の和平協議である。後三国時代と称されるこの時期の朝鮮半島では、後百済の甄萱と高麗の王建とが覇権を争っていたが、そこに呉越国王の銭鏐が和平を試みるべく使者を派遣していた。『三国史記』巻五〇、甄萱伝に、

十二月日、（甄萱）書を太祖に寄せて曰く、……然るに前月七日を以て、呉越国使班尚書至り、王の詔旨を伝え、卿と高麗とは久しく歓好を通じ、共に鄰盟を契り、比ごろ質子の両ながら亡するに因り、遂に和親の旧好を失い、互いに疆境を侵し、干戈を戢めざるを知る。今専ら使臣を発し、卿の本道に赴き、又た文を高麗に移し、宜しく各おの相い親比し、永く休を孚むべし、と。僕義は篤く王を尊び、情は深く大に事え、詔諭を聞くに及び、即ち祗に承んと欲す。

十二月日、寄書太祖曰……然以前月七日、呉越国使班尚書至、伝王詔旨、知卿与高麗久通歓好、共契鄰盟、比因質子之両亡、遂失和親之旧好、互侵疆境、不戢干戈。今専発使臣、赴卿本道、又移文高麗、宜各相親比、永孚于休。僕義篤尊王、情深事大、及聞詔諭、即欲祗承。

とあって、班尚書がまず後百済に赴き呉越国王の詔書を伝える。その内容は後百済・高麗に和平を勧め、その書を高麗に移すようにというものであった。続く同史料に高麗太祖である王建の返書を載せ、

太祖答えて曰く、伏して呉越国通和使班尚書伝うる所の詔書一道を奉じ、兼ねて足下の長書叙事を辱示したる者を蒙る。伏して以えらく華軺の膚使、爰に制書を致し、尺素好音にして、兼ねて教誨を承け、芝撿を捧げ感激を増すと雖も、華牋を闢くに嫌疑を遣りがたし。

太祖答曰、伏奉呉越国通和使班尚書所伝詔書一道、兼蒙足下辱示長書叙事者。伏以華軺膚使、爰致制書、尺素好音、兼承教誨、捧芝撿而雖増感激、闢華牋而難遣嫌疑。

とある。確かに和平を勧告する呉越国王の書状は高麗にももたらされていた。

朝鮮両国の覇権争いに呉越国王が容喙しうるのは、後百済王へ封爵を施しその影響下に置いていたからである。そして後百済王甄萱も呉越国王銭鏐に対し「僕、義は篤く王を尊び、情は深く大に事」(8)える態度で臨んでいた。高麗の王建にしても、返書の後半で、

……況んや呉越王殿下、徳は洽く荒を包み、仁は深く小を字《はぐ》くみ、特に綸を丹禁より出だし、難を青丘に戢むるを諭すを承け、既に訓謀を奉じ、敢えて尊奉せざらんや。

……況承呉越王殿下、徳洽包荒、仁深字小、特出綸於丹禁、諭戢難於青丘、既奉訓謀、敢不尊奉。

とあり、「呉越王殿下の徳は遍く行き渡り、その仁愛は深く小さき者をめぐみ育まれ、殊更に貴いお言葉を宮中より発せられ、青丘（朝鮮）の混乱を収めるよう諭されました。その立派な計画を承ったからには、尊び奉じないわけには参りますまい」と、呉越王を天子にも擬えるが如くその影響力を認めている。

また『旧五代史』巻一三三、銭鏐伝に、

（銭）鏐乃ち鎮海鎮東軍節度使の名目を以て其の子元瓘に授け、自ら呉越国王を称す、居る所を命じて宮殿と曰い、府署を朝廷と曰い、其の参佐は臣を称し、大朝百僚の号を僭し、但だ年号を改めざるのみ。制冊を偽

行し、封爵を新羅・渤海に加え、海中夷落も亦た皆な遣使し、焉に封冊を行なう。
鏐乃以鎮海鎮東軍節度使名目授其子元瓘、自称呉越国王、命所居曰宮殿、府署曰朝廷、其参佐称臣、僭大朝百僚之号、但不改年号而已。偽行制冊、加封爵於新羅・渤海、海中夷落亦皆遣使、行封冊焉。

とあるように、後百済に加え渤海に対しても封爵を施している。銭鏐は朝鮮・渤海などの中国東北沿海域に自国をもとに秩序化を図っていたことに注目しておこう。

b．契丹

『遼史』巻二、太祖紀下に、
（神冊五年［九二〇］）夏五月丙寅、呉越王復た滕彦休を遣わし犀角・珊瑚を貢す。官を授けて以て遣わす。
夏五月丙寅、呉越王復遣滕彦休貢犀角・珊瑚。授官以遣。

とあるように、契丹に専ら使いとして派遣されているのは滕彦休という人物である。日野開三郎氏は彼を商人としている。[9] それを明示する史料は存在しないが、「（契丹が）官を授け以て遣わす」とあることから、呉越国王から何らかのかたちで任命された使者と考えることができる。滕彦休に対する契丹王の賜名（述呂という）も、呉越国王の命を帯びた使者であったからだろう。

また『遼史』の史料は呉越国王の遣使を「来貢」と記述するが、遣使の時期が一定しておらず、呉越国王と契丹王との間に政治的従属関係が成立していたとは考えにくい。[10] 銭鏐時の両者の関係は支配従属関係を含まず、あくまで対等な関係であったろう。

ところが下って二代目銭元瓘の末年となると、契丹との関係が俄かに増してくる。当時中原王朝は後晉に移っており、契丹は建国の後ろ盾となっていた。しかし後晉と契丹との関係は微妙であった。『資治通鑑』巻二八〇、後晉高祖天福元年十一月条に、

契丹主冊書を作り、（石）敬瑭に命じて大晉皇帝と為し、自ら衣冠を解きて之れに授け、壇を柳林に築き、是の日、皇帝位に即く。

契丹主作冊書、命敬瑭為大晉皇帝、自解衣冠授之、築壇於柳林、是日、即皇帝位。

とあって、契丹皇帝に冊立された中華皇帝が後晉高祖であった。またその両者の関係は『旧五代史』巻七五、晉高祖紀第一にその冊立文を載せ、

爾じ惟れ近戚にして、実に本枝に系なる、所以に余爾じを視るに子の若く、爾じ予を待するに猶お父のごときなり。……仍お爾じ茲の幷土より、首めに義旂を建つるを以て、宜しく国号を以て晉と曰うべし、朕永く与に父子の邦と為し、山河の誓を保たん。

爾惟近戚、実系本枝、所以余視爾若子、爾待予猶父也。……仍以爾自茲幷十、首建義旂、宜以国号曰晉、朕永与為父子之邦、保山河之誓。

と父子関係に擬えたものである。が、のち高祖の子少帝が即位したとき、側近の侍衛親軍都指揮使景延広には、会たま契丹迴図使喬栄北より帰り、侍衛親軍都指揮使景延広は栄に謂いて曰く、先朝は是れ契丹の立つる所、嗣君は乃ち中国自ら冊す、孫を称するは可なり、臣を称するは未だ可ならず。中国自ら十萬口横磨剣有り、要ず戦えば即ち来たる、と。栄本国に至り、具に其の事を言う、徳光大いに怒る。

会契丹迴図使喬栄北帰、侍衛親軍都指揮使景延広謂栄曰、先朝是契丹所立、嗣君乃中国自冊、称孫可矣、称臣未可。中国自有十萬口横磨剣、要戦即来。栄至本国、具言其事、徳光大怒。（『旧五代史』巻一三七、契丹

伝）

と祖孫関係は残っても、君臣関係は解消されたものと認識されていた。それに怒った太宗こと耶律徳光は、やがては後晉を滅ぼして開封を占拠するにいたる。

その中で呉越・契丹両国の関係が密になっており、呉越は蠟丸書を奉じている。契丹は南唐とも密な関係[11]にあり、同時期に南唐からも蠟丸書を受け取り、

（会同三年［九四〇］）十一月己巳、南唐遣使奉蠟丸書言晉密事。

十一月己巳、南唐遣使して蠟丸書を奉じ晉の密事を言う。（『遼史』巻四、太宗下）

とあるように後晉の機密事項を、蠟で固めた文書で伝えていた。呉越の蠟丸書もその類であったろう。後晉滅亡と契丹の開封占領という事態は、呉越や南唐の蠟丸書に遠因があったと類推しうる。そしてこのころには契丹と呉越との関係は、封爵を受けるなど直接的ではないものの間接的な支配従属関係にあったと考えられる。というのも『金石録補』巻二四に「呉越福州宣威感応王廟碑銘」が記されており、その紀年は会同十年（九四七）七月十日となっている。会同は契丹の年号であり、その年号を用いるのは契丹に対して従属関係にあったからである。この年呉越国は隣国閩の福州を手中に収めており、この廟碑はその際建立したものであろう。中原ではこの会同年正月に契丹太宗は開封を占拠し、翌二月には大同に改元していた。だから会同十年七月は存在しないはずである。その点について呉任臣は『十国春秋』巻八〇、忠懿王世家の論でこのように述べている。契丹が開封を占拠して赦を降した際には会同を称し、改元して大同とした。ところが三ヶ月も経たないうちに太宗が死んだため、大同の年号は江南には伝わらず、呉越は会同を称したと[12]。とにかく、呉越国はこの時契丹の年号を用いていた。

ところで『文物』二〇〇〇年第二期掲載「浙江臨安五代呉越国康陵発掘簡報」に石墓志を載せ（図四八）、その

紀年は天福四年（九三九）とつくってある。だからこの頃の呉越国では、中原王朝と契丹の年号がその時々の政治情勢に合わせて使われていた。中原の後晉王朝と契丹との微妙な関係――どちらを「中国の主」とするか――が呉越国の年号使用の仕方にも現れていた。

しかし、それ以後、特に契丹の太宗が死んだ後には両者に支配従属関係を窺わせる事実は見出しえない。以上をまとめれば、呉越と契丹との関係は、銭鏐時にはあくまで対等であり支配従属関係を持たないものであったが、二代目銭元瓘以後になると、中原王朝との微妙な関係の中でやがて支配従属関係に組み込まれ、時には契丹の支配従属関係に入ることもあった。

c．日本

日本との関係の史料を見ると、蔣承勲・蔣袞などの商人が日本に来着している。たとえば『本朝世紀』巻七、朱雀天皇、天慶八年七月二十六日庚申条に、蔣袞の渡来を伝える解文が伝わっている。[13] 蔣袞は百人を乗せる大船の第一船頭とする。蔣袞は九四五年（天慶八年）の三月五日に本土（呉越）を出発し、その後六月四日に肥最埼港に来着している。その間三ヶ月もあることから、別国の港を周っていたのかもしれない。彼等は呉越国王の書状を携帯している場合もあり、それに対して時の左右大臣が返書をしたためている（表1を参照）。呉越国王と左右大臣との書状往来で、史料上で明らかになるのは四回であるが、書状は絶えず呉越国王から発信され、日本側はそれへの返書という形式で往来されていた。[14]

また九三六年の事例では、呉越国王は書状だけでなく、贈物も合わせて送られていたことが明らかにされている。[15] また、『本朝文粋』巻七におさめる二通の呉越国王宛の返書には、呉越国王からの贈物があったことを伝えて

表1　呉越日本往来表

年　　月	事　　　　項	備　　　　考	史料
935年9月	大唐呉越州人蔣承勲が至り、羊数頭を献ず		紀略
936年7月13日	大唐呉越州人蔣承勲・季盈張、来着す	蔣承勲、呉越国王(銭元瓘)書状を齎す	紀略
8月2日	左大臣忠平、書状を大唐呉越王に贈る	公家(天皇)、左右大臣に呉越国王より贈り物あり(『玉葉』巻10)	同上
940年7月	左大臣仲平、書状を大唐呉越王に贈る		紀略
945年7月26日	唐人蔣袞、肥前国松浦郡柏島に来着す		世紀
947年閏7月27日	清慎公実頼(左大臣)、呉越王に書を報じる	蔣袞、呉越国王(銭弘佐)書状を齎す	文粋
953年7月	右大臣師輔、大唐呉越公に書を贈る	蔣承勲、呉越国王(銭弘佐)書状を齎す	文粋
957年7月20日	大唐呉越国持礼使盛徳言、上書す		紀略
959年1月12日	大唐呉越国持礼使盛徳言、上書す		紀略

*『日本紀略』・『本朝世紀』・『本朝文粋』は、それぞれ紀略・世紀・文粋と略記した。

いる。

こうしたことから、交易活動に従事する海商に呉越国王が書や贈物を託していたと考えるべきだろう。つまり、呉越と日本との関係は、史料上からうかがえる限り商人の交易活動がまず存在し、その活動上に国家間の通交があったといえる(16)。

以上三国の事実確認をまとめると次のようになる。呉越国は、朝鮮各国に見たように封爵等を行って政治的秩序圏建設を模索している。そして契丹に見たように両国は同盟関係からやがて中原王朝の支配従属関係になっている。最後に、日本に見たように呉越国はこうした政治的秩序圏を当時の商業活動による交通関係上に布いていた。とりわけ初代呉越国王銭鏐の政策は、呉越国の「国家」構造を知る上で重要な鍵となる。この事実確認を発展させるためにも銭鏐の政策を次に見ていこう。

第二節　呉越国の政策

銭鏐が呉越王となった九〇七年は、いうまでもなく唐王朝が倒れ朱全忠の後梁が興った年である。この年、唐最後の皇帝哀帝から禅譲を受けた朱全忠は、当時群雄割拠していた諸勢力に封爵を施し、後梁王朝の正統性と諸勢力との従属関係を天下に明示した。

つまり、同年四月戊辰に即位すると、同じ四月の辛未には馬殷を楚王に封じ、翌五月には張全義を魏王に、銭鏐を呉越王に封じた。更に翌年の九〇八年から、河北の劉守文・劉守光兄弟、易定の王処直、福建の王審知、広州の劉隠等、国内整備に従い年をおって各地勢力に封爵を施していった[17]。これらの封爵は唐王朝が各地勢力に加えた爵を上乗せしたものであり、後梁王朝は封爵の追加を通して唐王朝を受け継ぐ者として君臨した。また本来封爵を行えるのは皇帝ただ一人であり、爵の贈与によって各地勢力の従属関係を作り出し、中国全域に対する支配権を主張することにもなったのである。ここに後梁の支配従属関係秩序は生み出されることとなった。

これらの封爵による勢力配置にまったく与せず、後梁王朝に叛旗をしめす勢力も当然いた。河東の李克用、蜀の王建、岐の李茂貞、呉の楊行密たちである。彼等は後梁王朝を認めず、依然唐朝の正朔を用いるなどして決してなびくことはなかった[18]。そして唐王朝を奉じていたこれら諸勢力も、その後梁王朝に対抗するため遂には自ら皇帝に即位し、王朝を開始したのである[19]。

こうして五代初期の後梁期の中国大陸はおよそ三色に塗り分けられることとなった。正統を任じる後梁王朝の直接支配地と、後梁の封爵を受け間接的に支配従属関係下にある地と、後梁と一線を画して全くの独自勢力を築く地とである。それぞれがこれまでの章で見た、「中国」・封爵国・敵国となる。

もちろん、間接支配従属関係下にある勢力もただ黙々と後梁に従っていたのではない。表面的には後梁王朝に封爵され政治的に従属しながらも、独自の政権を建設する者もいた。当の銭鏐もそうした一人である。

前章で見たように、杭州八都より身を興し、越州の董昌との覇権争いに勝利した銭鏐は唐王朝から越王、呉王と爵を賜り、後梁にいたって呉越王に進封した。[20] このとき銭鏐の幕僚羅隠は「挙兵して梁を討つべきです。たとえ成功しなくとも呉越を保って自ら東帝となればよろしいのです。恭しく賊につかえたならば、末代の恥となりましょう[21]」といって後梁と対抗することを進言したが、銭鏐はその策を採らず、支配従属関係下に入ることにした。

とはいえ、先ほども述べたように銭鏐はただ指をくわえていたわけではなく、度々引用する『旧五代史』銭鏐伝の史料がそれを物語るように、皇帝さながらの政策を執っていた。

他国に対する封爵もその擬似皇帝政治の延長にある。先に確認したように銭鏐は朝鮮の後百済に対し封爵を施していた。また渤海と海上諸地域もその数に入れうる。このことから銭鏐は呉越という沿海地を最大限に生かし、海沿いに諸国との通交をもって陸地を囲むかたちで自らの影響下にある「秩序」を建設したといえる。後百済や渤海に対する封爵が政治的従属関係を生み出して、呉越国王を中心に一つの「国家秩序」が構想された。契丹への遣使も、同盟を結んでその「国家秩序」に参画させる意図があったと思われる。日本に対しては、当時日本が遣唐使を停止し公式使節を受け入れない体制を採っていたこともあり、銭鏐が国王時に国家間通交は見えないが、呉越国王の二代目以降に商人に書簡を託していたのは、「国家秩序」に組み込もうとした意図の表れと判断できる。

また銭鏐と南漢の劉巌とは擬兄弟関係にあった。『呉越備史』巻一、乾化四年（九一四）秋七月条に、

広帥彭城巌は供軍巡官陳用拙を遣わし礼幣を奉じて、王に兄事せんことを請い、王之れを納む。

広帥彭城巌遣供軍巡官陳用拙奉礼幣、請兄事王、王納之。

とある。この関係は銭鏐の死後まで続けられ、その死に際して南漢は呉越に使いを派遣して銭鏐を祀らせている。(22)

さらに銭鏐は、沿海の閩王と婚姻関係を結んでいた。九一六年十二月に銭鏐の子である牙内先鋒都指揮使銭伝珦が閩王の息女を迎え、両国は通好することとなる。(23) これらの国は後梁から封爵され間接支配下にあった沿海の勢力だが、銭鏐は擬制家族関係によって同盟関係を築いていた。(24) こうして銭鏐は、同盟関係を含んで、北は渤海から南は南漢におよぶ海域にベルト状の「国家秩序」を張り巡らせたのである。

また銭鏐は「中国」の山東半島にまで勢力を張り出していた。呉越国は中原王朝への貢献品を、銭塘江河口から出帆して山東半島の登・萊州に着岸させ運んでいた。(25) そして山東半島の沿海部各州に迴易務（あるいは博易務）と呼ばれる貿易施設を置き、民間で取引を行っている。『旧五代史』巻一〇七、劉銖伝に、

是れより先、濱海の郡邑、皆な両浙迴易務有り、厚く民利を取り、自ら刑禁を置き、王民を追摂し、前後の長吏は其の厚賂を利とし、禁止する能わず。銖即ちに部する所に告げ、呉越と徴負し、擅に追摂を行なうを得ざらしめ、浙人惕息し、敢えて命を干《おか》さず。

先是、濱海郡邑、皆有両浙迴易務、厚取民利、自置刑禁、追摂王民、前後長吏利其厚賂、不能禁止。銖即告所部、不得与呉越徴負、擅行追摂、浙人惕息、莫敢干命。

として迴易務の下級吏員がその置かれている州県の管理下になく、勝手に貿易を取り仕切っており、在地の官吏も賄賂を受け取るなどして、中原王朝にとっての問題ともなっていた。このように「中国」に含まれる山東半島

をもその「国家秩序」下に置かんとしていたのである。さらに山東半島の東南部に位置する崑嵛山に建立された无染院の碑が残っている（民国二五年『牟平県志』）。碑文によると、寺院は九〇一年に建立され、功徳施主として銭鏐と明州刺史黄晟を初めとするその配下が、山東の官吏達と共同して建立費用を出していた。またこの碑文には、

又た雞林の金清押衙、家は搏桑を別れ、身は青社に来たり、貨は鄞水に遊び、心は金田に向かう。

又雞林金清押衙、家別搏桑、身来青社、貨遊鄞水、心向金田。

と記し、新羅（雞林）出身の金清なる男が山東（青社）と明州（鄞水）とをわたって貿易していたことが知られている。无染院はこの金清のような渡海商人や、銭鏐の活動に深くかかわる寺院であった。山東半島における張保皐の赤山法華院を想起するまでもなく、こうした寺院も呉越「国家秩序」の拠点となっていたに違いない。

そしてこの「国家秩序」のもとで、銭鏐は建元を行っていた。『旧五代史』や『呉越備史』にはその事実を記していないが、『九国志』や『資治通鑑』、『容斎四筆』によれば、確かに元号を建てていた(26)。これは銭鏐時に見える特色で、二代目以降に行われることはなかった。こうした建元が呉越国の「国家秩序」下にある他国で使用されたという史料は見出しえない。しかし、「国家秩序」を構想した銭鏐がある意図をもって建元したことは確かであり、そこには中原と分かれて独自の時間生成を創り出すことによって、「国家秩序」の確立を目指したものと思われる。

呉越国王銭鏐は、後梁から封爵され政治的従属関係におかれていながら、その実、独自の政治的秩序圏を建設していた。後梁の構想する「天下秩序」に含まれつつ、そこからはみ出して海上に「国家秩序」を建設する。こうした中原王朝の支配秩序に簡単には包摂されない、呉越国銭鏐の構想はどこから来るものなのか。それはとり

もなおさず、呉越という地、中国大陸の沿海に位置し、当時の海上商業上の拠点であった両浙という地にある。海上交易圏の存在とその圏内における両浙の重要性が政治権力の方向を決定したといってもいい。呉越建国前夜の東シナ・南シナ海域状況が次の考察対象となる。

第三節　九世紀東・南シナ海交易圏

呉越国の銭鏐が中国大陸沿海域に政治的権力を張り出し、封爵や擬制家族関係等を通して海上にある「国家秩序」を作り出していたことを見たが、その秩序圏の発想の根拠ともなった当時の東シナ・南シナ海海域の交易状況を検討することとしよう。

しかしここで注意すべきは、「国家秩序」を具現化する政治的通交関係（呉越国の封爵や海外国の貢献等）と商人等による交易・商業活動を同一次元で論じようとしているのではないことである。両者はもちろん次元が異なり、またその通交領域がぴったり重なり合うものでもない。とはいえ、この二つの要素は全く無関係ではない。西嶋氏は、国際的政治機構（本論でいう「秩序」にあたる）である東アジア世界を場として、商人たちの国際交易活動という経済交易圏が生み出され、やがて政治的機構である東アジア世界が崩壊すると、代わりに経済交易圏としての東アジア世界が形成されたとする。つまり、政治的な場から経済的な圏が生み出され、経済圏がのちに独自の歩みを持つと考える(27)。

しかしながら両者の関係は、一方向に限るものではないだろう。経済的圏域から政治的場が生まれることもある。呉越国が後百済に封爵を行い、閩・南漢などと同盟を持ったことは、当時における現実の海上交易活動上の結びつきに導かれてのものであると考えられる。呉越国の生まれる九世紀の中国沿海域――東シナ海・南シナ海域――の商業交易状況を考えることは、呉越国の政治的秩序圏をとらえる上でも避けては通れない。

a. 東シナ海交易圏

当時の東シナ海の状況を伝える史料は、日本の史料に頻出する。そこでその史料群から記事を集めて表にしてみたのが章末の表2〈九世紀東シナ海交易表〉である。[28] 呉越国が独自地方政権として出発するのは九〇七年であるが、その前提となる状況を考える上で時期を九世紀に絞った。また「備考」は日本への渡来が「唐人」なのか「新羅人」なのかを判断し、前者は「唐」、後者を「新」とした。渤海人は「渤」である。

九世紀の東シナ海について亀井明徳氏は、前半新羅人がその交易活動を中心に荷っていたのが、後半になって唐人がその代わりとなって活発に活動を行ったとする。[29] ところが史料上、新羅人の場合商人とせず、ただ人数を記し漂着したとしており、その中には漂流民もいただろうが、商人である可能性もあり、表全体を見回した時、それほど時期的に偏りは無いようにも見える。

しかしそのことよりもむしろこの表で注目したいのは、東シナ海域全体に渡って、日本・朝鮮・中国に渡海する多数の人間の存在である。八四〇年頃から突如として記事は増えるものの、その前の八一〇年頃すでに新羅や唐の商人が日本に行き来していることから九世紀全般には中国や朝鮮の商人が日本を含めて互いに行き来していたと考えられる。また唐人や新羅人、渤海人の渡海船の相互乗り入れが見られる。表中の『日本紀略』弘仁十年六月十六日の記事や、『入唐求法巡礼行記』大中元年六月九日の史料がそれを示している。これらの事例はいわゆる「国家」の枠組みを越えた海商の協力・活動として注目される。

そしてその拠点として、九世紀ころから越州や明州を含む浙東という地域が重要性を持っていた。表上に現れる「越州商人周光翰・言升則等」（八一九年六月十六日）や「越州商人詹景全・劉仕献」（八五六年九月）によって越州が海商の拠点であったことがわかり、また明州はその管轄下の望海鎮が発着港として当時頻繁に利用されていた[30]。さらに明州対岸の舟山列島は風待ちの停泊場所となっていた[31]。加えて徐公直兄弟の本拠地であった蘇州も海上交易に重要な拠点であった（本書第五章）。これらの港市をさまざまな地域出身の商人が利用していたのである。九世紀全般の東シナ海では、中国・朝鮮・日本・渤海等の諸国の商人が互いに入り混じって交易を行い、国家の枠組みを外れた広範な商業活動が展開され、各地の交易都市が、その商人等によって強く結びついていたととらえておこう。

b. 東・南シナ海交易圏

『園城寺文書』[32]一九―九に「七絶二首　蔡輔作」が載せてあるが、この詩は日本に帰国し鴻臚舘に滞在している円珍に対して別れを惜しんで蔡輔が送ったものである。その釈文に蔡輔の肩書きを「大唐客管道衙前散将蔡輔」とするが、これは「大唐容管道……」の誤りである。蔡輔の絶句はこの他にもあり、それらの肩書きもやはり「大唐容管道衙前散将」である。容管道の容管とは嶺南道の容州を治州とし、ほか九州を統轄する容管経略使のことであるが[33]、とにかく、蔡輔は広州に程近い嶺南道容州ゆかりの人であった。そしてその人物が日本に赴いていたのである。しかも日本に帰国する円珍は台州から唐船に乗っており、蔡輔も渤海商人李延孝と一緒に同船していた。ここで嶺南と浙東、そして日本をつないだ蔡輔という人物を先ず確認しておこう。

次に李英覚という人物に注目してみよう。彼は『園城寺文書』一七―三「台州公験請状」に、

円珍遂に越州商人詹景全・劉仕献、渤海国商主李延孝・李英覚等に遇い、去る大中十年九月、日本国より廻

り、願いて銭四十千文を施し、住房三間を造る。
円珍遂遇越州商人詹景全・劉仕献、渤海国商主李延孝・李英覚等、去大中十年九月、従日本国廻、願施銭四十千文、造住房三間。

とでてくる。円珍が台州に留まっていた際に、越州商人の詹景全と劉仕献、そして渤海国商主李延孝とともに李英覚は大中十年九月に日本から台州に向かっていた。そこで円珍と出会っていたとこの史料は伝え、さらにそのまま読めば李英覚は渤海国商人ということにもなる。その李英覚は同年秋に広州に顔を見せている。つまり、『園城寺文書』一一九「国清寺外諸寺求法総目録」に、

天竺貝多樹柱杖一枚
広州班藤柱杖一枚
琉璃瓶子一口

右三件、此れ本国僧田円覚、唐開成五年に過来し、久しく五臺に住み、後ち長安に遊び、大中九年城中に相い見みえ、自ら円珍と共に聖教絵曼荼羅を抄写するを勾当す、十年六月相い円珍を送り天台に到り、残夏を過ごし、秋月出でて遊往して広州に到り、本国商人李英覚・陳太信等に遇い、附して前件の信物を送り、今本国に将《おく》りて、永く供養に充つ。
右三件、此本国僧田円覚、唐開成五年過来、久住五臺、後遊長安、大中九年城中相見、自共円珍勾当抄写聖教絵曼荼羅、十年六月相送円珍到天台、過于残夏、秋月出遊往到広州、遇本国商人李英覚・陳太信等、附送前件信物、今将本国、永充供養。

と伝えてさらに、

とあって、日本の僧田円覚（田口円覚）は大中十年六月に円珍を台州の天台に送り、秋には広州にたどり着いていた。そこで李英覚・陳太信にめぐり会い、前件二つの信物を預けたが、ここでは李英覚は「本国商人」となっており、そのまま読めば日本国商人となる。

この二つの史料をもとに李英覚の動きを追うと、大中十年九月に日本から台州に到着し、そのまま南下して広州に赴いていた。李英覚も日本と浙東、嶺南を結ぶ商人として注目される。

蔡輔や李英覚の活動から、浙東や朝鮮、日本を含む東シナ海域での商業活動と広州を一極とする南シナ海域での商業活動とが、九世紀半ばには相互に結びつき、商業船が行き来する状況にあったといえよう。

また亀井氏の貿易陶磁研究によれば、越州磁器の出土状況により、この九世紀にはマレー半島にまで磁器貿易が行われていた[34]。これは南シナ海交易が越州等の浙東と深く結びついていたことを明瞭に示してくれる。また斯波義信氏は通史的に寧波（明州）を研究する中で、明州は東シナ海交易圏と南シナ海交易圏とを繋ぐ結節点であったとしている[35]。斯波氏は明確に述べていないが、結節点として有効に機能し始める時期はこの九世紀に求められよう。また結節点は明州にとどまらず越州や台州、さらには杭州・蘇州といった浙東・浙西一帯がその役割を担っていただろう。

以上から、九世紀の浙東（浙西も含め）は東シナ海交易圏の一極としてだけでなく、南シナ海交易圏の一極として、さらに両交易圏を繋ぐ結節点として存在するようになった。

こうした状況は、呉越建国後も続いている。呉越国は後唐王朝時から莫大な貢献をしているが、その内容には南海物産が山とある。一例として挙げると、『冊府元亀』巻一六九、帝王部納貢献に、

（後晋）少帝は天福七年七月を以て即位す。十一月、両浙の銭弘佐遣使し、鋌銀五千両、絹五千疋、絲一萬両

東アジア海域交易図

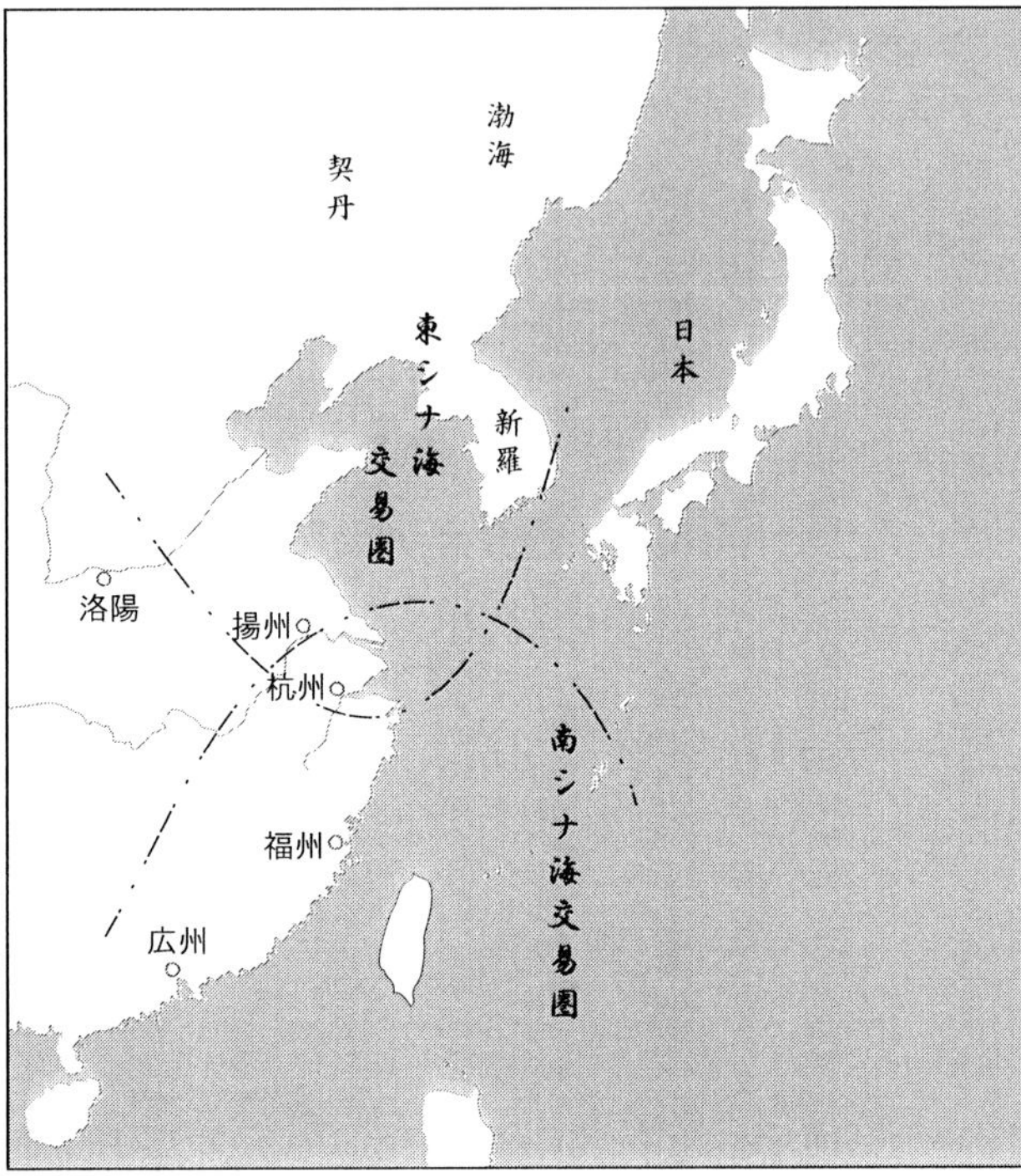

を進め、封呉越国王に封ぜらるるを謝恩す。又た細甲・弓弩箭・扇子等を貢し、又た蘇木二萬斤・乾薑三萬斤・茶二萬五千斤、及び秘色甆器・鞋履・細酒・糟薑・細紙等を貢す。

少帝以天福七年七月即位。十一月、両浙銭弘佐遣使、進鋌銀五千両、絹五千疋、絲一萬両、謝恩封呉越国王。又貢細甲・弓弩箭・扇子等、又貢蘇木二萬斤・乾薑三萬斤・茶二萬五千斤、及秘色甆器・鞋履・細酒・糟薑・細紙等。

とあって、天福七年（九四二）の貢献の中に「蘇木・乾薑」が万単位で挙がっている。また別の年には「真珠・牙・香薬」など南海で採れる物産が貢献されている。これは、これらの南海物産が呉越国に大量に存在していたことを示し、そして南海域との交易の存在をも示している。

こうした交易圏を背景に、呉越国は貿易によって国益を挙げていた。表3〈諸国南シナ海交易物産表〉は、前章の諸国進奉・貢献表より南諸国における南海貿易によって入手した交易品を列したものである。見れば呉越国の南海交易物品は香薬や真珠、象牙などが閩や南漢国と共通する。その諸国が南シナ海交易圏に含まれていたことを表している。しかしここで注目したいのは、呉越国にのみ見られる蘇芳（蘇木）である。**第三章表1〈呉越国貢献表〉**では、呉越国は五代王朝に蘇芳を計一〇万斤献上している。しかし同様の南シナ海交易圏に入っていた他国には挙がっていない。史料上の制約があるとはいえ、呉越国にのみ蘇芳が多数みられることから、呉越国が独占貿易していたと考えられる。蘇芳は南海諸国で産出される赤の染料に用いられる木[36]であり、とりわけ朝鮮・日本などと取引されていた[37]。このように呉越国は南シナ海交易圏より蘇芳を独占購入した可能性があり、それらを東シナ海交易圏に転売するなどして、国益を挙げていただろう。

表3　諸国南シナ海交易物産表

	杭　州 ［呉越国］	福　州 ［閩国］	広　州 ［南漢国］
香料類	蘇芳　乳香　黄散香　雑細香薬	龍脳　乳香　沈香　餅香　煎香　香薬　胡椒	龍脳　香薬
動物類	孔雀　象牙　犀牙　玳瑁	象牙　犀象器　犀牙　犀珠　玳瑁	犀玉　犀牙　玳瑁
その他	真珠	瑠璃　真珠　蕉　白氎　紅氎	舶上薔薇水

＊ここに挙げた物産は十国が中原王朝に貢献品としたうちの、海上交易によって仕入れたと思われるものを推察した。

呉越国は右記のように他国との貿易に深くかかわる国家であった。三代目国王銭弘佐の時、新しく鉄銭を鋳造することが議論されたが、「新銭を鋳造すると旧銭が隣国に流れてしまい、また自国内で用いることができても他国で利用できなければ、商人がやって来ず品物も入ってきません[38]」といった諫言が出て中止となった。そこには、鉄銭を鋳造することによって国内の銅銭が流出し、また貿易が不通となってしまうことがいわれ、呉越国が貿易によって立国していた様がうかがいえる。

また『十国春秋』巻八三、呉越忠懿王孫氏伝に、

（忠懿王妃孫氏）常て一物を以て龍興寺に施す。形は朽木箸の如し、寺僧未だ之を珍とせざるなり。偶たま舶上に出示し、波斯人曰く、此れ日本の龍蕊簪なり。遽かに萬二千緡を以て易去す。

常以一物施龍興寺、形如朽木箸、寺僧未之珍也。偶出示舶上、波斯人曰、此日本龍蕊簪。遽以萬二千緡易去。

とある。孫氏が龍興寺に施したものは日本の龍蕊簪であったが、それを鑑定したのは波斯人であった。そして『五代史補』巻五、契盈属對に、

僧契盈、閩中の人なり。内外の学に通じ、性尤も敏速なり。広順の初め、銭塘に遊戯し、一旦呉越王に陪いて碧波亭に遊ぶ。時に潮水初めて満ち、舟楫輻輳し、之を望むに其の首尾を見ず。王喜びて曰く、呉国の地は京師を去ること三千餘里、而れども誰か一水の利此の如く有るを知らんやと。契盈対えて曰く、三千里の外一条の水、十二時中両度潮すと謂うべしと。時人之を佳対と謂う。時に江南未だ通ぜず、両浙の貢賦は海路より青州に至る、故に三千里と云うなり。

僧契盈、閩中人。通内外学、性尤敏速。広順初、遊戯銭塘、一旦陪呉越王遊碧波亭。時潮水初満、舟楫輻輳、望之不見其首尾。王喜曰、呉国地去京師三千餘里、而誰知一水之利有如此耶。契盈対曰、可謂三千里外一条水。十二時中両度潮。時人謂之佳対。時江南未通、両浙貢賦自海路而至青州、故云三千里也。

とあって、商船の活況を伝える。舟船が港にひしめきあって、その始めと終わりが見えないのを呉越国王銭弘俶は喜んでいるが、こうした状況はあながち誇張でもないだろう。

九世紀より東シナ海・南シナ海交易圏の重要な結節点として機能してきた呉越の地は、さまざまな商人が行き交う所であった。蔡輔や李英覚等のように浙東・嶺南・日本を行き来し、渤海商人李延孝等のように頻繁に浙

東・日本を往復する。その経路に朝鮮・渤海等の東北地方も含まれていただろう。これら商人は東シナ・南シナ海を周回しながら交易に従事し、各地の物品を流通させていた。その中で結節点であった呉越の地は、そのセンターとして機能していた。貢献物に莫大な南海物産が含まれるのもそのためであり、舟が輻輳しその首尾が見えないのも中心に船が集うからである。

その呉越の地で銭鏐は建国を果たした。海域における交易圏との強固な結びつきのため、陸地に向かうよりも海域に向かう方が勢力を張り出しやすかった。北は渤海・朝鮮に封爵を施して契丹と同盟し、南は南漢・閩と同盟する。そして二代目以降には日本に対しても「国家秩序」参画を模索している。これらはいずれも東シナ・南シナ海域上に存在し、交易圏に組み込まれていた地域である。

呉越国の銭鏐が掲げた「国家」とは、それ以前に存在した交易圏を母胎とし、そこに政治的秩序圏を敷設する事によって成立した。そこに見られる「秩序」体制は「天下秩序」と全く異なるものである。「天下秩序」とは始めに確認したように、自らの国家とそれを取り巻く諸勢力の秩序化であり、中国大陸という天下を中心として世界を構造化する装置である。故にその秩序圏域は自己認定的であり、いわば人工的なものである。ところが呉越国に見られる特徴は「天下」イデオロギーを有さない。故に「天下」を統治すべき天子＝皇帝に即位することもない。治める政治空間は地上の「天下」になく既存の海上交易圏に存在する。故にその範域は不定形である。「天下」にかわって海上の交易圏を支配空間とする「国家」構造こそが「呉越海上国家」の在り様であった。

おわりに——呉越海上秩序の終焉——

銭鏐によって構築された「海上国家秩序」を背骨とする呉越国は、そもそも複雑な構造をもっていた。その国王権力は中原王朝より冊立されることによって呉越の地を支配する正当性を付与される。その限りにおいて呉越国の政治権力は他律的であり自己規定的ではない[39]。ところが中国沿海域における政治的秩序圏は、海外国を封爵する等を通して実現される。その限りにおいて自律的であり自己規定的である。つまり「天下」の領域である呉越の地に対する支配権は他律的であり、「天下」の外枠にあたる海域に対する「秩序」は自律的であった。この呉越国王権力の二重性・二面性が崩れるときが銭鏐七八歳の身に訪れる。

後唐の天成四年（九二九）九月、銭鏐は時の中原皇帝明宗から太師致仕とされ、その他の官爵はすべて省かれることとなった。そして呉越国の進奏官や使者・綱吏が拘束され、中原王朝とを繋ぐルートが切断された。事は枢密使安重誨に宛てた銭鏐の文書が不遜であることに安重誨が怒ったことに始まる。たまたま供奉官の烏昭遇と韓玫が呉越国に使いした折り、烏昭遇が銭鏐にまみえたとき臣を称して舞踏礼をし、銭鏐を殿下と呼び勝手に内密事を洩らしたと韓玫は上奏した。ここぞとばかりに安重誨は烏昭遇に死を賜うよう上奏し、そして銭鏐の官爵を剝奪するにいたるのである。

銭鏐は子の銭伝瓘を頼って冤罪を訴えたもののなかなか顧みられず、ようやく官爵をもとに戻すことができたのは長興二年（九三一）三月のことであった。そして翌長興三年（九三二）三月に銭鏐はその生涯を閉じた。八一歳であった。死に際、世継ぎの銭伝瓘に、

子孫善く中国に事え、易姓を以て事大の礼を廃するなかれ。

子孫善事中国、勿以易姓廃事大之礼。（『資治通鑑』巻二七七、長興三年三月条）

と言い残した。

銭鏐が死ぬ数年前に直面したこの事件は、呉越国王権力がいかに危ういバランスの上にあったかが如実に現れ

ている。烏昭遇の呉越国王に対する対処はその地における国王権力の状態を善く示すが、中原より官爵を奪われるとたんに権威を失墜し、なんとしても中原の封爵を取り戻さねばならなかった。故に遺言に中国にゆめゆめ逆らわず、よくよく任えるよう求めたのである。

また、それまで「呉越海上秩序」に内包されていた国々が次々と滅んでゆく。渤海は九二七年に契丹の手によって滅ぼされ、後百済の甄萱は子の神剣に実権を奪われ九三六年には高麗に呑み込まれ朝鮮が統一される。また契丹はより強大な勢力となり、一時開封を占拠するにまでいたる。呉越国が二代目以降、銭鏐のときほど積極的に海上に政治秩序を構想するチャンスはなかった。

そして「海上秩序」内にあった呉越国の位置はやがて、そのまま五代諸王朝の「天下秩序」に包摂されていく。つまり、五代の「天下秩序」内にあって呉越国王は位階第一位を占め、他の諸国に対して指導権を掌握した。こうした五代期における呉越国の位階＝「真王」は、銭鏐の構想した「海上秩序」の影響力を海上に及ぶ部分を殺ぎ落としながら、諸国に対する部分を取り込んで成立したものであった。

中国大陸周辺部の呉越の地を軸に、当時展開されていた東シナ海・南シナ海交易圏を基盤とする政治圏を実現しようとした呉越国は、しかしながら、「天下秩序」から独立して自己規定による「国家」を成就することなく「未完」に終わった。そこに「呉越海上国家」の限界性が現れている。一つに、呉越国の行った海上の政治秩序化が封爵という、「天下秩序」を実現するための方策を用い、「天下秩序」の「枠」を越えることができなかったことが挙げられる。呉越国の建国次第が天子に擬えるが如く行われたことが、さらにそのことを象徴していよう。また一つにはそのことと関連して、「呉越海上秩序」を生み落とした東シナ・南シナ交易圏が呉越国の模擬「天下秩序」という政治秩序を必要としなかったことが挙げられる。交易圏に見られたさまざまな国・地域出身者の人口流動が、国家の枠組みを離れて起こっていたこと、その上に政治秩序圏を敷設することで一時（戦乱時など）は安定化をもたらしたとしても、安定化の結果、交易圏は「呉越海上国家」という「国家」の枠組みから逸脱せざるをえなかったのではないだろうか。

「天下」の片隅に建国し、海上に政治秩序を張り巡らせたものの、終局には失敗に終わり中原の「天下秩序」に包摂された呉越国を検討したが、そこにはまだ、前近代中国における「天下秩序」の問題（そして「国家」の問題）が潜んでいる。「天下秩序」の軸となる大陸の周辺部に独立的政治圏の実現可能性を秘めている問題と、それが中華（天下）秩序に内包されていく問題等。これらの問題については結論で述べられるが、その解決の果てに前近代中国社会における「国家」がより豊かに理解されることになるだろう。とりわけ、近年明確な概念規定のないまま使われる「中華帝国」（秦漢帝国や隋唐帝国など）をそれぞれの歴史事象に見合った「国家」として認識することができよう。さらに、国民国家の元で生まれた我々の国家像をより相対的・多元的なものとすることができるのではないだろうか。

（1）　西嶋定生『中国古代国家と東アジア世界』（東京大学出版会、一九八三年）。
（2）　堀敏一『律令制と東アジア世界――私の中国史学（二）』（汲古書院、一九九四年）。
（3）　石上英一「律令国家と天皇」（『律令国家と社会構造』名著刊行会、一九九六年）。
（4）　渡辺信一郎「「天下」のイデオロギー構造」（初出一九九九年。『中国古代の王権と天下秩序――日中比較史の視点から』校倉書房、二〇〇三年）。
（5）　渡辺信一郎「帝国の構造――元会儀礼と帝国的秩序」（『天空の玉座』柏書房、一九九六年）。
（6）　栗原朋信氏は秦漢時代の中華世界構造を三層にとらえる。最内部の「内臣の地域」では皇帝の頒つ律令が普及していることが原則で、皇帝の「徳」・「礼」・「法」が浸透する。その外縁には「外臣の地域」が設定され、異民族の場合その民族固有の秩序と生活が容認される。徳と礼だけが及んで法は普及しなくてもよい。第三に「朝貢国の地域」があり、中国皇帝の徳化を蒙っていると観念され、徳だけが及び礼・法は普及しなくてもよい地域であった。そしてこの秦漢時代の中華世界構造はのちの隋唐時代の世界構造にも通じるとする（栗原朋信「中華世界の成立」『中国前近代史研究』雄山閣、一九八〇年）。栗原氏にとって、秦漢時代の国家と世界構造が同一の秩序によって構成されている。

（7）日野開三郎「五代呉越国の対中原朝貢と海上貿易」（『日野開三郎東洋史学論集』一〇、三一書房、一九八四年）。

（8）後百済王甄萱の語る「事大」は、本文引用の高麗王建返書中に見る「字小」と対をなして、前近代中国の政治秩序における上下関係構築のための双方向的積極的行動原理として把握される。『春秋左氏伝』昭公三十年六月に、

晉頃公卒。秋八月、葬。鄭游吉弔、且送葬。魏献子使士景伯詰之、……対曰、諸侯所以帰晉君、礼也。礼也者、小事大、大字小之謂。事大在共其時命、字小在恤其所無。以敝邑居大国之間、共其職貢、与其備御不虞之患、豈忘共命。

とあって、礼的政治秩序内にあって小国は大国の時々の命令を共にし、大国は小国の欠けたところを恵むと認識される。また『孟子』梁恵王下に、

斉宣王問曰、交鄰国有道乎。孟子対曰、有。惟仁者為能以大事小、……惟智者為能以小事大、……以大事小者、楽天者也。以小事大者、畏天者也。楽天者保天下、畏天者保其国。

とあり、小国の大国につかえる者は天を畏れる者で治める国を保つことができると説いている。つまり「以小事大」・「事大」とは、その小国をよく治めるための方策であり、自国と大国との上下関係を能動的に建設することを表す歴史用語である。宋の太祖が南唐の李煜を媒介に南漢の劉鋹を説得して傘下に入れようとした際、李煜の劉鋹宛ての書に、

……且小之事大、理固然也。遠古之例不能備談、本朝当楊氏之建呉也、亦入貢荘宗。恭自烈祖開基、中原多故、事大之礼、因循未遑、以至交兵、幾成危殆。（『宋史』巻四八一、劉鋹世家）

とある。「事大」が五代期でも確固とした道理として認識されており、当時の「秩序」が双方向性によって成り立っていたことがわかる。

（9）日野開三郎「五代時代における契丹と中国との海上貿易」（『日野開三郎東洋史学論集』一六、三一書房、一九九〇年）。

（10）遣使に政治的従属関係が付与される場合、遣使とともに貢献物が付随する。その貢献物は加工品である場合と原料物とに分けられるが、前者の場合皇帝との私的従属関係（恩寵関係）の構築に重きを置く。そして貢献時期は一定しない。後者の場合、王朝の元会儀礼に用いられて帝国秩序の再生産として利用され、帝国の空間的編成の部分をなす。元会に間に合わせるため貢献時期は一定する。以上、中村裕一「唐代内蔵庫の変容――進奉を中心に――」（『待兼山論叢』四、一九七一年三月）、古松崇志「唐代後半の進奉と財政」（『古代文化』五一―四、一九九九年四月）、前掲注（5）渡辺論文を参照。呉越国の契丹にする遣使は、わずか一例として、犀角・珊瑚を貢献物としていることから原料物であるが、遣使が一定していない。であるからどちらの性格でもない。あえていえば、商業活動に従事する滕彦休が南海物産を契丹にもたらすその上に、呉越国王が使者任命して国家間関係を築こうとしていたのだろう。こうした国家戦略は対日本においても見られる。

（11）松田光次「遼と南唐との関係について」（『東洋史苑』二四・二五、一九八五年三月）。

（12）『十国春秋』巻八〇、忠懿王世家、

蓋契丹降赦則称会同、而改元則曰大同、改元之後不三月而徳光卒、故大同之号不行於南土、則呉越之称会同於丁未七月也又奚疑焉。

（13）『本朝世紀』巻七、朱雀天皇、天慶八年七月二十六日庚申、

今日唐人来着肥前国松浦郡柏嶋。仍大宰府言上解文在左。

其文多不載。只取其大綱。

大宰府解申請官裁事

言上大唐呉越船来着肥前国松浦郡柏嶋状

舶壹艘勝載参仟斛　乗人壹佰人

一船頭蔣袞　二船頭兪仁秀　三船頭張文遇

右得管肥前国今月十一日解同日到来称。管高来郡肥最埼警固所今月五日解状同月十日亥剋到来云。今月四日《ママ》三尅。件船飛帆自南海俄走来。警調兵士等以十二艘追船。留肥最埼港嶋浦。爰五日寅一尅。所司差使者問。所送牒状云。大唐呉越船今月四日到岸。伏請准例速差人船。引路至鴻臚所牒者。慥加実撿。所申有実。仍副彼牒状。言上如

件者云々。蒋袞申送云。以去三月五日始離本土之岸。久□滄海云々。
天慶八年六月廿五日
唐人百人交名書在辨官。

(14) 劉恒武「五代呉越国の対日『書函外交』考」(『古代文化』五九―四、二〇〇八年三月)。
(15) 渡邊誠「平安貴族の対外意識と異国牒状問題」(『歴史学研究』八二三、二〇〇七年一月)。
(16) 日本史の研究では、呉越と日本との関係は、公的な国家間関係から私的な商業関係の過渡に充てられる。古くは西岡虎之助「日本と呉越との交通」(初出一九二三年。『西岡虎之助著作集』三、三一書房、一九八五年)、木宮泰彦『日華文化交流史』(冨山房、一九五五年)、森克己『日宋貿易の研究』(国書刊行会、一九七五年)など。また近日では石井正敏「一〇世紀の国際変動と日宋貿易」(『古代の日本第二巻　アジアから古代日本』角川書店、一九九二年)など。しかし、呉越国の対外関係を後に見る交易圏をも視野に入れて総合的に考えると、商人などによる交易関係が建国前すでに展開されており、その上に政治権力が及んでいる。故に呉越国の対外関係をとらえた場合、交易圏と政治権力の二層構造になっており、推移・過渡形態としては把握できない。
(17) 開平二年(九〇八)五月に義昌軍節度使劉守文を大彭郡王、盧龍軍節度使劉守光を河間郡王に封ずる。開平三年(九〇九)四月に易定節度使王処直を北平王、福建節度使王審知を閩王、広州節度使劉隠を南平王に封ずる。これらに止まらずその他の節度使も封爵を受けている。以上『旧五代史』巻四、『五代会要』巻十一による。
(18) 『資治通鑑』巻二六六、後梁太祖開平元年四月乙亥、
是時惟河東・鳳翔・淮南称天祐、西川称天復年号、餘皆稟梁正朔、称臣奉貢。
(19) いち早く皇帝になったのは蜀の王建で、後梁朱全忠が即位した同年(九〇七)九月に即位。河東は李克用の子李存勗が九二三年皇帝に就く。そののち後梁を倒し後唐王朝をひらく。呉は九二七年十一月に楊光密の子楊溥が皇帝位に即位。
(20) 天復二年(九〇二)五月に越王、天祐元年(九〇四)四月に呉王、そして九〇七年に呉越王に封ぜられる(『呉越備史』巻一)。
(21) 『資治通鑑』巻二六六、後梁太祖開平元年四月、
鎮海節度判官羅隠説呉王鏐挙兵討梁、曰、縦無成功、猶可退保杭越、自為東帝。奈何交臂事賊、為終古之羞乎。鏐

始以隠為不遇於唐、必有怨心、及聞其言、雖不能用、心甚義之。
(22)『呉越備史』巻二、長興四年四月、
夏四月、淮南偽客省使許確・百済国太僕卿李仁旭各来祭我先王（銭鏐）。秋七月……番禺（南漢）偽上僕射何瑱亦来祭我先王。
(23)また銭鏐の死に際し、封爵関係にあった後百済も使いを派遣していることがわかる。
『資治通鑑』巻二六九、後梁貞明二年十二月、
呉越牙内先鋒都指揮使銭伝珦逆婦於閩、自是閩与呉越通好。
(24)銭鏐は楚の馬殷とも婚姻関係を結んでいる。『呉越備史』巻一、貞明七年七月条、
潭州楚王馬殷遣掌書記李峴・馬匡送女、帰于都知兵馬使・検校尚書・上僕射王子伝璛。
(25)『資治通鑑』巻二七〇、後梁均王貞明四年十一月、
先是、呉越王鏐常自虔州入貢、至是道絶、始自海道出登萊、抵大梁。
(26)銭鏐が呉越王に封ぜられた九〇七年の翌年、「天宝」に改元している。天宝は九〇八～九二三年まで一六年間用いられ、翌九二四年から「宝大」に改元。二年後の九二六年には「宝正」に改め、銭鏐の死ぬ年（九三二）まで六年間用いられた。翌年には後唐の年号「長興」を用いている。洪邁は銭鏐の死後に元号を中原のものに戻したとするが、「おわりに」で述べる銭鏐の最末年の官爵削奪事件後にすでに改めていた可能性もある。以上主に『容斎四筆』巻五「銭武粛三改元」による。
(27)西嶋定生「東アジア世界と日本史」（前掲注（1）『中国古代国家と東アジア世界』所収）。
(28)作表にあたり、田島公編「日本、中国・朝鮮対外交流史年表——大宝元年～文治元年——」（橿原考古学研究所附属博物館編『貿易陶磁——奈良・平安の中国陶磁——』、一九九三年）を参考とした。
(29)亀井明徳「唐代陶磁貿易の展開と商人」（『アジアのなかの日本史Ⅲ　海上の道』東京大学出版会、一九九二年）。
(30)たとえば『入唐五家伝』安祥寺慧運伝に、
（承和九年［八四二］秋八月二十四日午後、上帆過大陽海入唐。経五箇年、巡礼求学。承和十四年（八四七）、即大唐大中二年（元年の誤り）歳次丁卯夏六月二十二日、乗唐張支信・元浄等之船、従明州望海鎮頭上帆。

また同禅林寺僧正（宗叡）伝に、

（貞観）八年（八六六）到明州望海鎮、適遇弟子（李）延孝、遥指扶桑、将泛一葉。宗叡同舟、順風解纜、三日夜間帰着本朝。

とある。

(31)『輿地紀勝』巻十一、両浙東路慶元府に、

梅岑山。在昌国県、四面環海。高麗、日本、新羅、渤海諸国皆由此取道、守候風信。

とある。昌国県は、唐代において翁山県と呼ばれた舟山列島の県司である。なお日野開三郎氏は昌国県を明州州治より遥か東南に位置するとする（前掲「五代呉越国の対中原朝貢と海上貿易」）が誤りで、実際は東北に位置する。

(32)『園城寺文書』第一巻、「智證大師文書」（講談社、一九九八年）。

(33)『旧唐書』巻三八、地理志一。

その管区を「道」という例は正史上見えないが、皆無ではない。『容県金石志』巻一四に、

開元寺銅鐘（存）

貞元十二年歳在景子十一月廿二日己酉、当道経略使・守容州刺史兼御史中丞房孺復、与幕府及諸大将等、於開元寺敬鑄鴻鍾一口重三千五百斤、永充供養、開元寺常住鍾。

とあるように「当道」つまり「容管道」と使用されていたことは確かである。

(34) 前掲注(29)亀井論文。

(35) 斯波義信「港市論——寧波港と日中海事史——」（『アジアのなかの日本史Ⅲ　海上の道』東京大学出版会、一九九二年）。

(36) 唐・蘇鶚『蘇氏演義』下、

蘇枋木、出扶南・林邑・外国、取細破煮之、以染色。

(37) 曾我部静雄「日中貿易史上の蘇木」（『中国社会経済史研究』吉川弘文館、一九七六年）。

(38)『資治通鑑』巻二八五、後晉斉王開運三年十月、

弘佐議鋳鉄銭以益将士禄賜、其弟牙内都虞候弘億諫曰、鋳鉄銭有八害。新銭既行、旧銭皆流入隣国、一也。可用於

吾国而不可用於他国、則商賈不行、百貨不通、二也。

(39) 本書第三章「呉越国王と「真王」概念——五代天下の形成、其の一——」を参照。

表2　九世紀東シナ海交易表

西暦	月日	記事	史料	備考
八一一	八・十二	去年、穀を運ぶ途中、海賊に襲われ日本に漂着した新羅人金巴兄・金乗弟・金小巴等三人、渡来したため放還される新羅人に同乗して帰国することを願い、この日許される。	後紀、弘仁二年	新
	十二・六	新羅船三艘、対馬嶋の西海に来航。翌日、新羅船が海賊船と判明。	後紀、弘仁三年正月五日	新
八一二	三・一	新羅人清漢巴等渡来する。	後紀、弘仁三年	新
八一三	二・二九	新羅人一一〇人が船五艘に乗って肥前国小近嶋に来着し地元民と戦う。九人死に一〇一人捕らえられる。	紀略、弘仁四年三月十八日	新
八一四	十・十三	新羅商人三一人、長門国豊浦郡に漂着	後紀、弘仁五年	新
	十・二七	新羅人辛波古知等二六人、筑前国博多津に漂着	同右	新
八一六	十・十三	新羅人清石珍等一八〇人帰化す。時服と路粮を賜い、便船に乗って入京させる。	紀略、弘仁七年	新
八一七	二・十五	新羅人金男昌四三人帰化す。	紀略、弘仁八年	新
	四・二二	新羅人遠山知等四四人帰化す。	同右	新
八一八	一・十三	新羅人張春等一四人、大宰府に来着、驢四匹を献上する。	紀略、弘仁九年	新
八一九	六・十六	唐越州人周光翰・言升則等、新羅人の船に乗って来朝。	紀略、弘仁十年	唐・新
	是歳	新羅人王請・唐人張覚済等交易のため揚州を出発するも漂流し、出州国に漂着。	行記、開成四年正月八日	唐・新
八二〇	四・二七	唐人李少貞等二〇人、出羽国に漂着。	紀略、弘仁十一年	唐
	五・四	新羅人李長行等、白羊・山羊等を進める。	紀略、弘仁十一年	新
八三一	九・七	大宰府、新羅人の交易品を検領すべし。	三代格	新

八三四	二・二	新羅人、大宰府海辺に泊着す。住民が射して傷つく。医者を派遣して治療し、糧を給い放還す。	続後紀、承和元年	新
	三・十六	大宰府に在留の唐人張継明を入京させる。	続後紀、承和元年	唐
八三九	十・九	遣唐使録事山代宿禰氏益、新羅船一隻に乗り、博多津に帰着す。	続後紀、承和六年	新
八四〇	十・二七	新羅臣張寶高、使を遣わせて方物を献ずるも、大宰府追却する。	続後紀、承和七年	新
八四一	十一	これより先、張寶高の部下李忠、大宰府に到り交易し新羅に帰国しようとするが、兵乱に遭って筑紫大津に再来する。	続後紀、承和九年正月十日	新
八四二	一・十	新羅国人李少貞等四〇人、筑紫大津に来着す。	続後紀、承和九年	新
	春	恵蕚和尚、明州より李隣徳四郎の船に乗って帰朝。	行記、会昌三年五月二五日	唐
	五・五	慧運、大唐商客李處人の船に乗る。途中、肥前国松浦郡にて李處人は唐から乗ってきた旧船を棄て、楠木で新船を三ヶ月で造り終える。	入唐五家伝、「安祥寺慧運伝」	唐
	八・十五	入境の新羅人を放還すべし。	三代格	新
八四三	十二・九	天台山留学僧円載の弟子仁好・順昌、新羅人張公靖等の船に乗り、長門国に来着。	続後紀、承和十年	新
八四四	七・二	仁好再び入唐。	続後紀、承和十一年	
八四五	十二・五	新羅人、康州の牒二通を賚ち、本国漂蕩人五〇余人を押領し来着す。	続後紀、承和十二年	新
八四七	五・十一	唐人江長・新羅人金子白・欽良暉・金珍等、蘇州松江口から出発して日本へ向かう。	行記、大中元年六月九日	唐・新
	六・二二	慧運、唐人張支信・元浄等の船に乗り、明州望海鎮より出帆。	「安祥寺慧運伝」	唐
	七・八	僧恵蕚および留学僧円載の傔従仁好等、唐僧義空および唐人張友信等とともに大宰府に帰着す。	続後紀、承和十四年	唐
	九・二	円仁等、登州赤山浦で金珍等の船に乗り日本に向けて渡海。	行記、大中元年九月二日・十九日	新

八四九	八・四	大宰府馳駅して言上す、大唐の商人五三人多く貨物を賚し、船一隻に駕して来着すと。	続後紀、嘉祥二年	唐
八五一	二	唐国商人張友信日本から唐に帰る。	園城寺、四一－二「円珍請伝法公験奏状」(背書)	唐
八五二	五・二二	蘇州衙前散将徐公直、徐公祐を遣わせ、日本の義空に書簡を出す。	高野雑筆集、「唐人書簡」	唐
	閏八	唐国商人欽良暉の交関船、博多に来着する。	智證大師伝	唐
八五三	七・十五	円珍等、大唐商客王超・李延孝等の船に乗り出航。	園城寺、十四－一「鎮西府公験」	唐・渤
八五五	七・二〇	大宰府伝して入唐留学僧円載の上表を進む。	文徳実録、斉衡二年	
八五六	三・九	新羅人三〇人大宰府に漂着。	文徳実録、斉衡三年	新
	九	越州商人詹景全・劉仕献、渤海国商李延孝・李英覚等、日本より唐に帰る。	園城寺、十七－三「台州公験請状」	唐・渤
	秋	円覚、広州に赴き、本国商人李英覚・陳太信等に会う。	園城寺、十九「国清寺外諸寺求法総目録」	唐
八五八	六・二二	円珍等、商人李延孝の船に乗って台州より帰国し、鴻臚館に着く。	園城寺、四三「太政官給公験牒」	唐(渤)
八六一	十・七	肥前国松浦郡柏島に到着した真如親王、唐通事張支信に船一隻を造らせる。	入唐五家伝、「頭陀親王入唐略記」	唐
八六二	七中旬	真如親王、唐人張支信等と鴻臚館を発って船に乗る。	「頭陀親王入唐略記」	唐
	七・二三	大唐商人李延孝等四三人来着し、大宰府に勅して安置供給す。	三代実録、貞観四年	唐(渤)
八六三	四	僧恵蕚等、明州より詹景全の船に乗り日本に帰国。	上智慧輪三蔵決疑表	唐
	四・二一	これより先、大宰府が言う、新羅沙門元著・普嵩・清願等三人、博多津に着くと。ここに至り、勅して鴻臚館に安置し、粮食を与え、唐人の船を待って放却させる。	三代実録、貞観五年	

	十一・十七	これより先、新羅東方の別嶋細羅国人五四人、丹後国竹野郡松原村に漂着。また因幡国に新羅国人五七人来着。	三代実録、貞観五年	新
	是歳	新羅国人三〇余人、石見国美乃郡に漂着。死者一〇余人、生存者二四人。	三代実録、貞観六年二月十七日	新
八六四	是歳	唐商詹景全、来航する。	上智慧輪三蔵決疑表	唐
八六五	七・二七	これより先、大唐商人李延孝等六三人、明州望海鎮を発し船一艘で大宰府に来着すると大宰府が言う。	三代実録、貞観七年	唐(渤)
	是歳	この日、勅して鴻臚館に安置し、例に随い供給す。唐商詹景全、来航する。	日本高僧伝要文抄、上智慧輪三蔵決疑表	唐
八六六	九・一	これより先、大唐商人張吉等四一人、船一艘に乗り大宰府に至る。この日大宰府に勅して鴻臚館に安置し、例に随い供給す。	三代実録、貞観八年十月三日	唐
八六七	是歳	婺州人詹景全、来航する。	智證大師伝	唐
八六九	五・二二	夜、新羅海賊、船二艘に乗って博多津に来寇し、年貢絹綿を掠奪する。	三代実録、貞観十一年六月十五日	新
八七三	五・二七	これより先、渤海国入唐使崔宗佐・大陳潤等、薩摩国甑島に漂着するを言ず。	三代実録、貞観十五年	新
	九・二五	新羅人三二人、船一隻に乗って対馬嶋岸に漂着。	三代実録、貞観十五年十一月二一日	
八七四	六・三	大唐商人崔岌等三六人、船一艘に乗り肥前国松浦郡に着く。	三代実録、貞観十六年七月十八日	唐
	八・八	これより先、新羅人金四・金五等一二人、船一艘に乗り対馬嶋に漂着する。勅が下って府司は来る由を問い、早く放還に従わせる。	三代実録、貞観十六年	新
八七六	七・十四	大唐商人楊清等三一人、船一隻に乗り荒津岸に着く。八・三に勅が下り帰化の例に従い、安置供給させる。	三代実録、貞観十八年八月三日	唐

八七七	七・二五	大唐商人崔鐸等六三人、台州より多治安江等を乗せ、頗る貨物を賚し、六月一日に出発し船一隻に乗り筑前国に来着する。八月二二日勅して例に依り安置供給させる。	三代実録、元慶元年八月二二日	唐
	是歳	入唐求法僧智聡、帰朝する。途中遭難し、円載・李延孝・詹景全等は溺死する。	智證大師伝	唐
八八一	是歳	婺州永康縣人李達、張蒙の商船に便乗し、円珍依頼の一切経欠本を持ち来る。	智證大師伝	唐
八八三	是歳	唐商柏志貞、大宰府に到る。	智證大師年譜	唐
八八五	六・二〇	大宰府が言う、去る四月一二日新羅国使徐善行・録事高興善等四八人船一隻に乗り肥後国天草郡に来着す。新羅国執事省牒ありと。	三代実録、仁和元年	唐
	十・二〇	これより先、大唐商賈人大宰府に着く。この日、府司に下知して王臣家使及び管内吏民、秘かに貴値でもって他物を競買するを禁じる。	三代実録、仁和元年	
八九〇	十・三	新羅人三五人、隠岐国に漂着。	紀略、寛平三年二月二六日	新
八九三	三	在唐僧中瓘、商客王訥等に託し録記を日本に送る。	菅家文草、巻九・十	唐
	五・十一	新羅賊、肥前国松浦郡に来襲。	紀略、寛平五年五月二二日	新
	七・二一	大唐商人周汾等六〇人、博多津に来着。	「頭陀親王入唐略記」	唐

＊『日本後紀』・『日本紀略』・『入唐求法巡礼行記』・『類聚三代格』・『続日本後紀』・『圓城寺文書』はそれぞれ後紀・紀略・行記・三代格・続後紀・圓城寺と略記した。

第八章　港湾都市、杭州——五代における都市、地域、海域——

はじめに

現在の杭州は中国有数の観光都市として、数多くの海外旅行者また国内旅行者を日々受け入れている。市のすぐ西には西湖を抱え、南にはさほど高くない山々を控えており、杭州は「天に天堂、地に蘇杭」と称えられてきた。このような美しい町並み（景観）を生成してきた杭州の歴史は、しかしながら人間と自然の闘いと調和とによって読み解くことができる。

杭州城の東南を流れる銭塘江は海水の逆流現象で有名だが、この現象が杭州の発展を容易にしない原因であった。州城の東と東南部は絶えず銭塘江の潮汐にさらされ、一時的に砂洲が広がっても防波堤を築かなければ、水位の上昇などによって水没の危険に絶えずさらされていた。また西湖も水位の調整や真菰の除去など、人手による管理を必要とする。かつ都市には必要不可欠の飲料水も西湖の淡水を水源とする井戸を掘削しなければならなかった。これら、特に水利に関する諸条件を克服し調整することを通して、杭州は発展してきたのである。現在の杭州の景観は、そうした歴史の所産であった。

杭州は、漢六朝期には地方のしがない都市であったのが、隋代の大運河開浚に伴い運河都市として設定され、唐代にかけても運河との関係上で都市整備がなされた。五代期には銭塘江の防波工事が進み港湾機能を備え、北宋代に入り蘇軾が出て運河や港湾施設の整備を進め、杭州は飛躍的な発展期を迎えることとなる。さらに南宋期となるとその国都に定められるが、長安に見られるような正方ではなく南北に長い形状をし、政治空間と民間の居住空間とが綯い交ぜという、中国史上もっともいびつな王朝首都となった。杭州は州の知事として白居易や蘇軾などの文人を抱えてきたが、この頃に「西湖十景」が生み出され観光地化が進み、現在の町並みに繋がっていく。

唐宋時代の港湾都市杭州に関しては、池田静夫氏の研究が挙げられる(1)。杭州を運河機能と港湾機能とに分けて分析した先駆的研究である。ついで斯波義信氏の研究によって、主に南宋期杭州城の諸施設（役所・商業・寺廟等）の空間的配置の把握、またスキナー理論にもとづく杭州を中心とした両浙地方の分析が進められてきた(2)。斯波氏の議論に触発され、伊藤宏明氏は呉越国時代の杭州城諸施設を丹念に調査し整理されている(3)。また木良八洲雄氏は南宋期の杭州における海港機能に注目した(4)。このほか中国では杭州の海港としての機能に注目した研究も出されている(5)。

杭州は呉越国時代に飛躍的に発展し、北宋代に受け継がれた。従来の研究では、運河機能と港湾機能との発展過程の相異が必ずしも自明的ではない。しかしながら、その発展過程に着目すれば五代において都市機能の質的な変化が見られ、研究の余地が残されている。運河都市として出発した杭州は、港湾機能を備え港湾都市（港市）として五代を生き抜き、宋代では運河と海域を繋ぐ運河—港湾都市として成長する。その背景に前章で明らかになった「海上国家」呉越国の性格が大きく作用している。

本章では、杭州の都市機能を動態的にとらえることを目的とし、運河都市から港湾都市への変遷過程、そして杭州が呉越国時代において都市機能を変貌する要因を探りたい。

第一節　運河都市から港湾都市へ

a．運河都市としての杭州——隋唐代

現在杭州城の都市建設に関する史料は、漢代にまで遡ることができる。漢代ではまだ会稽郡（越州）の一地方県であった銭塘県に、郡の議曹であった華信が防波堤を建設した。劉宋の劉道真『銭塘記』によると、漢代県治（霊隠山麓）(6)の東一里（四〇〇メートル強）の地に、土砂を運んだ人々を欺いて防波堤を築き、銭塘江の潮を防いだとされる。(7)霊隠山の麓にあった県治は魏晉南北朝期を経て、隋代に鳳凰山の東麓に移され、いく度かの変遷を経つつ、唐代開元二五年（七三七）に同所に落ち着いた。(8)

改めていうまでもなく、隋の大業六年（六一〇）十二月に、煬帝は潤州京口から江南河を開鑿させ、ここに杭州は大運河の最南端都市として設定される。(9)杭州以南諸州の税物を運搬する大運河がより一層の重要性をもち始めた(10)唐代では、のちの城内運河や西湖の整備が進められた。一般に、杭州は運河都市として隋代より繁栄したとされるが、しかしながら都市の整備・管理が伴ってはじめて、人口の増加や商業の発展などがもたらされる。ここでは行論上から、唐代杭州の都市整備を防水害に限って確認しておこう。

史料から確認できる最初の事例は、中宗の末年、景龍四年（七一〇）に州司馬の李珣がはじめて沙河を開いたことである。杭州城の東辺は銭塘江に洗われ水害が絶えなかったが、この年に沙地が北辺に広がったことを受けての工事であった。(11)

同様に沙河を開いた事例が咸通二年（八六一）にも見える。杭州刺史の崔彦曾は、銭塘江の潮水が沙岸を浸食し、城内に流溢するために、県治の南五里（約二・八キロメートル）の地に三つの沙河を開いた。(12)この三河に潮水

を注ぎ込むことによって、浸食を防止したのであり、先の李珣の工事も同様の効果を狙ったものと考えられる。これらの沙河は、のちの五代宋代以降に見られる水運機能を備えた運河である以前に、唐代ではまず水害防止の基礎工事として整備された。

この両沙河工事のあいだにあたる会昌五年（八四五）頃に、刺史の李播が銭塘江の防波堤を築いており、杭州の対銭塘江整備はより一層進んでいった[13]。

以上見たように、唐代の杭州は特に銭塘江の水害を如何に防ぐかが、その発展にとって重要な鍵であった。当時銭塘江は、呉山の東麓あたりまでその流域としていたようである[14]。また、先の沙河工事が求められたのも、呉山の北に展開する市街地に城壁を越えて潮水が奔入するからであり、こうした水害が都市の発展を大きく阻害したことは間違いない。白居易が銭塘江の神を祭り、波濤を静めようとした文[15]を見ても、自然に対する詮方ない当時の杭州城のあり様を伝えている。結局、銭塘江に対する決定的な災害対策は呉越国の捍海塘を待たねばならなかった。

一方で西湖への整備が、著名な白居易によって行われていた。白居易が僅か三年の刺史生活の中で看取した銭塘湖（西湖）管理策は、検討に値する。白居易が杭州刺史だったときに記された「銭塘湖石記[16]」を、銭塘湖と官河（大運河）、また銭塘湖自身の管理という視点から検討してみよう。

白居易の記述に拠れば、長慶四年（八二四）頃の銭塘湖には、北に石造り（石函）、南に竹編み（笕）の水門を備え、農業用水の調節を行っていた。また銭塘湖の水量を増やすために湖堤を数尺（約一メートル弱）高く修築しており、安定した水の供給が可能となっていた。さらに注目されるのが、

銭塘より塩官に至る界、応に漑ぐべき官河を夾む田は、須らく湖を放ちて河に入れ、河に従いて田に入るる

こと、塩鉄使の旧法に依れ。……脱し或いは足ざれば、即ちに更に臨平湖を決し、官河に添注せば、又た餘有り（原注：澆田の時にあらざると雖も、若し官河乾浅せば、但だ湖水を放ちて添注し、以て立ちどころに舟船を通ずべし）。

自銭塘至塩官界、応漑夾官河田、須放湖入河、従河入田、准塩鉄使旧法、……脱或不足、即更決臨平湖、添注官河、又有餘矣（原注：雖非澆田時、若官河乾浅、但放湖水添注、可以立通舟船）。（『白氏長慶集』巻六八、銭塘湖石記）

とあるように、銭塘湖と官河が連繋していることである。官河が水不足で舟運が滞る場合でも、銭塘湖の水を流注することで、その解決を図っていた。このことから、当時の杭州では西湖と官河が連携しあうことで、官河（大運河）の安定した舟運を確保していたことが分かる。しかし、白居易が警告するように、長雨で銭塘湖が溢れる危険があり、かつこっそり西湖の水を放水して湖底を干上がらせ、農田を増やす不当な輩もおり、繊細な管理が必要であった。

総じて、唐代の杭州は銭塘江の水害に苛まれながら、銭塘湖と官河との連繋によって都市の発展が進んだのであり、杭州の繁栄を伝える李華撰「杭州刺史庁壁記」の「駢檣二十里、開肆三萬室」[17]という語も、その背面に人々の水害への恐れを見逃してはならない。

b．呉越国の杭州城建設

右記のように、隋唐代では杭州城東部・東南部が銭塘江にさらされつつ、その西北部・北部では銭塘湖と官河が連繫することで、都市の発展が図られてきた。この頃は銭塘江を媒介とした海域との連繫、とりわけ港湾施設が不十分であり、港湾都市としての杭州は呉越国の銭氏の時に誕生する。九世紀中頃の文人、沈亜之の「杭州場壁記」には、杭州がすでに海域を跨いで越州や福州、広州などの財物を恐らく運河にのせて運んでいた様を伝えるものの、舟運を安定させる防波堤や水門などの港湾施設が不十分で、銭塘江の潮汐や砂州などによって舟運は困難であったに違いない。この点を見るならば、隋唐代の杭州はまさしく運河都市であった。[18]

大順元年（八九〇）、杭州防禦使銭鏐は、杭州城の拡大を図る。隋代には杭州城の周囲が三六里ほど（約一八キロメートル）であったが、その州城の南北に夾城を築き、その周囲は五〇里余り（約二五キロメートル）に拡大された。[19]続いて三年後、景福二年（八九三）の七月に羅城を築き、その周囲は七〇里（約三五キロメートル）にまで拡大された。[20]これは当時の州城規模に比較しても格段に大きい。[21]この夾城・羅城建設の様は羅隠撰「杭州羅城記」[22]に記されている。

杭州城はすでに老朽化が進み、銭鏐の軍隊が身動き取れないほど狭く、かつみすぼらしいものであった。そして銭鏐は州城の南北に夾城を築いたのであるが、夾城の目的は軍事目的であり、堅牢な都市を目指してのものであった。その後の羅城についても同史料の後半に記されているが、ここでは当時の杭州では東の銭塘江に福建や外国の船舶が往来し、また北に伸びる市街地が商品を流通するルート（恐らく官河）に支えられていたことが分かる。そして、この羅城建設が防禦目的に加えて、こうした杭州城の商業状況を見据えた計画であったことが看取される。その州城が例になく拡大され、北は官河を含みこみ、南は龍山を含んだ理由は、当時の杭州で運河と海域を安定的に繋ぐ必要性を銭鏐が羅城という形で表現したためであった。

c．羅城の復原

以上のような機能を担った五代杭州城の復原は、当然試みられるべきであり、魏嵩山氏が隋唐から宋明清におよぶ沿革図を作成している。[23]また伊藤宏明氏も魏氏の地図を元としながら、詳細な呉越杭州城を復原されている。[24]しかし、筆者の意見と相違する点もあるので、ここでは魏氏の復原図を検討しながら改めて復原図を作成してみたい。[25]考古学上の成果を取り入れ、先学の研究に立ってより正確な都市図を復原することが、都市史研究に何よりも求められると考える。

魏氏の復原図の特徴は、まず呉越杭州城の東面が菜市河の東に展開し、蔡市河を城内に含んだとする点である。その理由は呉越の東門である南土門・北土門がそれぞれ宋代の薦橋門外・菜市門外とされること、[26]保徳門および范浦が元明清期の艮山門内にあったとすることに拠っている。しかし、最初に確認しておきたいことは、羅城の範囲を示す史料が「秦望山より夾城の東に由り、江干に亘って銭塘湖・霍山・范浦に洎ぶ、凡そ七十里」（前掲注20『呉越備史』）とあって、後半の銭塘湖・霍山・范浦が城内に含まれないことである。銭塘湖が杭州城内に含まれないことは歴然としており、この史料が語るところは、これら三所によって包囲される内部が州城であったということである。霍山が呉越州城内に含まれないことは以下に見るが、范浦も含まれていないと見るべきで、氏の考えるように宋代に羅城が西へ後退・縮小し范浦が城外に出たと考える必要もない。呉越時代から范浦は城外にあったと考える方が無理がない。また史料中場所を示す「～門外」とある語も、その指示する範囲は広く一定しない。南土・北土門に限ってみても、菜市河を超えたかは不明である。最北の東門、保徳門は艮山門外無星橋にあったとされ、[27]その場所は宋代の菜市河と北辺城外艮山河の合流する地点にあたる。また傍証になるが、宋代杭州城の東壁には菜市河、元明清時代には外沙河と、東城外に水路を置くのが杭州城の歴史である。五代の羅城が特別に菜市河を城内に含む必要はないと考える。

霍山は宋代の昭慶寺の後にあったとされる。ところで南宋時の太一宮（新荘橋西、現在武林路・鳳起路交差付近）の高士堂後に虎林山という低い丘陵があり、呉越国時代は城外にあったという。[28]この太一宮の西に霍山があり、両者を整合的に把握すれば、市河の西側に銭塘県治を挟んで城壁が北に伸びていたと考えられる。

魏氏の復原図でもう一点注意したいのは、北の夾城についてである。魏氏は『咸淳臨安志』の記事によって、東西馬塍が呉越北夾城の東西壁の故址であったと理解する。[29]しかしこの馬塍の地は『夢粱録』巻一八、獣之品条にあるように、呉越時代の馬場であり、[30]三万頭もの馬を飼っていたとされる。[31]先の『咸淳臨安志』の記事とあわせ考えれば、西の馬塍は馬場の囲いの址で、東は馬場と城壁が接合していたと考えられる。

ゆえに半道紅についても魏氏の理解に従えない。氏は北夾城が東西馬塍に囲まれる地であったが、羅城設営時に北夾城が放棄されその中に立地した半道紅が城外に出たとする。その根拠は『呉越備史』巻一、天復二年（九〇二）十一月条に、

王（銭鏐）乃ち人をして往きて之れを覘わしむ、（田）頵は（楊）行密の来使を半道紅に迎う。

王乃使人往覘之、頵迎行密来使于半道紅。

とあってその原注に、

半道紅は、北郊に在り、旧と桃花を植うるの所、凡そ数里。

半道紅、在北郊、旧植桃花之所、凡数里。

とし、半道紅が夾城設営時には内部に立地したが羅城設営して一〇年後には郊外に出たと理解し、北の夾城が廃止されたとする。しかし、先述のように東の馬塍が城壁と馬場の囲いと理解すれば半道紅はもとから城外にあり、

図１　呉越杭州城復原図

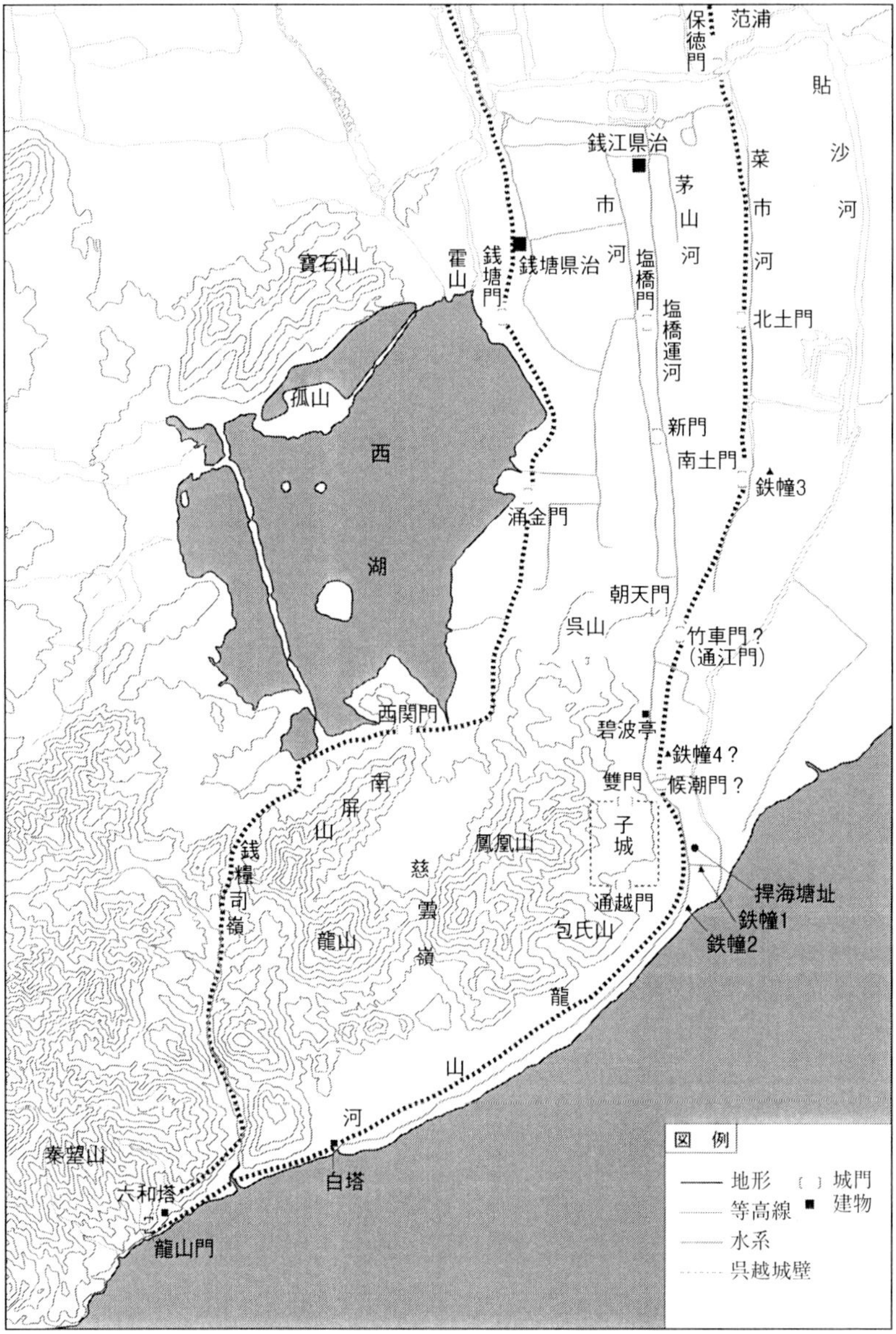

保徳門
范浦
貼沙河
銭江県治
菜市河
茅山河
市河
霍山
銭塘門
銭塘県治
寶石山
塩橋門
塩橋運河
北土門
孤山
西湖
新門
南土門
鉄幢3
湧金門
朝天門
呉山
竹車門？
(通江門)
西関門
碧波亭
鉄幢4？
雙門
候潮門？
南屏山
子城
銭糧司嶺
鳳凰山
慈雲嶺
捍海塘址
通越門
鉄幢1
龍山
包氏山
鉄幢2
龍山河
秦望山
白塔
六和塔
龍山門
図例
地形
等高線
水系
呉越城壁
城門
建物

わざわざ呉越の時代に北の夾城が廃止されたと考える必要がない。また『呉越備史』に付される地理・地名に関する注釈は、『呉越備史』が記された北宋代を起点にすることが多い。北の夾城廃止は、呉越国が北宋に納土した後のことであろう。

以上のような諸検討を加え作成したのが図1〈呉越杭州城復原図〉である。魏氏の図とは北と東面で相違しているが、ここに一案として提示しておきたい。なお、次節で見る捍海塘の遺址が一九八四年に発掘され、五代当時の海岸線を一部想定することが可能となった。その位置から判断すると、五代宋代の候潮門は元明清代の候潮門の位置より内地になければならない。その結果として杭州城東南部が現在と千年前とは様相を異にし、その復原に慎重にならねばならないが、判断材料がないため杭州城東南部に関しては今後の発掘・検討にゆだねたい。

第二節　呉越国杭州城の港湾施設

a．捍海塘

州城修築の七年後、開平四年（九一〇）に遂に銭鏐は銭塘江に対する大規模な防波堤、捍海塘を建設する。(32) 同記事を記す『資治通鑑』巻二六七、開平四年八月条に附す胡三省注によれば、六和塔から艮山門外にまでいたるという。また東の城門に候潮門・通江門を建設した。

この捍海塘の遺址が一九八四年に、現在杭州市江城路立体交差橋付近で発掘された。(33) 現在の銭塘江岸線からかなりの内地で捍海塘が発掘され、これにより築かれてから千年間の沙漲の進出を窺う事ができる。地下の捍海塘の上部は六層（約三メートル）で、明清現代層（最厚二・五メートル前後）・元代層（平均〇・三メートル、最厚一メートル以上）・南宋末元代層（一メートル強）・南宋第二層（最厚一・五メートル）・南宋第一層（最厚一メートル以上）・北宋層（平均〇・二メートル）という階層をなしていた。捍海塘自身の構造は、清の秦瀛『捍海塘志』に引く銭維演「曽大父武粛王築捍塘遺事」に述べるとおりで、竹で編んだかごに巨石を詰め、その外側に更に巨木（滉柱）を幾本も横たえる構造である。[35] 余談となるが、この報告によると、五代捍海塘は南宋時代に二回の修築がほどこされている。[34] 第一次の修築で高度と面積を増し、第二次の修築では内側の土砂を最大一・五メートル積んだとされる。南宋期でもこの海塘が利用され、銭塘江の潮を防いでいたとすれば、その城郭復原も修正する部分が出てくるはずであり、今後も海塘などの発掘が期待される。

この捍海塘の建設で、杭州城は銭塘江の潮害を防ぐことが可能となった。それは、銭塘江の潮汐によって不安定であった州城東南・南部の舟運を安定化する働きをもつ。舟をつける沙岸が不安定な中では座礁の危険を伴う。故に城壁を築き、また防波堤を設けることによって、安定した往来ができるようになった。[36] さらに船舶の渡航を容易にしなかった羅刹石が捍海塘を築いた開平年間に砂州に埋没する。『捍海塘志』に引く『北夢瑣言』は銭鏐の射潮によって羅刹石が陸地と化したと伝えている。[37] 真偽は計り知れないが、この時期に舟運の安定がもたらされたことは間違いないだろう。

捍海塘によって銭塘江の潮汐を防ぐことができたが、その建設時に潮の高低を計る鉄幢なるものが設けられた。『海塘録』巻九、古蹟門に引く徐一夔「銭塘鉄箭辨」[38] によると、鉄幢は杭州城の東南部から東部にわたって三箇所設けられていた（**図1〈呉越杭州城復原図〉**参照）。すべて明代に地中に埋没してしまったが、そのうち便門側にあったとされる鉄幢は、南宋時代に安撫使趙與籌が鉄箭亭をその上に建て、鉄幢を保護したという。[39] 鉄幢は、五代当時の銭塘江の潮汐を計るためのものであった。これによって、銭塘江の満潮・干潮を計りえたのである。

b. 龍山の開発

杭州城南部から東部にかけて防波堤が築かれ、また水位をはかる鉄幢も設置された。次には、安定した舟運を導入する施設、つまり水門の建設が求められた。水位が一定の常水港ではなく潮汐港であった杭州では港として、潮水を調節する水門が必要不可欠であった。その水門は二箇所設けられている。『西湖遊覧志』巻一、西湖総叙に、

五代已前、江潮は運河に直入し、復たは遮捍なし。銭氏国有りしとき、乃ち龍山・浙江両閘を置き、啓閉するに時を以てす、故に泥水入らず。

五代已前、江潮直入運河、無復遮捍。銭氏有国、乃置龍山・浙江両閘、啓閉以時、故泥水不入。

とあって、龍山閘・浙江閘の水門建設が五代呉越時代に行われている。またこの水門は宋代では、それぞれ渾水閘・清水閘を設けた二重水門構造となるが、この当時はまだ一重であったらしく、『宋会要輯稿』食貨八―五一、斗門に、

仁宗天聖四年二月、侍御史方慎言えらく、杭州に元と江岸斗門二有り。……蓋し斗門の啓閉に時有り、須らく潮平を候ちて方めて開くべし、茲に因りて住滞す。後ろに二斗門を創るを望まんと欲すと。詔すらく本州は疾速に修創し、舟楫を住滞せしむるなかれ。

仁宗天聖四年二月、侍御史方慎言、杭州元有江岸斗門二。……蓋斗門啓閉有時、須候潮平方開、因茲住滞。欲望後創二斗門。詔本州疾速修創、勿令住滞舟楫。

とあって、天聖四年（一〇二六）にはじめて、二重水門とされた。とはいえ、これによって、杭州城内に銭塘江水が運ぶ土砂が浸入することなく、城内までの水路が確保されたのである。

この両水門付近には、渡し場も設けられていた。浙江閘のある浙江口には、浙江渡があり、樟亭が古くから建てられていた(40)。明・倪璠『神州古史考』によると、南斉期に付近に樟木でできた浮橋があったことが名の由来とされる(41)。唐代においても白居易の詩文(42)にあるように、出立の地となっており、また迎賓の館でもあった(43)。宋代では浙江亭と名を改められたがその機能は変わらず、南宋時に宰相が外任に転ずる際の辞令を待つ所(44)ともなっていた。

一方の龍山閘もまた渡し場を備えていた。そもそも龍山とは現在でいう玉皇山のことで、杭州城南諸山の中で幾分高く、呉越王銭鏐が郊天台を、また南宋代に郊天壇（現在八卦田とされる）を設けた山である(45)。この龍山の南麓、銭塘江岸の六和塔下に龍山渡が設置されていた。六和塔の建設は北宋開宝年間にかかるが、その以前、同地に大銭寺や南果園が開かれており(46)、渡し場の目印になっていたに違いない。

龍山渡のすぐ東沿いに龍山閘があり、水門を過ぎて銭塘江に沿いながら杭州城内に注ぎ込む龍山河が船舶の通行路となっていた。その入り口にあたる龍山閘のほとりには、五代の建設といわれる白塔(47)がそびえ、龍山河から杭州城内に入るランドマークとなっていた(48)。加えて、杭州城と龍山口（龍山渡・龍山閘を含めた施設をここに仮称す）を結ぶ陸路の開拓もなされる(49)。『両浙金石志』巻四に「呉越武粛王開慈雲嶺記」を載せ、阮元の解釈に従えば貞明五年（九一九）に慈雲嶺が開かれ、龍山東麓の陸路整備が進められている(50)。

このように、呉越国時代では龍山を羅城に取り込みながら、その南麓では銭塘江沿いに龍山渡や龍山閘、白塔などの諸施設を整備し、かつその東麓では慈雲嶺を、また西麓では銭糧司嶺(51)を切り開き、水陸路にわたって龍山開発が進められていたのである。

c. 水陸路の展開

以上のように、浙江口には浙江閘・樟亭（浙江亭）・浙江渡、龍山口には龍山閘・龍山渡・白塔など諸施設が整備された。そしてこれら銭塘江北岸、杭州側の浙江口・龍山口には、その南岸である越州の西興・漁浦が港として対応していた(52)。西興（西陵）には呉越国の軍隊が駐屯した城が備わっていた(53)。この西興が杭州城と不分離の関係にあったことは『呉越備史』巻一、中和二年（八八二）七月に、

浙東観察使彭城漢宏（姓王諱を記す、故に彭城と号す）は天子の西幸するを以て、乃ち弟漢宥・馬軍都虞候辛約を遣わし、兵二萬を率い、西陵に営ましめ、将に浙西を図らんとし、既に漁浦を焼き、富春を扨かす。

浙東観察使彭城漢宏（姓犯王諱、故号彭城）以天子西幸、乃遣弟漢宥・馬軍都虞候辛約、率兵二萬、営于西陵、将図浙西、既焼漁浦、扨富春。

と見え、越州を治所とする浙東観察使劉漢宏が杭州（浙西）を攻略する際の駐屯地としていたことからも窺える。一方の漁浦も、銭塘江南岸の港として確認される(54)。

杭州の浙江口・龍山口に対応して、南岸である越州に西興・漁浦という港があり、銭塘江を跨いで互いに結びついていたことが確認された（図2〈銭塘江河口図〉を参照）。これら銭塘江対岸の港とも連繫しながら、浙江口・龍山口は広く両浙地方と連結を果たしていた。宋代蘇軾の「乞相度開石門河状」（『東坡全集』巻五九）に次のように記す(55)。

蘇軾によれば、浙江口―西興ラインを利用する舟運は温州・台州・明州・越州などである。これら諸州はすべて銭塘江河口から南へ大陸沿いに位置しており、これら諸州の舟運が浙江口と結ばれていた。いわば浙江口は海域への窓口であった。一方、龍山―魚浦ラインも、銭塘江上流に位置する衢州・睦州・婺州・処州、さらに内陸

図2　銭塘江河口図

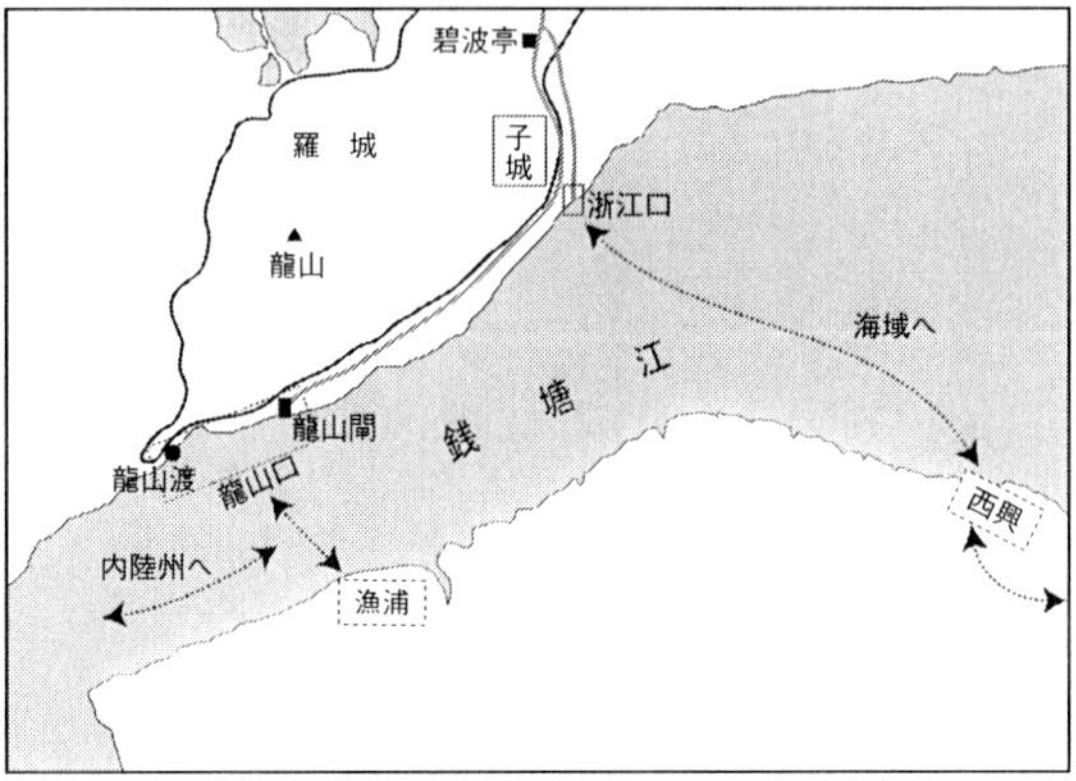

図3　呉越国水路図

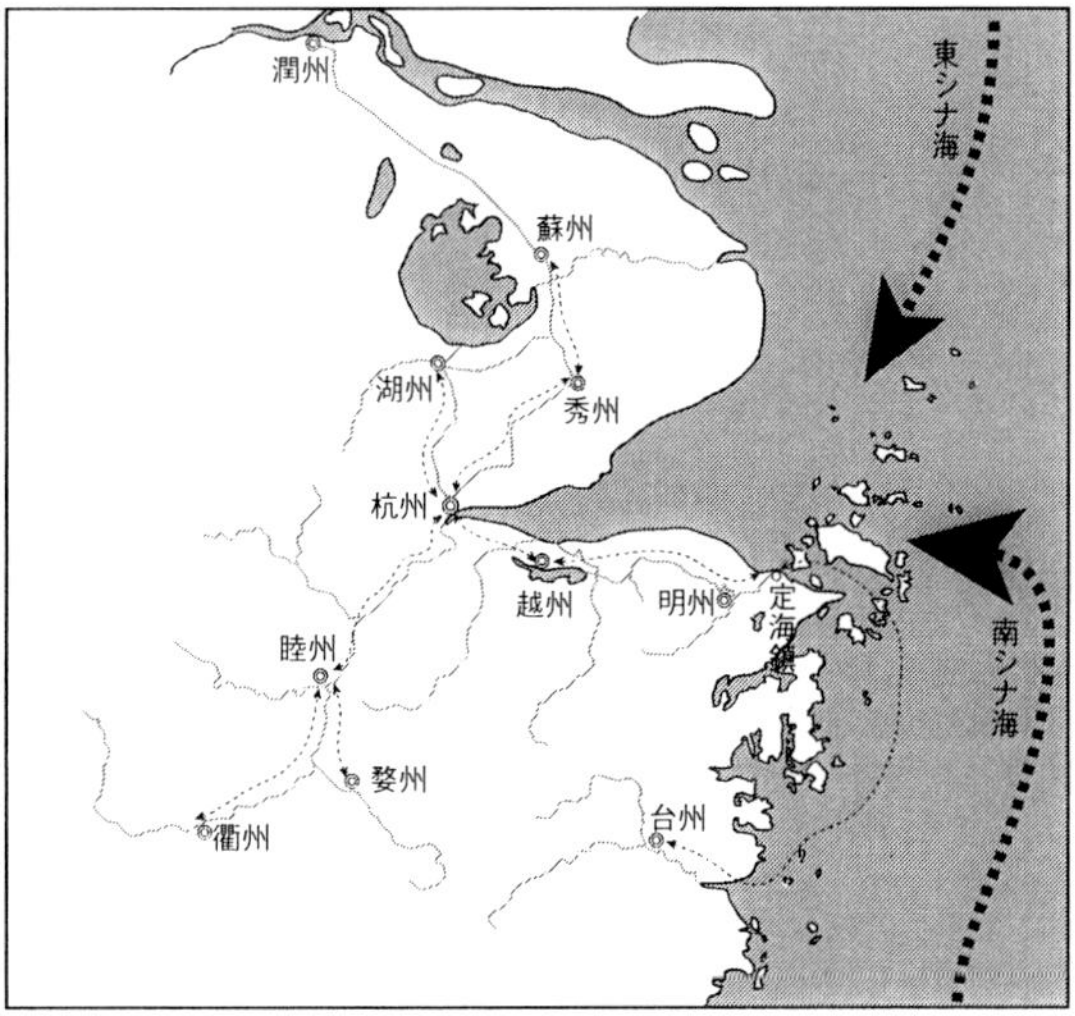

の宣州・歙州・饒州・信州、また陸路から銭塘江上流へ出ると思われる福建八州と結ばれていた。こちらは内陸への窓口といえる。このように、浙江口・龍山口はそれぞれ海域・内陸への窓口と機能を別にし、組織的に舟運を吸収していたのである（図3〈呉越国水路図〉を参照）。

龍山閘から入って龍山河を伝い杭州城内に入るルートと、浙江閘から入るルートは、城内の碧波亭前で合流した。蘇軾の「申三省起請開湖六條状」（『東坡全集』巻五七）に、

今城中の運河に二有り。其の一は茅山河と曰い、南は龍山・浙江閘口に抵たり、而して北は天宗門より出ず。

其の一は塩橋河と曰い、南は州前碧波亭下に至り、東のかた茅山河に合して、北のかた餘杭門より出ず。

今城中運河有二。其一曰茅山河、南抵龍山・浙江閘口、而北出天宗門。其一曰塩橋河、南至州前碧波亭下、東合茅山河、而北出餘杭門。

とあり、龍山・浙江両水路の水が茅山河へと流れ、さらに塩橋河（塩橋運河）と合流していた。故に城内に入る船舶は、両水路を伝い行列をなしていた。『五代史補』巻五、「契盈属対」には満潮時に船が輻輳する様を、呉越王が碧波亭から眼下に見下ろす記事を伝えている。[56] この記事が指し示すのは、満潮時に龍山口・浙江口から船が列をなして城内に入る様であり、舟運の盛況を十分に窺いえよう。

呉越国は、港湾施設を整備し諸州との連繋を強めていったが、それら諸州に対して都市区画等の整備も進めていった。杭州に銭江県（のち仁和県）を設置し、湖州の武康県、睦州の桐廬県を首都管轄区へ移入した。また運河で結ばれている蘇州に呉江県を設置し、その運河の中間地点である嘉興県に秀州を設置する。さらに海船が両浙地方で最初に停泊する明州定海鎮を県へ昇格するなどを行った。これらの区画整備はいずれも杭州を中心とした道路（水路も含む）幹線上にある都市であって、海域と内陸地の連携をより進めるものであった。

このような杭州を中心とした両浙地方の連結は、そのまま宋代にわたり両浙地方の行政区画化を果たした。唐代において、同地方は浙江西道（潤州を治所とし蘇・常・杭・湖州を含む）・浙江東道（越州を治所とし衢・婺・温・台・明州を含む）[57] という二つの行政区画としてあった。前者の浙西が大運河幹線上の諸都市をまとめたものであり、その中で当の杭州は運河中心の都市構造をもつ運河南端都市として設定され、その機能を果たしていた。後者の浙東がむしろ海域と連繋する諸都市をまとめた区画であった。そして呉越国を経て宋代に入ると、この二領域は両浙路という単一行政区画となる。[58] 以上の述べてきたことから考えれば、杭州において両浙地方が取り結ばれ、また運河・海域および内陸地が連結し、不可分の地域形成を果たした結果、両浙地方が単一の行政区画となったことを表している。杭州が呉越国の首都となり港湾機能を備えることによって、両浙地方が単一行政区画化し、宋代以降の地域形成を果たしたことからすれば、港湾機能を備えることになった杭州の役割は大きいといわねばならないだろう。

第三節　呉越国の寺院建立

右記の水陸路の整備や港湾施設の設置に伴い、呉越国はそうした交通路上に寺院を多く建立している。こうして建立された寺院の設置場所を確認することによって、どの地区に多く建てられ、どの水陸路上に密集しているかを知ることができる。ここで呉越国の寺院建立場所を検討し、呉越国杭州城の一特徴を見ておきたい。

呉越国の行った約二八〇にものぼる杭州城内外の寺院建立に関しては、すでに伊藤宏明氏が史料を網羅的に蒐集しており、[59]以下はその成果を受けている。しかしながら、場所の比定について氏が不明とされるところも、『咸淳臨安志』によって大よその区域を知ることは可能である。そこで氏の集められた寺院について一部分に修正・補塡を加え、また行論上配列しなおしたのが章末の**表1**〈**呉越杭州寺院表**〉である。そしてその寺院を地図上に落としたのが**図4**・**5**の〈**呉越杭州寺院分布地図**〉である。図表をもとに寺院建立の場所に注目すれば、呉越杭州城の新たな特徴を見て取ることができるので、以下検討してみたい。

①図4城内

先ほど見たように、呉越国の杭州城は南に龍山を包み、北に夾城を含む長大な規模であった。その城内に六三の寺院が確認され、街中で二六、南方の慈雲嶺近辺で三七ある。街中に建立された寺院は北に片寄りを見せている。中でも城内北部の西河・市河・塩橋運河近辺に寺院建設が集中して見られる。これは呉越国当時においても城内運河が走り、その近辺の建築が進められていたことを示している。たとえば、No.1浄住寺は南朝の梁武帝時の創建とされるが、その東南に位置する観橋は西河から市河に流れ込む水路に架かる橋で、「呉越王宝正六年（九三一）辛卯四月八日、因建銭明観、造此橋、呉越国王記」とその橋梁に記されていた[60]。この橋の建造は道観建立にかかわっているが、水路と橋梁の整備、そして道観・寺院の設置が密接に結びついていることが見て取れる。また特に西河・市河近辺は唐代杭州城の旧街区にあたるから[61]、運河水路近辺での寺院建立などによる再開発が進められていたのであろう。

No.30吉祥律寺は乾徳三年（九六五）に、呉越の薛温が自身の土地を喜捨して建立された寺院だが、城北の市河近傍にあった。薛温は五代目呉越国王の側近で、親衛軍を指揮した軍人であった。ここから逆に、官僚層の薛温が杭州城の幹線水路である市河付近に土地を有していたことを知ることができる。またNo.27報国羅漢院も薛温の邸宅を喜捨したものであった。残念ながら城内に存在したことしか場所を比定できないが、『咸淳臨安志』では先の吉祥律寺の次の条に報国羅漢院が見えるから、比較的近くに邸宅を構えていたのかもしれない。

街中の中部から南の子城付近にかけては、呉山近辺にまとまって建立された五寺を除きほとんど寺院建立が確認されない。それはこの地域に住居などが密集して寺院を建立する隙地がなかったか、あるいは街並の形成があまり進んでいなかったかであろうが、おそらく後者であろう。先に述べたように唐後半期でも呉山近傍に銭塘江の潮水が及んでおり、街区に溢れることもあった。そうした被害やその恐れのために居住区や寺院の建設がさほど進まなかったのではないだろうか。南宋時代ではさまざまな商店の並ぶ商業区となっているから[62]、この区域の発達は、呉越国の城壁や捍海塘によって潮害が除かれて以降のことだろう。

このように呉越杭州城街区の北辺では運河水路近辺での寺院建立が進み、中南辺ではさほど建立が見られなかったという特徴を得た。なお、図4に付した呉越国軍営の場所を確認すれば、城内運河の連結する箇所に二つ見られ、市河に一つ、また塩橋東にも二つある。城内交通上重要な地点に軍営が置かれていたことがわかり、以上のことが傍証されるだろう。

また子城の西辺にそびえる鳳凰山と龍山の山あいに切り開かれた慈雲嶺近辺での寺院建立が多く見られる。龍山は、前述したように呉越国の創始者銭鏐が郊天台を設けるなど、呉越国にとって象徴的な山であり、寺院建立も大きな意味を持っていた。しかしその点を除き、慈雲嶺は杭州城街区から龍山渡へと向かう陸路であり、そうした道路上に寺院建設が多く見られることにも注目したい。それは、慈雲嶺が行商や僧侶、あるいは旅行者などの利用する道路となり、そのルート上に寺院建立が見られたことを示している。同様に、西の城壁が走る銭糧司嶺近傍にも、寺院建立が多く見られる。以上から、呉越国の開削した慈雲嶺・銭糧司嶺が陸路として機能し、そのルート上に寺院が建立されていったと見てよいだろう。

②図4城外

図4に見える城外の寺院建立の特徴としては、銭塘門から西へ出て葛嶺を過ぎ、西渓や九里松に向かうルート上にも寺院が多く見られる。九里松からは霊隠寺・三天竺へと水路や陸路で向かうことができる。後の南宋時には観光名所となる三天竺もこのときに三寺そろい、その参拝道に寺院が多く建立されていた。のちの南宋時などに見られる天竺詣での原形は呉越国時代に求めることができる。

図4　呉越杭州寺院分布地図

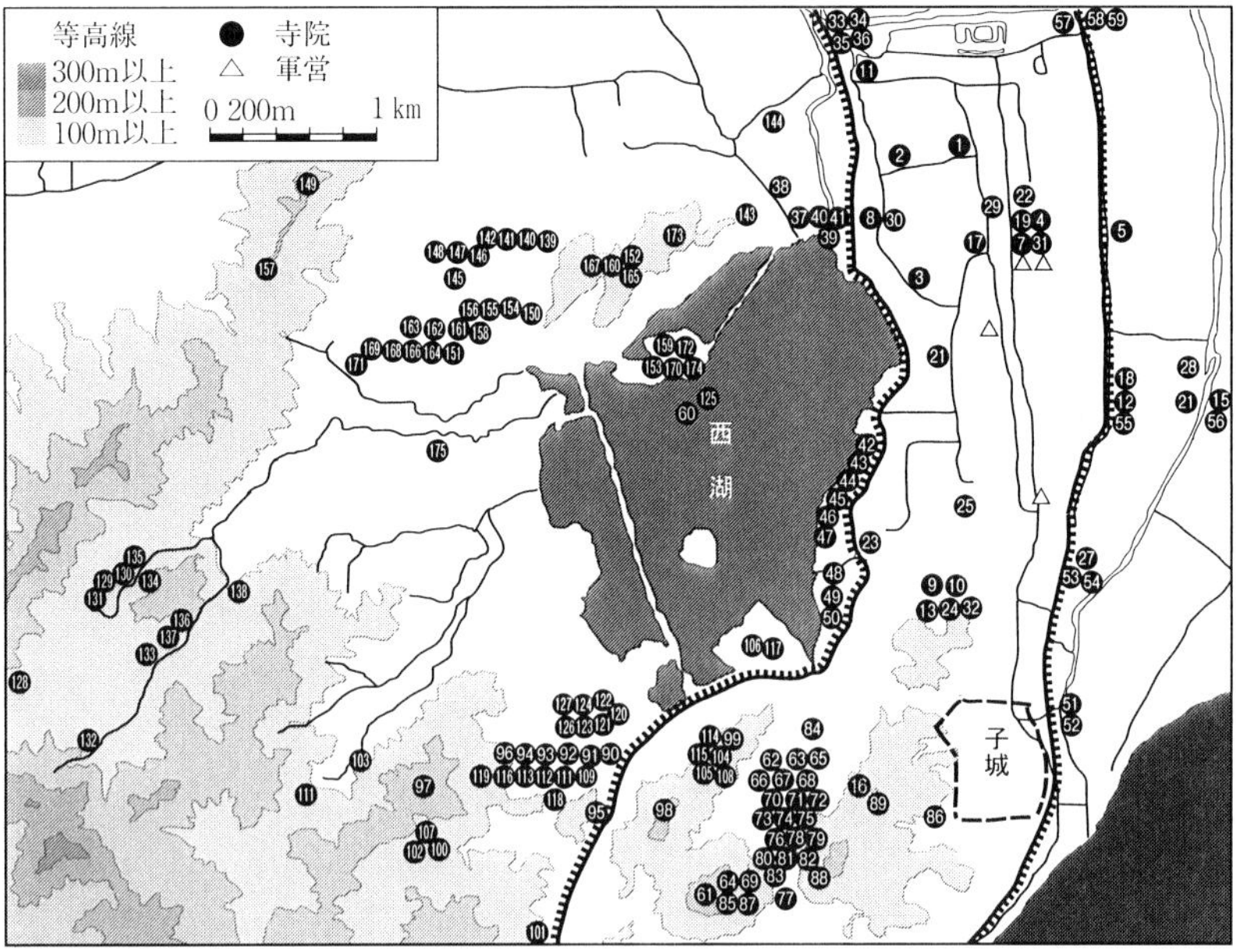

※商務印書館2万2千分の1地図にもとづき製図

杭州城西の西湖ほとりに位置する涌金門外から清波門外にわたって、寺院建立がまとまって見られる。No.49霊芝寺はもと呉越王の御苑であったから、付近に御苑が広がっていただろう。南宋になると、近傍の寺院をまとめて聚景園が造園されたから、涌金門外に御苑が位置するという空間構造は呉越時代に求めることができるだろう。

③図5城外

図5で寺院のおよその位置として確認できるのは、杭州城から臨平鎮へと向かうルート上と、反対に杭州城から銭塘江を遡って富陽県界へとむかうルート上である。東北の臨平に向かっては二六寺、西南の富陽に向かっては四三寺を数える。一方で杭州上から西北の良渚へと向かうルート上には八寺しか確認されない。以上のことから、図5に見られる寺院建立の特徴として

図５　呉越杭州寺院分布地図

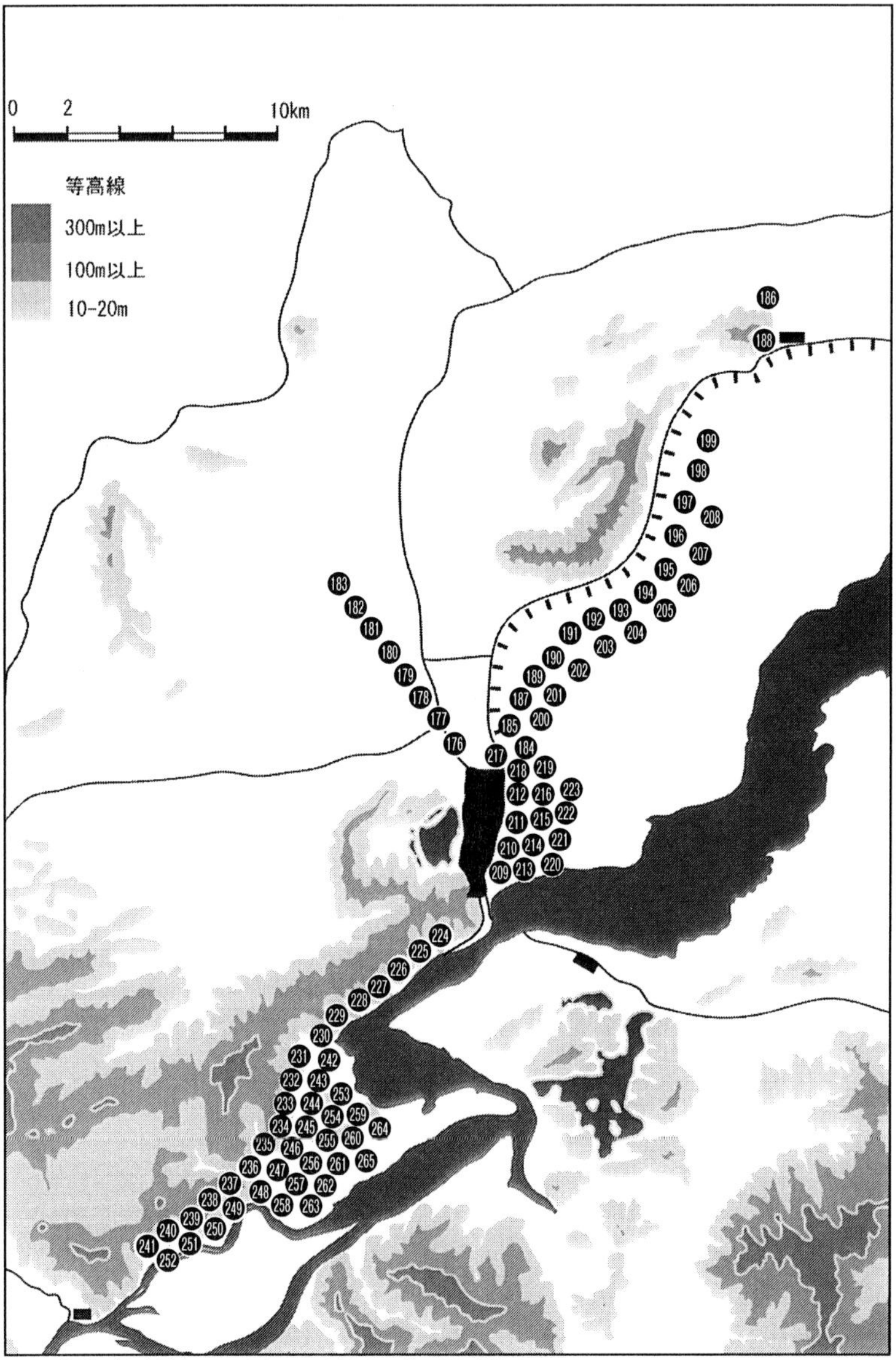

※日本陸地測量部10万分の１地図に基づき製図

運河沿いの臨平から銭塘江上流の富陽にいたる水路上に多く見られることがわかる。呉越国にとって、良渚ルートよりも臨平―杭州―富陽の水上ルートが重要視されたと考えられ、その背景に後者の商業・流通上の重要度を窺い知ることができる。

以上によって、杭州城内では北部に寺院建設が多く見られ、慈雲嶺や銭糧司嶺などの陸路上にも多く確認できること、また杭州を基点に東北の運河から南西の銭塘江上流にいたる重要水陸路上にも寺院建立が多く見られたこと、などの特徴を挙げることができる。つまり呉越国による杭州城内外における寺院建立を通じて、当時重要視された交通・流通ルートを窺い知ることができるのである。

第四節　海域に組み込まれた杭州

これまで行論してきたところを振り返ると、運河都市としてあった杭州が五代の呉越国時代から港湾都市への変貌を図り、その羅城からはじまって捍海塘・浙江口・龍山口などの港湾施設を備えるにいたった。加えて呉越国境域内の諸都市の整備も行う。その歴史的変遷を跡付ければ、杭州が呉越国の首都となることで、より一層に海域に組み込まれていったものとして確認できる。羅城の南面への展開・龍山の包摂は、海域とのかかわりで理解されなければならないし、かつ北面への展開は、南面の港湾部と連繫した居住商業区をより広く内包するものであった。最後に、宋代以降より緊密となる杭州と海域との連繫を展望し、結びに代えたい。

前章で見たように呉越国の生まれる以前の東シナ海域では、すでに広範囲な交易活動が展開されていた。日本や朝鮮半島、渤海、山東などでは、それぞれの地域から商人が海外商業に乗り出していた。一方で南シナ海域での交易も盛んであって、広州や東南アジア諸島がその範囲であった。そして九世紀ごろより、この二つの交易圏が結節する中継点として浙東地方が浮上する。特に越州や明州がその先鋒となって海外との交易を牽引していた。しかしながら、大量にもたらされる交易品は浙東地方のみで消費されるものではない。越州や明州からさらに後背地へと運搬し、売買・消費される必要があったろう。ここに、運河という後背地を豊富に用意する幹線上にあった杭州が海域と結びつく要因を見て取れる。

しかしながら、唐末五代期になると、呉越国は領地の北に敵対する呉＝南唐国を抱えることになる。すると、領土内を走る運河が北は蘇州で止まってしまい、潤州以北とは連繋できずにいた。当時、呉越国は中原王朝より冊封され貢献や進奉を行っていたが、大量の物資運搬も内陸の運河を利用できず、海路を利用するようになる。[63]杭州から銭塘江を下って海域に出て、そして沿岸を走らずに、直接に山東半島へ向かうルートが選択されるにいたった。[64]運河が本来の機能を十全に発揮できず、代わって海域へ窓口を求めた結果であった。

このように、杭州が港湾都市として変貌する背景には、当時の海外交易の状況と大陸での勢力対立があった。このうち、海外交易を行う港湾都市の変遷という視点に立ちながら、東アジア海域の状況を見ておきたい。

a．揚州の退場、明州の登場

唐代において、海域との窓口となった港湾部には、銭塘江河口域を除き、登州・萊州などの山東半島と、揚州・楚州等などの淮河長江河口域、広州などの珠江河口域を挙げることができる。このうち、東シナ海との関係で特に注目されるのが揚州であった（前章〈東アジア海域交易図〉、二五〇頁を参照）。揚州は大運河の中継地でもあり、早くから発展した都市であった。唐代では「揚一益二」と称され、東の揚州と西の益州が大都市として当時から認識されていた。しかしながら揚州の繁栄は運河との関係のみで語ることができるものではなく、特に海域との連繋がその発展を支えていたといえる。ここでは海域との繋がりをよく示す海外商人について注目しよう。

円仁の『入唐求法巡礼行記』には揚州の北の楚州で活躍する新羅人が多見される。そして楚州と山東半島とを商業船が連絡しあい、かつ揚州とも連絡船が行き来していた(65)。新羅人が多く居留する楚州と運河で結ばれた揚州は、当然にその商業活動範囲に入っていたと考えられる。

さらに『旧唐書』巻一二四・田神功伝によれば、安史の乱時、田神功が揚州で略奪を行い、波斯人商胡が何千人も虐殺されたというが(66)、ここから多くの波斯人が居留していたことが窺える。また揚州から出土したペルシアの緑釉陶器が揚州城内を流れる官河付近で発見されており、ペルシア人街・商店が存在したのではないかと考えられている(67)。

また『通典』巻六、食貨、天下諸郡毎年常貢に従えば、南蛮渡来の物と考えられる貢品が揚州よりもたらされている(68)。『入唐求法巡礼行記』巻一、開成四年（八三九）正月七日条には、淮南節度使李徳裕が金剛経を講じて瑞像閣を修築するにあたり、その布施を円仁に求めたところで、

沈弁申して云えらく、相公は一千貫を施す、此の講は一月を以て期と為し、毎月進赴し聴法する人多数、計一萬貫を以て、此閣修むるを得。彼期（波斯）国は千貫銭を出だし、婆国人は二百貫を捨す。今国衆は計りて人数少なし、仍お五十貫を募ると。

沈弁申云、相公施一千貫、此講以一月為期、毎月進赴聴法人多数、計以一萬貫、得修此閣。彼期（波斯）国出千貫銭、婆国人捨二百貫。今国衆計少人数、仍募五十貫者。

と随軍の沈弁は述べ、波斯人や婆国（或いは闍婆国か）人がお布施をしている様を伝える。南方海外商人が揚州に

居住し、揚州の繁栄を支えていたことは間違いないだろう[69]。

しかし、唐代末期にあたる九世紀後半ごろになると、揚州は戦乱の渦中に飲み込まれる。『資治通鑑』巻二五九、昭宗景福元年（八九二）七月丙辰条に、

（楊行密）広陵に至り、表して田頵を宣州に守らしめ、安仁義を潤州に守らしむ。是れより先、揚州の富庶は天下に甲たり、時人称して揚一益二と。秦（彦）・畢（師鐸）・孫（儒）・楊（行密）兵火の餘を経るに及び、江淮の間、東西千里、地を掃くこと盡し。

至広陵、表田頵守宣州、安仁義守潤州。先是、揚州富庶、甲天下、時人称揚一益二。及経秦畢孫楊兵火之餘、江淮之間、東西千里、掃地盡矣。


とあるように、度重なる戦乱で揚州は灰燼に帰した。宋の洪邁は『容斎随筆』の中で、すでに南宋時の揚州は、繁栄した唐代より十分の一もないほどで酸鼻だと嘆いている[70]。

揚州が凋落した原因は、戦乱のみに求められるものではなかった。その自然地理的な要因も大きいとされる。つまり八世紀後半ごろより、長江河口北岸部で砂州が東面へ広がり、揚州が内陸化し、かつ河口までの距離が伸びたため、大型船舶が入港できなくなっていた[71]。つまり港としてみた場合に、八世紀以降の揚州は次第に舟運が困難となり、特に渡海商人を遠ざけていったのである。戦乱に加えて、海から遠く隔たったことが、揚州を衰退へと導く要因であったといえる。

代わって大型船舶が停泊できる自然の良港として注目されはじめたのが、明州であった。明州は八世紀前半期に越州より分離したのち、堤防や水門、運河を整備し、九世紀にかけて急速に都市化が進んだ。明州がとりわけ海域の戸口となった条件として、沿海の十分な水深と、停泊に利便のある舟山群島などが備わっていたことがあ

る[72]が、先のように揚州で戦乱が続き、波斯人などの海外商人が迫害され、かつ揚州の港としての機能低下に直面した結果、彼らが別の港を求めた結果としても考えられる。明州には波斯人街が形成されており、また波斯陶器が明州から出土する[73]など、南シナ海域との交易が確認されている。これらのことから波斯人の交易活動拠点が揚州から明州へ移行していったと思われる。むろん、東シナ海域の朝鮮や日本との交易も明州で盛んに行われるようになった[74]。

そして明州に上がるさまざまなモノ・ヒト・情報は明州でのみ消費できず、明州が含まれる当該地域の中心地へ流れることになる。杭州の港湾機能発達は、こうした明州の発展とその連繫を大きな要因として挙げることが可能である。

またこの時期、杭州城の東に陸地化が進んでいたことが知られる。この一千年紀に見られる杭州湾の土砂堆積の原因は、黄河がもたらす黄土が長江河口で堆積し、それがさらに杭州湾にもたらされた結果にあった[75]。それは八世紀から九世紀にかけても起こっていたと見なしてもよさそうである。黄河のもたらす黄土による海上汚染は、その砂泥が海域に出て南流し長江河口で堆積し、その後に長江の吐き出す土砂も含めて流れ出し、銭塘江河口で堆積して、その北岸での沙漲が始まっていたと考えられる。そしてその結果、杭州の陸地化が進み居住地を確保し、その都市化に拍車をかけ呉越国時代に港湾都市に変貌する契機を与えていた。一方で同時期に長江河口北岸では、その砂漲現象のために揚州が海港としての機能を衰退させており、その沙漲の原因も黄土による海上汚染の結果と見なしてもよいだろう。

このように、八世紀から九・一〇世紀にかけて、大陸東岸の海外交易の場が揚州を中心とした淮河長江河口から、杭州を中心とした銭塘江河口へとシフトし、その過程において杭州が銭塘江河口に点在する諸港の中心港として発展し、宋代には近隣の港を集合した複合的な〝港〟を形成することになったのである。

おわりに

港湾都市としての杭州は、海に直接に面しない銭塘江の河口に位置する港（河口内港）であった。その銭塘江は潮汐により河水の逆流がおこり、南岸の越州とは日に満潮時二回の連絡を取り舟運をはかっていた。その中で、浙江口は沙岸であり沙張現象のために管理維持が重要となる。加えて、浙江口・龍山口からの水路は銭塘江の土砂がたまり易く、総じて決して良港とはいえなかった。しかしながら杭州城の北は運河と連携し、蘇州以北の諸都市を繋ぐ重要なポイントにある。また銭塘江を遡り江南内地へのルート（逆ルートもある）も確立している。これらのルート上に呉越国が寺院を建立していたことはすでに見た。つまり杭州を港湾都市として見るならば、後背地は申し分なく、ただ明州や越州など停泊港としての外港を必要としていた。こうして杭州は、港湾機能を備えることによって、近隣の港を集合し、機能分化した港湾複合体を形成することになる。[76]とりわけ宋代には、全国的統一政権の樹立によって大運河も通流し、杭州が大運河と海域とを繋ぐ重要な中核都市、運河―港湾都市となる。本章では港湾都市としての杭州の出発点を呉越国時代に求め、その港湾施設および寺院建立について考察を行った。港湾都市として出発した杭州は海域と運河および銭塘江を結びつける重要な中核として、宋代に引き継がれてゆくのである。[77]

（1）池田静夫『支那水利地理史研究』（生活社、一九四〇年）。
（2）斯波義信『宋代江南経済史の研究』（汲古書院、一九八八年）。
（3）伊藤宏明「呉越杭州城考」（『鹿児島大学法文学部紀要　人文学科論集』四二、一九九五年）。

（4）木良八洲雄「南宋海港としての臨安」（関西学院大学東洋史学研究室編『関西学院大学東洋史学専修開設30周年記念論集　アジアの文化と社会』法律文化社、一九九五年）。

（5）呉振華『杭州古港史』（人民交通出版社、一九八九年）。

（6）『西湖遊覧志』巻一五、南山分脈城内勝蹟。

（7）『太平御覧』巻七四所引劉道真『銭塘記』、

防海大塘、在県東、去邑一里。往時、郡議曹（信。『水経注』巻四〇、漸江水条、および『後漢書』列伝六一、朱儁伝に付す章懐太子注により補う）華家甚富、乃議立此塘以防海水。始開募有能運土石一斛、即与銭一升。旬日之間、来者雲集、塘未成而譎不復取。於是、載土石者棄置而去、塘以之成。既遏絶潮源、一境蒙利也。

（8）『元和郡県志』巻二五、江南道、

其地本名銭塘、史記云秦始皇東游、至銭塘、臨浙江、是也。漢属会稽、呉志注云、西部都尉理所。陳禎明中置銭塘郡、隋平陳、廃郡為州。……浙江、在（銭塘）県南一十二里。……江源自歙州界東北流経界石山、又東北経州理北、又東北流入於海。

また『旧唐書』巻四〇、地理志、

銭塘、漢県属会稽郡。隋於餘杭県置杭州、又自餘杭移州理銭塘。又移州於柳浦西、今州城是。貞観六年、自州治南移於今所、去州十一里。又移治新城戍。開元二十一年、移治州郭下。二十五年、復還旧所。

（9）『資治通鑑』巻一八一、隋大業六年（六一〇）十二月、

勅穿江南河、自京口至餘杭、八百餘里、広十餘丈。

（10）青山定雄『唐宋時代の交通と地誌地図の研究』（吉川弘文館、一九六三年）。

（11）明・田汝成『西湖遊覧志餘』巻二一、委巷叢談、

潘同浙江論云、胥山西北、旧皆鑿石以為桟道。唐景龍四年、沙岸北漲、地漸平坦、桑麻植焉。州司馬李珦始開沙河。

（12）『咸淳臨安志』巻三八、塘、

沙河塘、唐書地理志、在銭塘県旧治之南五里。潮水衝撃銭塘江岸、奔逸入城、勢莫能禦。咸通二年、刺史崔彦曽開三沙河以決之。曰外沙・中沙・裏沙。

(13) 杜牧『樊川文集』巻一〇、杭州新造南亭子記、
……趙郡李子烈播、立朝名人也、自尚書比部郎中、出為銭塘。銭塘於江南、繁大雅亜呉郡、子烈少遊其地、委曲知其俗蠹人者、剔削根節、断其脈絡、不数月人随化之。三歳干丞相云、濤壊人居、不一銲錮、敗侵不休。詔与銭二千万、築長堤、以為数十年計、人益安喜。

(14) 田汝成『西湖遊覧志餘』巻二一、委巷叢談、
潘同浙江論云、胥山西北、旧皆鑿石以為桟道。……胥山者今呉山也、而俗訛為青山。其時沙河去胥山未甚遠、故李紳詩曰、猶瞻伍相青山廟。又曰、伍相廟前多白浪。景龍沙漲之後、至於銭氏、隨沙移岸、漸至鉄幢、今新岸去胥山已逾三里、皆為通衢。

(15) 『白氏長慶集』巻四一、祭浙江文、
維長慶四年、歳次甲辰、五月己酉朔、四日壬子、朝議大夫・使持節杭州諸軍事・守杭州刺史・上柱国白居易、謹以清酌少牢之奠、敢昭告于浙江神。滔滔大江、南国之紀、安波則為利、洚流則為害。故我上帝、命神司之。今属潮濤失常、奔激西北。水無知也、如有憑焉。浸淫郊鄽、壊敗廬舎、人墜墊溺、籲天無辜。居易祗奉璽書、興利除害、守土守水、職与神同。是用備物致誠、躬自虔禱。庶俾水反帰壑、谷遷為陵、土不騫崩、人無蕩析。敢以醴幣羊豕、沈奠于江。惟神裁之、無忝祀典。尚饗。

(16) 『白氏長慶集』巻六八、銭塘湖石記。

(17) 『文苑英華』巻八〇〇、李華、杭州刺史庁壁記。

(18) 『文苑英華』巻八〇七、沈亜之、杭州場壁記、
……顧杭州雖一場耳、然時南派巨流、走閩禺甌越之賓貨、而塩魚大估、所来交会、毎歳官入三十六萬千計。

(19) 四部叢刊本『呉越備史』（以下同）巻一、大順元年九月、
王命築新夾城、環包氏山洎秦望山而廻、凡五十餘里、皆穿林架険而版築焉。

(20) 『呉越備史』巻一、景福二年七月、
王率十三都兵洎役徒二十餘萬衆、新築羅城。自秦望山由夾城東、亘江干洎銭湖・霍山・范浦、凡七十里。

(21) 愛宕元「唐末五代期における城郭の大規模化——華中・華南の場合——」（初出一九九二年。『唐代地域社会史研究』

同朋舎、一九九七年）。

（22）『文苑英華』巻八一一、羅隠、杭州羅城記、

余始以郡之子城、歳月滋久、基址老爛、狹而且卑、毎至点閲士馬、不足廻転。遂与諸郡聚議、崇建雉堞、夾以南北、矗然而峙、辂蔵得以牢固、軍士得以帳幕、是所謂固吾圉。……後始念子城之謀、未足以為百姓計。東眄巨浸、輳閩夷之舟櫓、北倚郭邑、通商旅之宝貨。苟或侮劫之不意、攘偸之無状、則向者吾皇優詔、適足以自栄。……綿亘若干里、其高若干丈、其厚得之半。民庶之負販、童髦之緩急、燕越之車蓋、及吾境者、俾無他慮。千百年後、知我者以此城、罪我者亦以此城。苟得之於人、而損之己者、吾無愧歟。某年月日記。

（23）魏嵩山「杭州城市的興起及其城区的発展」（『歴史地理』一、一九八一年）。

（24）伊藤宏明「呉越杭州城考」（『鹿児島大学法文学部紀要（人文学科論集）』四一、一九九五年）。

（25）闕維民『杭州城池曁西湖歴史図説』（浙江人民出版社、二〇〇〇年）には、隋唐から明清までの杭州城復原図が幅ひろく蒐集されており参考に資するところが多いが、特に呉越国時代の羅城に関しては諸説紛々たる観がある。

（26）明・朗瑛『七修類稿』巻六、銭氏杭城門名。

（27）『七修類稿』巻六、銭氏杭城門名。

（28）『咸淳臨安志』巻二二、虎林山、

在太一宮高士堂後。……（原注）按高士楊至質記（虎林）亭始末謂、嘗訪之耆旧、知銭氏有国時、此山夐在郭外、叢薄蒙密、異虎出焉。

（29）『咸淳臨安志』巻三〇、東西馬塍、

在餘杭門外。……或云塍当為城、蓋銭王旧城。餘杭門外、元自有北関門、今夾城巷、乃故基也。地与此相接。

（30）『夢粱録』巻十八、獣之品、

馬、昔呉越銭王牧馬於銭塘門外東西馬塍、其馬蕃息至盛、号為馬海。

（31）『西湖遊覧志』巻二一、東西馬塍。

（32）『呉越備史』巻一、開平四年八月、

始築捍海塘。王因江濤衝激、命強弩以射濤頭、遂定其基。復建候潮・通江等城門。

(33) 浙江省文物考古研究所「五代銭氏捍海塘発掘簡報」(『文物』、一九八五年第四期)。

(34) 宋・沈括『夢渓筆談』巻十一、官政、

銭塘江、銭氏時、為石堤。堤外又植大木十餘行、謂之滉柱。

(35) 清・銭文瀚『捍海塘志』所引銭維演「曽大父武粛王築捍塘遺事」、

又大竹破之為器、長数十丈、中実巨石、取羅山大木、長数丈、植之横為塘。依匠人為防之制、内又以土填之、外用木立於水際、去岸二丈九尺。

(36)『咸淳臨安志』巻二三、秦望山、

晏公云、近東南有羅刹石、大石崔嵬、横截江濤、商船海舶、経此多為風浪傾覆。因呼為羅刹。…開平中為潮沙漲没。

(37)『捍海塘志』所引『北夢瑣言』、

杭州連歳潮頭直打羅刹石、呉越銭尚父俾張弓弩、候潮至、逆而射之。由是漸退、羅刹石化而為陸地、遂列廛庾焉。

(38) 清・翟均廉『海塘録』巻九、古蹟門

徐一夔銭塘鉄箭弁、旧臨安志云、郡人相伝、呉越王鏐用強弩射潮、箭止処立鉄幢識之。又云銭氏子孫言築時高下置鉄幢三、以為水則。①在今利津橋北者其一也。旧名其地為鉄幢浦。幢制首円如杵、径七八寸許、出土約三尺餘。其址入土不知幾許。故老又云、初制幢時、塘猶未成、慮潮盪幢用鉄輪護幢趾、而以鉄絙貫幢幹、且引絙維于塘上下之石鍵、然後実土築塘故幢首出土云。此説是也。宋淳祐間、趙安撫与籌、買民地作亭覆幢。今亭廃為民居。独存窪地、而鉄幢之首嶄然出窪地可験。幢本有三、故老云、②一在旧便門街東南小巷、今其巷尚名鉄箭。③一在旧薦橋門外、皆湮塞于民居。僅存其在利津橋者、又為民居所蔽、若不表識、久亦湮塞、此実幢鏃首。(丸数字は復原図に対応する、引用者注)

(39) 復原図で示した「鉄幢4」とは、清・丁丙『武林坊巷志』第三冊、斯如坊三、箭道巷に、

按、箭道巷、又名剪刀巷。東出崇正街、西北通部院倉橋街。古迹有埋箭亭。

とある箭道巷を示す。著者の丁丙は、安撫使趙与籌の築いた亭をこの地に求めたが、『咸淳臨安志』や右記の徐一夔「銭塘鉄箭辨」とは見解を異にする。参考として記しておいた。

(40)『夢粱録』巻十一、堰閘渡、

浙江渡、在浙江亭江岸、対西興。

(41)『神州古史考』樟亭、

謹按古樟林桁也。唐曰樟亭駅。異苑云、晉時、銭塘浙江有樟林桁、大船毎有来者、輒漂盪揺揚、而不可禁、嘗鳴鼓銭塘江頭、淩浪如故。惟船吏章粤能相制伏、及粤死、遂廃去。

(42)『白氏長慶集』巻十三、「宿樟亭駅」、および巻二〇、「花楼望雪命宴賦詩」など。

(43)『呉越備史』巻一、光啓三年十月条、

周宝遂帰于王、王以属郡礼、具櫜鞬迎之於郊。仍舍于樟亭駅。

(44)『夢粱録』巻十、館駅、

樟亭駅、即浙江亭也。在跨浦橋南江岸。凡宰執辞免、各出居此駅待報矣。

(45)『海塘録』巻七、名勝門、

龍山、咸淳臨安志在嘉会門外、去城十里、一名臥龍山。萬暦銭塘県志、育王山、俗称鍋子山、去城十里、而近壁立尖聳、特異諸山、有台曰登雲（原注。銭王建郊天地之所也。又名拝郊台）、有洞曰霊化（在台側武粛王勒壁存焉。洞深百歩、濶十餘丈）、……前有亀疇田、宋郊壇也。

(46)呉之鯨『武林梵志』巻二、六和塔、

在月輪峰傍。宋開宝三年、智覚禅師建。先是、梁開平五年、呉越王於仁王廃院掘地、得大銭以為瑞応、因建大銭寺、設宝幢二座於寺門。入宋、寺廃。智覚禅師乃即銭氏南果園建塔、以鎮江潮。

(47)前掲注(25)闕維民書。

(48)海域において白塔が舟運のランドマークとなっていた。『至元嘉禾志』巻四、白塔山に、

考証、山上有白塔、因名。旧有港、通魯浦、名曰白塔潭、海舟多泊焉。

とあるように、杭州城東部の嘉興県管内にある白塔も、停泊港を示す指標となっていた。

(49)清・梁詩正・沈徳潜『西湖志纂』巻六、南山勝蹟に、

出清波門、折而南、由方家峪、過慈雲嶺、経龍山、至閘口、為南山中路。

とあるように、慈雲嶺が龍山口へと向かう陸路通過点であった。

(50)『両浙金石志』巻四、呉越武粛王開慈雲嶺記、
梁単閼之歳、興建龍山、至涒灘之年、開慈雲嶺、使建西関城宇・台殿水閣、今勒貞珉、用紀年月、甲申歳六月十五日、呉越国王記。

右刻在西湖慈雲嶺山石壁。……蓋興建龍山、始於梁貞明五年、至是又開嶺建西関城宇等。
(51)『西湖遊覧志』巻五、銭糧司嶺、
呉越王建司於此、以徴山課。
(52)『夢粱録』巻十一、堰閘渡、
龍山渾水閘・清水閘在龍山、浙江清水渾水二閘、在便門外、…浙江渡在浙江亭江岸、対西興、龍山渡在六和塔開化寺山下、対漁浦。
(53)『嘉泰会稽志』巻一、古城、
西陵城、蕭山県西一十二里。……則西陵、即王(銭鏐)屯兵之所。今城基在明化寺之南、居民猶有得其断甎遺甓者。初武粛王既都銭塘、僭名西都、以為西陵非吉語、遂改曰西興云。
(54)越州蕭山県には漁浦と漁浦鎮が別に存在していた。『嘉泰会稽志』巻十、蕭山県・水に、
漁浦、在県西三十里。
と蕭山県の西三〇里に漁浦があった。一方の漁浦鎮は、『会稽志』巻十二、蕭山県・鎮に、
魚浦鎮、在県南三十五里。
とあり、県の南三五里ほどの地点にあり、税場や酒務が置かれていた。
(55)蘇軾『東坡全集』巻五九、乞相度開石門河状、
臣昔通守此邦(杭州)、今又忝郡寄、二十年間、親見覆溺無数。自温台明越往来者、皆由西興径渡、不渉浮山之嶮、時有覆舟、然尚希少。自衢睦処婺宣歙饒信及福建路八州往来者、皆出入龍山、沿泝此江、江水灘浅、必乗潮而行。
(56)『五代史補』巻五、契盈属対、
僧契盈、閩中人。……広順初遊戯銭塘。一日、陪呉越王、遊碧波亭。時潮水初満、舟楫輻輳、望之、不見其首尾。
(57)『旧唐書』巻三八、地理志。

(58)『宋史』巻八八、地理志、及び『元豊九域志』巻五、両浙路。ただしこの両浙路は熙寧七～十年（一〇七四～一〇七七）にかけて分離統合を繰り返している。また、もとは杭州では両浙西路兵馬鈴轄、越州では両浙東路兵馬鈴轄が据えられており、軍事に関して両浙路は単一化していない。路制は諸監司の分掌にもとづき運営がなされ、路内の行政は単一化しないのが特徴であった。梅原郁「第三章　差遣――職事官の諸問題」（『宋代官僚制度研究』同朋舍、一九八五年）を参照。さりながら、両浙路という単一路が存在することも確かであるから、路制の複層性について注目されてもよいと思う。

(59)前掲注(24)伊藤論文。

(60)『西湖遊覧志』巻二〇、北山分脈城内勝蹟。

(61)前掲注(23)魏論文。

(62)斯波義信「宋都杭州の商業核」（『宋代江南経済史の研究』汲古書院、一九八八年）。

(63)『資治通鑑』巻二七〇、貞明四年（九一八）十一月、

先是、呉越王鏐常自虔州入貢、至是道絶、始自海道出登・莱、抵大梁（胡注：此即閩越入貢大梁水程也。但呉越必就許浦或定海就舟、水程比閩為近耳）。

(64)『旧五代史』巻二〇、司馬鄴伝、

（開平）三年、使于両浙。……復命則備舟楫、出東海、至于登莱。而揚州諸歩多賊船、過者不敢循岸、必高帆遠引海中、謂之入陽、以故多損敗。

この場合は、山東半島より杭州（両浙）へ向かうルートだが、逆ルートも想定されるだろう。

(65)堀敏一「唐代新羅人居留地と日本僧円仁入唐の由来」（『古代文化』五〇―九、一九九八年九月）。

(66)『旧唐書』巻一二四、田神功伝、

（田神功）至揚州、大掠百姓商人資産、郡内比屋発掘略徧、商胡波斯被殺者数千人。

(67)何翠媚著、佐々木達夫・波頭桂訳「九―一〇世紀の東アジアにおける西アジア陶器の意義」（『貿易陶磁研究』一四、一九九四年）。

(68)『通典』巻六、食貨、天下諸郡毎年常貢、

広陵郡（揚州）。貢蕃客錦袍五十領　錦被五十張　半臂錦百段　新加錦袍二百領……。

(69)『冊府元亀』巻一七〇、帝王部・来遠に、

文宗太《ママ》和八年（八三四）二月庚寅、詔南海蕃舶、本以慕化而来、固在接以恩仁、使其感悦。如聞比年長吏多務徴求、嗟怨之声、達於殊俗。况朕方宝勤倹、豈愛遐琛。深慮遠人未安、率税尤重、思有矜恤、以示綏懐。其嶺南・福建及揚州蕃客、宜委節度観察使、除舶脚収市進奉外、任其来往自為交易、不得重加率税。

とあって、南方の蕃客が当時、広州・福州・揚州に点在していた。桑原隲蔵『蒲壽庚の事蹟』（平凡社、一九八九年）を参照。それら諸州の蕃客が連繫しあって、南シナ海交易を展開していたと思われ、その最北の蕃客居住地が揚州であったと考えられる。

(70) 宋・洪邁『容斎随筆』巻九、唐揚州之盛、

唐世、塩鉄転運使在揚州、尽斡利権、判官多至数十人、商賈如織。故諺称揚一益二、謂天下之盛、揚為一而蜀次之也。……自畢師鐸・孫儒之乱、蕩為丘墟。楊行密復葺之、稍成壮藩、又燬於顕徳。本朝承平百七十年、尚不能及唐之什一、今日真可酸鼻也。

(71) 愛宕元「唐代の揚州城とその郊区」（初出一九八四年。『唐代地域社会史研究』同朋舎、一九九七年）。

(72) 斯波義信「港市論——寧波港と日中海事史——」（荒野泰典・石井正敏・村井章介編『アジアのなかの日本史Ⅲ　海上の道』東京大学出版会、一九九二年）。

(73) 寧波市文物考古研究所「浙江寧波市唐宋子城遺址」（『考古』、二〇〇二年第三期）。

(74) 林士民「唐・呉越時期浙東与朝鮮半島通商貿易和文化交流之研究」（『海交史研究』、一九九三年第一期）、榎本渉「明州市舶司と東シナ海交易圏」（初出二〇〇一年。『東アジア海域と日中交流——九～一四世紀』吉川弘文館、二〇〇七年）を参照。

(75) Mark Elvin and Su Ninghu, "The influence of the Yellow river on Hangzhou bay since A.D. 1000", *Sediment of Time*, Cambridge university, 1998.

(76) 港湾複合体については深沢克巳『海港と文明——近世フランスの港町』（山川出版社、二〇〇二年）を参考とした。

(77) 北宋杭州の状況については、拙稿「従蘇軾政治過程及其対策来看北宋杭州」（『中日学者論中国古代城市社会』三秦出版社、二〇〇七年）を参照。

表1　呉越杭州寺院表

No.	区域	仏寺名	成立年	所在地	備考	以後	典拠
1	城内	浄住寺	梁武帝建立。旧名慈光寺	観橋西北、報恩坊内	銭氏改名	紹興年間、寺を三分割して貢院に	西志二一
2	城内	龍興寺（大中祥符律寺）	大同二	祥符橋付近	銭王九十九眼井を掘る		備史一・武志二・西志二一
3	城内	千頃院（千頃広化院）	開平元（九〇七）	徳化坊（紀家橋南）	銭鏐建立		十国七七・武志一
4	城内	妙慧院	開平元（九〇七）	褚家塘	銭氏建立	南渡後、御園	西志一八
5	城内	帰徳院（潮鳴寺）	貞明元（九一五）	慶春門外北、回龍橋南	銭氏建立	南宋高宗、一時駐蹕	西志一八・咸淳志八一
6	城内	翠峰寺（宝界院）	貞明（九一五～二〇）	城中		治平年間に艮山門外に	西志一九・咸淳志八一
7	城内	上方多福院（七宝寺）	龍徳元（九二一）	塩橋東	銭鏐建立		十国七八・武志一
8	城内	青蓮寺（浄戒院）	龍徳二（九二二）	車橋北、太一宮北	銭氏建立		西志二一・咸淳志七六
9	城内	瑞像院（宝月院）	龍徳三（九二三）	宝月山、黒龍潭東	銭氏建立		咸淳志七六
10	城内	瑞慶（隆）院（広・宝厳院）	清泰元（九三四）	七宝山	銭元瓘建立	南渡後、二分して御厨営に	西志一一・咸淳志七六・武志一（清泰二年につくる）
11	城内	普光院（翔鸞院）	清泰元（九三四）	餘杭門内	銭氏建立		咸淳志七六
12	城内	報恩院（華蔵寺）	清泰二（九三五）	横河橋東	銭元瓘建立		西志一八・武志一・咸淳志八一
13	城内	金地寺（妙果院）	清泰二（九三五）	金地山	銭氏建立		咸淳志八二
14	城内	衆安院（智聖院）	天福二（九三七）	城中	銭氏建立	南渡後、秀邸が家廟を建てる	咸淳志七六

15	城内	観音院（長寿院）	天福三（九三八）	螺螄橋東	銭元瓘建立		咸淳志八一
16	城内	丁山羅漢院	天福三（九三八）	丁山（鳳凰山傍？）	銭元瓘建立		咸淳志八一
17	城内	天長浄心寺	天福四（九三九）	仁和北壁、後洋街	銭氏建立	南渡後、軍寨とする	十国七九・武志一
18	城内	崇新院（悟空寺）	天福七（九四二）	淳祐橋東	僧斉教建立		西志一八・武志一・咸淳志八一
19	城内	報国千仏院（普照院）	天福八（九四三）	塩橋北	銭弘佐建立		十国八〇・武志一
20	城内	華厳院	天福（九三六～四三）	井亭橋西			西志一三
21	城内	法燈寺（長明寺）	天福（九三六～四三）	螺螄門内	開宝四年銭弘俶改名		西志一八・武志一
22	城内	華蔵院（白蓮寺）	開運元（九四四）	仙林橋東	銭弘佐建立		西志一八・武志一
23	城内	奉国尼寺（浄因寺）	顕徳元（九五四）	清波門北	銭弘俶建立杭州府庁		備史五・乾道志二
24	城内	金地尼寺（妙果院）	顕徳元（九五四）	金地山	銭弘俶建立		備史五・咸淳志八一
25	城内	光相院（光相寿昌院）	建隆元（九六〇）	城内	銭弘俶建立	中興の初め、秘書省となる	咸淳志七六
26	城内	報国羅漢院（広慧院）	乾徳元（九六三）	城内	呉越薛温邸宅を喜捨し建立		咸淳志七六
27	城内	東岡寺	乾徳元（九六三）	獅子巷西	徳法師建立		武志一
28	城内	還郷院（永寧院）	乾徳二（九六四）	馬婆巷	銭弘俶建立		咸淳志八一
29	城内	吉祥律寺	乾徳三（九六五）	安国坊	呉越薛温土地を喜捨し建立	南渡後、文思院・軍頭司となる	十国八六・武志一
30	城内	青蓮寺	乾徳（九六三～七）	車橋北	銭氏建立		西志二一

31	城内	崇福庵	開宝三（九七〇）	平安坊	僧義宣教法師建立		武志一
32	城内	石仏智果院（海会寺）	？	呉山	呉越王建立		西志一二
33	武林門外	定光寺	天福四（九三九）	武林門外、清湖中閘上関門巷			武志四
34	武林門外	法雲寺	天福五（九四〇）	武林門北、帰錦橋西、草営巷	銭元瓘建立		西志一八・二三・武志四
35	武林門外	傾心寺（広教寺）	天福六（九四一）	武林門北、北新橋東	銭元瓘建立		西志二三・武志四・咸淳志八一
36	武林門外	広教院	天福（九三六～四三）	餘杭門外江漲橋東	呉越王建立		咸淳志八一
37	銭塘門外	昭慶律寺	天福三（九三八）	溜水橋付近	銭元瓘建立		十国七九・武志五
38	銭塘門外	儲（精）修院（精進院）	開運元（九四四）	昭慶律寺西北、溜水橋東			西志八・咸淳志八〇
39	銭塘門外	観音院（九曲法済院）	乾徳元（九六三）	銭塘門外	銭氏建立		西志二一・咸淳志七九
40	銭塘門外	応天院（宝勝院）	乾徳五（九六七）	石函橋西	銭弘俶建立		咸淳志八〇
41	銭塘門外	恵厳寺（菩提律寺）	太平興国二（九七七）	銭塘門外	銭惟演別荘喜捨建立		武志一・西志八
42	涌金門外	資福院（慧明院）	天福五（九四〇）	涌金門外		紹興間、聚景園とする	咸淳志七九
43	涌金門外	釈迦院（宝成寺）	天福（九三六～四三）	涌金門外—銭湖門、宝蓮山	呉越王妃仰氏建立		西志一二・咸淳志七九
44	涌金門外	水心寺（水心保寧寺）	天福（九三六～四三）	涌金門外—銭湖門		紹興年間、聚景園に入る	咸淳志七九
45	涌金門外	護国羅漢院（法善院）	広順元（九五一）	涌金門外—銭湖門		聚景園とする	咸淳志七九
46	涌金門外	興福院	開宝二（九六九）	涌金門外—銭湖門	銭弘俶建立	聚景園とする	咸淳志七九

47	涌金門外	霽芝寺（霽芝崇福寺）	太平興国元（九七六）	涌金門外	もと呉越王故苑、銭弘俶建立		咸淳志七九・西志三（広順元年につくる）
48	清波門外	土宿院（延聖寺）	乾徳（九六三～七）	清波門外	銭弘俶建立		西志一九・武志二
49	銭湖門外	超化院	顕徳六（九五九）	雀馬院内（銭湖門外）	銭氏建立		咸淳志七八
50	銭湖門外	羅漢院（正覚寺）	乾徳二（九六四）	雀馬院内（銭湖門外）	銭氏建立		咸淳志七八
51	候潮門外	普済寺	太平興国元（九七六）	候潮門外普済橋正面	銭弘俶建立		武志二・咸淳志八一
52	候潮門外	寧邦院（福昌院）	太平興国三（九七八）	候潮門外	薛忠邸宅を喜捨し建立		咸淳志八一
53	草橋門外	慧安寺	天福（九三六～四三）	草橋門外羅木営地			西志一八
54	新門外	慈済寺（慈雲寺）	顕徳二（九五五）	新門外	僧円覚建立		西志一八・武志一・咸淳志八一
55	崇新門外	崇寿院（宝梵寺）	天福九（九四四）	崇新門外	銭氏建立		咸淳志七六・西志一八（天福初につくる）
56	清泰門外	永慶寺	開宝二（九六九）	清泰門外			武志二
57	艮山門	長生寺	顕徳四（九五七）	艮山門	銭弘俶建立	紹興一九年、九宮壇殿斎宮とする	西志一八・咸淳志八一
58	艮山門外	崇寿寺（因果寺）	開運二（九四五）	艮山門外	銭弘佐建立		西志一九・咸淳志八一
59	艮山門外	観音院（棲禅院）	？	艮山門外半里	呉越王建立		咸淳志八一
60	西湖	湖心寺（湖心亭）	？	湖中今亭？			十国八九・武志三
61	慈雲嶺—龍山	天真禅寺	龍徳（九二一～二三）中	龍山山頂	銭鏐建立		十国七八・西志六

62	慈雲嶺—龍山	宝蔵院	長興元(九三〇)	慈雲嶺—方家峪	銭鏐建立	武粛王祠・碑あり	咸淳志七七
63	慈雲嶺—龍山	千春龍冊寺(天華寺)	清泰元(九三四)	慈雲嶺—龍山	銭元瓘建立		咸淳志七七
64	慈雲嶺—龍山	千春寺(天華寺)	清泰二(九三五)	龍山	銭元瓘建立		十国七九・武志二
65	慈雲嶺—龍山	普済院(宝恵院)	天福二(九三七)	慈雲嶺—龍山	銭元瓘建立		咸淳志七七
66	慈雲嶺—龍山	妙厳院(広厳院)	天福二(九三七)	方家峪—慈雲嶺			咸淳志七七
67	慈雲嶺—龍山	広済院(浄明院)	天福七(九四二)	慈雲嶺—龍山	銭弘佐建立		咸淳志七七
68	慈雲嶺—龍山	資賢寺(上石龍永寿寺)	天福七(九四二)	慈雲嶺	銭弘佐建立		咸淳志八二
69	慈雲嶺—龍山	龍華宝乗(勝)院(龍華寺)	開運元(九四四)	龍山	銭弘佐瑞萼園を喜捨建立		十国八〇・武志二・咸淳志七七(開運二年につくる)
70	慈雲嶺—龍山	資崇院(法雲院)	開運元(九四四)	慈雲嶺—龍山	銭弘佐建立		咸淳志七七
71	慈雲嶺—龍山	普済院(道林院)	広順元(九五一)	慈雲嶺—龍山、普寧庵西	銭弘俶建立		武志二・咸淳志七七
72	慈雲嶺—龍山	多宝院(水燈広教院)	広順元(九五一)	慈雲嶺—龍山	銭弘俶建立		咸淳志七七
73	慈雲嶺—龍山	妙能院(妙覚院)	顕徳元(九五四)	慈雲嶺—龍山	銭弘俶建立		咸淳志七七
74	慈雲嶺—龍山	西蓮院(西蓮瑞相院)	顕徳元(九五四)	方家峪—慈雲嶺	銭弘俶建立		咸淳志七七
75	慈雲嶺—龍山	顕明院(大通院)	顕徳二(九五五)	慈雲嶺—龍山	銭弘俶建立		咸淳志七七
76	慈雲嶺—龍山	興慶院(西林法恵院)	乾徳元(九六三)	方家峪—慈雲嶺	銭弘俶建立		咸淳志七七
77	慈雲嶺—龍山	天龍寺(感業寺)	乾徳三(九六五)	慈雲嶺南	銭弘俶建立		十国八一・武志二・咸淳志七七
78	慈雲嶺—龍山	興慶寺(西林法恵院)	乾徳三(九六五)	方家峪辺	銭弘俶建立		西志六・武事五
79	慈雲嶺—龍山	南塔寺(梵天講寺)	乾徳四(九六六)	鳳凰山南西	銭弘俶建立		十国八一・武志二
80	慈雲嶺—龍山	般若院	乾徳四(九六六)	龍山付近	銭王の子秦王建立		西志六・咸淳志七七

81	慈雲嶺―龍山	広福院（広慈院）	乾徳四（九六六）	方家峪―慈雲嶺	銭弘俶建立		咸淳志七七
82	慈雲嶺―龍山	広福院（奉聖禅寺）	開宝三（九七〇）	鴻鴈池北	一真法師建立		武志二・咸淳志三八・七七
83	慈雲嶺―龍山	奉慶院（真覚院）	開宝八（九七五）	慈雲嶺―龍山			咸淳志七七
84	慈雲嶺―龍山	香刹院（広教院）	太平興国二（九七七）	方家峪口	銭鄧王建立		咸淳志七八
85	慈雲嶺―龍山	妙因院	？	龍山	熙寧時、表忠観となる		十国八二・西志六
86	慈雲嶺―龍山	聖果寺	？	鳳凰山右	僧文喜（無著禅師）	中興後、殿前司を置く	十国八九・咸淳志七六
87	慈雲嶺―龍山	宝恵院	？	龍山付近	呉越王建立		西志六
88	慈雲嶺―龍山	資仁院（永寿禅寺）	？	慈雲嶺	呉越王建立		武志二
89	慈雲嶺―龍山	崇聖院	？	鳳凰山	呉越王建立		咸淳志八一
90	南山―龍井	瑞龍寺（修吉寺）	天成二（九二七）	南山―龍井	銭鏐建立	安穆・成恭・慈懿・恭淑皇后の欑宮があった	咸淳志七八
91	南山―龍井	天王院（恵照院）	天成三（九二八）	南山―龍井	銭鏐建立	紹興二年斎宮に	咸淳志七八
92	南山―龍井	南山昭慶寺	長興三（九三二）	南山	呉越王建立		咸淳志七八
93	南山―龍井	報慈院（法因院）	長興四（九三三）	南山―龍井	銭元瓘建立、銭王井あり	嘉定十三年、景献太子欑所	咸淳志七八
94	南山―龍井	円興院（満覚院）	天福四（九三九）	南山―龍井			咸淳志七八
95	南山―龍井	甘露寺（広沢禅寺）	天福六（九四一）	銭糧司嶺西	銭元瓘建立		十国七九・西志五
96	南山―龍井	雲龍院（法雨院）	天福六（九四一）	南山―龍井			咸淳志七八
97	南山―龍井	南高峰栄国寺	天福（九三六〜四三）	南高峰			咸淳志七八

98	南山—龍井	法因寺	銭伝瓘時	九曜山	銭元瓘建立、銭王井あり		西志三
99	南山—龍井	宝相寺華蔵院	開運元(九四四)	南屏山	銭弘佐建立		十国八〇・西志三
100	南山—龍井	烟霞寺	開運元(九四四)	煙霞嶺東	僧彌洪結庵		武志三
101	南山—龍井	薦福院(襲慶禅寺)	開運二(九四五)	大慈山西南	銭弘佐建立		武志二・西志五・咸淳志七八
102	南山—龍井	西関浄心禅院	開運(九四四～六)	煙霞嶺水楽洞	呉越王建立		西志三・咸淳志七八
103	南山—龍井	報国看経院(延恩衍慶寺)	乾祐二(九四九)	風篁嶺	居民凌霄ら建立		武志三・西志四・咸淳志七八
104	南山—龍井	空律寺	広順元(九五一)	南屏山	銭弘俶建立		十国八一・西志三
105	南山—龍井	白蓮寺(普寧寺)	広順元(九五一)	南屏山			西志三
106	南山—龍井	安呉寺(普寧寺)	広順元(九五一)	雷峰塔下			咸淳志七八
107	南山—龍井	煙霞院(清修院)	広順三(九五三)	南山—龍井	銭弘俶建立		咸淳志七八
108	南山—龍井	慧日永明院(浄慈寺)	顕徳元(九五四)	南屏山	銭弘俶建立		十国八一・西志三・咸淳志七八
109	南山—龍井	瑞相院(浄相院)	顕徳三(九五六)	南山—龍井	銭弘俶建立		咸淳志七八
110	南山—龍井	棲真院(崇報顕慶院)	顕徳四(九五七)	放馬場		紹定三年皇子永王・祁王の欑所とする	咸淳志七八
111	南山—龍井	資慶寺(法空寺)	顕徳五(九五八)	南山—龍井	銭弘俶建立		咸淳志七八
112	南山—龍井	普門院(正済院)	乾徳二(九六四)	南山—龍井	銭弘俶建立		咸淳志七八
113	南山—龍井	法明院(法興院)	乾徳二(九六四)	南山—龍井	銭弘俶建立		咸淳志七八
114	南山—龍井	法性寺	乾徳五(九六七)	南屏山	銭弘俶建立		西志三
115	南山—龍井	善慶寺(興教寺)	開宝五(九七二)	南屏山	銭弘俶建立		咸淳志七八

116	南山―龍井	総持寺（宝林院）	開宝六（九七三）	西湖南山？	銭弘俶建立		十国八二・武志二・咸淳志七八
117	南山―龍井	雷峰顕厳院	開宝（九六八～七五）	雷峰塔下	銭弘俶建立		十国八三・武事五・咸淳志七八
118	南山―龍井	石屋院（大仁禅寺）	広運（九七四～七九）	石屋嶺	呉越王建立		西志三・武志三・咸淳志七八
119	南山―龍井	瑞峰院（浄梵院）	広運（九七四～七九）	南山―龍井	呉越王建立		咸淳志七八
120	城西	瑞峰宝林院（浄梵院）	天成二（九二七）	赤山	銭鏐建立		十国七八・西志四
121	城西	恵因寺（高麗寺）	天成二（九二七）	玉岑山北	銭鏐建立		十国七八・武志三・咸淳志七八
122	城西	長耳相院（法相院）	天福四（九三九）	赤山恵因寺北	長耳和尚		武志三・咸淳志七八
123	城西	保（宝）慶院（保福院）	乾祐元（九四八）	赤山付近	銭弘俶建立		咸淳志七八・西志四
124	城西	恵徳塔（六通慈徳院）	乾祐二（九四九）	長耳相庵内恵因寺北	銭弘俶建立	嘉泰四年皇子保寧軍節度使櫕所となる	咸淳志七八・西志四
125	城西	香積院（仙林定香院）	乾徳四（九六六）	西湖上	許王建立		武志二・咸淳志八一
126	城西	広法院	開宝七（九七四）	赤山			咸淳志七八
127	城西	香龕寺（広果寺）	開宝八（九七五）	恵因橋北	銭弘俶建立	紹興間、別試院とする	咸淳志七八・西志四
128	霊隠山―上竺	無著院（無垢寺）	光化二（八九九）	石人峰	無著喜禅師道場		十国八九・武事五・咸淳志七八
129	霊隠山―上竺	資厳院（普円院）	天福二（九三七）	霊隠山西？	黄氏重建 or 銭元瓘建立		咸淳志七九
130	霊隠山―上竺	大明院（北資聖院）	天福二（九三七）	霊隠寺西？	銭元瓘建立		咸淳志七九

131	霊隠山―上竺	広厳院(法安院)	天福三(九三八)	霊隠寺西	銭元瓘建立	乾道九年、咸安郡王士銖の功徳院となる	咸淳志七九
132	霊隠山―上竺	天竺道場(上天竺寺)	天福四(九三九)	霊隠山西南	銭元瓘建立		十国七九・武志五
133	霊隠山―上竺	光福院(顕親多福院)	天福五(九四〇)	飛来峰―上竺	銭元瓘建立		咸淳志八〇
134	霊隠山―上竺	霊鷲寺(霊鷲興聖寺)	開運二(九四五)	霊隠山合澗橋辺	銭弘佐建立		西志一〇
135	霊隠山―上竺	雲隠寺	建隆元(九六〇)	霊隠山南麓	銭弘俶重建		十国八一・武志五
136	霊隠山―上竺	崇寿院(中天竺寧万寿永祚禅寺)	太平興国元(九七六)	飛来峰―上竺			咸淳志八〇
137	霊隠山―上竺	多福院	?	中天竺寺付近			西志一一
138	霊隠山―上竺	五百羅漢院(下天竺寺)	?	下天竺			武事五
139	銭塘門―西渓	涌泉院(清心院)	天福五(九四〇)	銭塘門外―西渓			咸淳志八〇
140	銭塘門―西渓	永福院(崇真院)	天福六(九四一)	銭塘門外―西渓	銭元瓘建立		咸淳志八〇
141	銭塘門―西渓	伝経院(不空院)	広順元(九五一)	銭塘門外―西渓	銭弘俶建立		咸淳志八〇
142	銭塘門―西渓	報先寺(明覚院)	建隆二(九六一)	西渓履泰山	銭弘俶建立		武志四・咸淳志八〇
143	銭塘門―北山	垂雲院(宝厳院)	天成二(九二七)	銭塘門―北山	銭氏建立		咸淳志七九
144	銭塘門―北山	涌金(泉)院(永慶寺)	清泰二(九三五)	銭塘門西、西馬塍	銭元瓘建立		西志二三・武志四
145	北山―九里松	浄空院(玉泉寺)	天福三(九三八)	仙姑山西	銭元瓘建立		十国七九・武志五
146	北山―九里松	永寧院(大明院)	天福三(九三八)	北山―九里松	銭元瓘建立		咸淳志七九
147	北山―九里松	保安無量寿院(保寧院)	天福三(九三八)	北山―九里松	銭元瓘建立		咸淳志七九
148	北山―九里松	金牛護法院	天福五(九四〇)	北山―九里松	銭氏建立		咸淳志七九
149	北山―九里松	仏慧寺	天福七(九四二)	秦亭山	普覚明一禅師開山		武志四

150	北山—九里松	十三間楼石仏院（相厳院）	天福七（九四二）	北山—九里松	銭氏建立		咸淳志七九
151	北山—九里松	清化永安院（万安院）	天福七（九四二）	北山—九里松	銭氏建立		咸淳志七九
152	北山—九里松	寿星院	天福八（九四三）	葛嶺			咸淳志七九
153	北山—九里松	光（広）照寺（慧日寺）	開運元（九四四）	孤山	銭弘佐建立		武志四・咸淳志八一
154	北山—九里松	宝積院（多宝院）	開運元（九四四）	北山—九里松	銭氏建立		咸淳志七九
155	北山—九里松	上智果院	開運元（九四四）	北山—九里松	銭氏建立		咸淳志七九
156	北山—九里松	普向院	開運元（九四四）	北山—九里松	銭氏建立		咸淳志七九
157	北山—九里松	鷲峰禅院（霊峰寺）	開運二（九四五）	霊峰山	銭弘佐建立		十国八〇・西志九・咸淳志七九（開運元年につくる）
158	北山—九里松	定慧院（明恵院）	開運二（九四五）	北山—九里松		治平二年呉越国忠懿王・孫妃の功徳院とする	咸淳志七九
159	北山—九里松	宝勝院（瑪瑙宝勝院）	開運三（九四六）	孤山	銭弘佐建立	紹興二二年、延祥観となる	十国八〇・武志五・咸淳志七九
160	北山—九里松	招賢寺（禅宗院）	開運三（九四六）	葛嶺山頂	銭氏建立		西志八・咸淳志七九
161	北山—九里松	慈雲院（慈聖院）	乾祐元（九四八）	北山—九里松	銭氏建立		咸淳志七九
162	北山—九里松	興福保清院（顕明院）	広順二（九五二）	北山—九里松	呉越孟謙建立		咸淳志七九
163	北山—九里松	金輪院（金輪梵天院）	顕徳元（九五四）	北山—九里松	銭氏建立		咸淳志七九
164	北山—九里松	兜率寺	顕徳二（九五五）	北山—九里松	銭氏建立		咸淳志七九
165	北山—九里松	千光王寺（宝雲寺）	乾徳二（九六四）	宝雲山山麓	銭弘俶建立		十国八一・西志八・咸淳志七九
166	北山—九里松	報国院（資国院）	乾徳三（九六五）	北山—九里松	孫賛明邸宅を喜捨し建立		咸淳志七九

167	北山—九里松	浄心院(浄性禅寺)	乾徳五(九六七)	葛嶺西	銭弘俶建立		十国八一・武志五
168	北山—九里松	菩提寺(大昭慶寺)	乾徳五(九六七)	北山—九里松	銭氏建立	南渡初め、策選鋒軍教場となる	咸淳志七九
169	北山—九里松	普安院	乾徳(九六三~七)	北山—九里松	銭氏建立		咸淳志七九
170	北山—九里松	報恩寺	開宝初(九六八)	孤山南			西志二
171	北山—九里松	報国観音院(妙智院)	開宝四(九七一)	北山—九里松	太尉張公建立		咸淳志七九
172	北山—九里松	報先院(報恩院)	開宝七(九七四)	孤山	銭氏建立	紹興二一年、延祥観となる	咸淳志七九
173	北山—九里松	崇寿院(保叔寺)	開宝元(九六八)	宝石山山頂	呉越呉延爽建立		武志五・西志八・咸淳志七九
174	北山—九里松	智果禅寺	?	孤山	呉越王建立		西志八
175	北山—九里松	西峰浄厳院	?	九里松東	呉越王建立		咸淳志七九・二八
176	銭塘門—良渚	鳳泉院(金仙院)	貞明二(九一六)	銭塘門外—良渚	郡人銭宗寿建立		咸淳志八〇
177	銭塘門—良渚	鎮安院(無浄院)	天福(九三六~四三)	銭塘門外—良渚			咸淳志八〇
178	銭塘門—良渚	国恩院(慶恩院)	開運元(九四四)	銭塘門外—良渚	銭弘佐建立		咸淳志八〇
179	銭塘門—良渚	雲岫院(真寂院)	開運三(九四六)	銭塘門外—良渚	銭弘佐建立		咸淳志八〇
180	銭塘門—良渚	歳豊院(豊楽院)	乾徳元(九六三)	銭塘門外—良渚	呉越田氏邸宅を喜捨し建立		咸淳志八〇
181	銭塘門—良渚	永福院(正等院)	開宝(九六八~七五)	銭塘門外—良渚			咸淳志八〇
182	銭塘門—良渚	報国観音院(観音妙智院)	開宝(九六八~七五)	銭塘門外—良渚	張彦、宅を喜捨		咸淳志八〇
183	銭塘門—良渚	霊応院(妙応院)	?	銭塘門外—良渚	呉越王建立		咸淳志八〇

184	武林門—臨平	豊禾庵	貞明（九一五～二〇）	仁和県董公荘西？			武志四
185	武林門—臨平	順天院（梵天院）	天祐元（九〇四）	安仁東郷（仁和県）	銭鏐建立		咸淳志八一
186	武林門—臨平	大安寺（大慈寺）	貞明二（九一六）	臨平山北、小林鎮	銭鏐建立		武志四・咸淳志八一
187	武林門—臨平	治平寺	天成（九二六～九）	城北永和里？			武志四
188	武林門—臨平	安平寺（安穏寺）	清泰元（九三四）	臨平山南	銭元瓘建立		武志四・咸淳志八一
189	武林門—臨平	明覚院	天福三（九三八）	北関門外—臨平	銭元瓘建立		咸淳志八一
190	武林門—臨平	興善寺（興教寺）	天福四（九三九）	北関門外—臨平	銭氏建立		武志四・咸淳志八一
191	武林門—臨平	福臻院（吉祥院）	天福五（九四〇）	北関門外—臨平			咸淳志八一
192	武林門—臨平	恩平院（浄信院）	天福六（九四一）	桐扣山	邑人周璉喜捨建立		咸淳志八一
193	武林門—臨平	仏日院（浄恵寺）	天福七（九四二）	北関門外—臨平	銭弘佐建立		武志四・咸淳志八一
194	武林門—臨平	衆善寺（徧福寺）	天福七（九四二）	城東北三十五里赤岸	始祖慈航建立		武志四・咸淳志八一
195	武林門—臨平	衆善寺（崇善寺）	天福七（九四二）	太平橋北—臨平	僧処斉建立		咸淳志八一
196	武林門—臨平	慶安院（広安広福院）	天福八（九四三）	北関門外—臨平	銭弘佐建立		咸淳志八一
197	武林門—臨平	普寧院	天福（九三六～四三）	大雲郷	銭氏建立		咸淳志八一
198	武林門—臨平	保江院	開運元（九四四）	豊年郷	銭弘佐建立		咸淳志八一
199	武林門—臨平	保安院（保慶院）	顕徳元（九五四）	太平橋北—臨平	銭氏建立		咸淳志八一
200	武林門—臨平	龍龕寺（昭化寺）	顕徳二（九五五）	潮王橋東南徳勝？	銭弘俶重建		武志四・西志二三・咸淳志八一
201	武林門—臨平	羅漢院（崇果院）	顕徳二（九五五）	夾城寓崇果寺内	銭弘俶建立		西志二三・咸淳志八一
202	武林門—臨平	万安院	顕徳（九五四～九）	大雲郷			咸淳志八一

203	武林門─臨平	蓮華院	建隆元(九六〇)	永和郷			咸淳志八一
204	武林門─臨平	宝勝院(宝厳寺)	乾徳六(九六八)	肇元郷義渓村	郡人銭仁暉土地を喜捨し建立		武志四・咸淳志八一
205	武林門─臨平	宝厳院	乾徳(九六三～七)	肇元郷			咸淳志八一
206	武林門─臨平	興福院(香積院)	太平興国三(九七八)	北関門外─臨平	柯氏邸宅を喜捨し建立		咸淳志八一
207	武林門─臨平	普信院		端平倉東	呉越王建立		咸淳志八一
208	武林門─臨平	資福利済院(福済院)		廉徳里之横塘	朱可栄土地を喜捨し建立		咸淳志八一
209	城東─湯鎮	勝果寺	乾寧(八九四～七)	梵天寺北西	無著喜禅師建立、呉越王仏像を石壁に彫る		西志七・武志二
210	城東─湯鎮	安国寺(法輪寺)	長興(九三〇～三)	湯鎮	亀法師建立		西志二一・武志一・咸淳志八一
211	城東─湯鎮	永興院	会同二(九三九)	嘉会門─湯鎮	銭元瓘建立		咸淳志八一
212	城東─湯鎮	崇福院(宝積院)	天福七(九四二)	嘉会門─湯鎮	施光慶喜捨建立	紹興十五年、馳坊象院となる	咸淳志八一
213	城東─湯鎮	観音院(観音法済院)	天福(九三六～四三)	嘉会門─湯鎮	呉越王建立		咸淳志八一
214	城東─湯鎮	護国仁王院(崇福院)	開運三(九四六)	嘉会門─湯鎮	郡人建立		咸淳志八一
215	城東─湯鎮	延寿院	広順元(九五一)	嘉会門─湯鎮	銭弘俶建立		咸淳志八一
216	城東─湯鎮	文殊普賢院(広度院)	顕徳二(九五五)	嘉会門─湯鎮	銭弘俶建立		咸淳志八一
217	城東─湯鎮	看経院	顕徳四(九五七)	范浦鎮河下	銭氏建立		咸淳志八一
218	城東─湯鎮	最勝寺(殊勝寺)	建隆元(九六〇)	艮山門外三里	銭弘俶建立		咸淳志八一

219	城東―湯鎮	延寿院	建隆二（九六一）	艮山門外臨江郷白石			咸淳志八一
220	城東―湯鎮	報恩院（如意院）	建隆（九六〇～二）	嘉会門―湯鎮	銭弘俶建立		咸淳志八一
221	城東―湯鎮	恩徳院（普覚院）	乾徳三（九六五）	嘉会門―湯鎮	銭氏建立	紹興十五年、馳坊象院となる	咸淳志八一
222	城東―湯鎮	法燈院（長明院）	開宝四（九七一）	嘉会門―湯鎮	銭弘俶建立		咸淳志八一
223	城東―湯鎮	帰義院（帰仁院）	？	嘉会門―湯鎮	呉越王建立		咸淳志八一
224	龍山―富陽	定慧禅寺	元和十四（八一九）	大慈山	乾符年間、定慧を加える		西志五・武志二
225	龍山―富陽	大銭寺	開平五（九一一）	月輪峰	仁王廃院地に銭鏐建立		十国七八・西志二四
226	龍山―富陽	恩徳院（慈厳院）	天成二（九二七）	龍山―富陽	重建		咸淳志七七
227	龍山―富陽	龍池院（澄寂院）	清泰二（九三五）	龍山―富陽			咸淳志七七
228	龍山―富陽	永慶院	清泰二（九三五）	永和郷桐扣村	銭元瓘建立		咸淳志八一（二つ記すが一つとした）
229	龍山―富陽	真教院	天福四（九三九）	龍山―富陽	銭元瓘建立		咸淳志七七
230	龍山―富陽	定慧院	天福五（九四〇）	龍山―富陽	銭元瓘建立		咸淳志七七
231	龍山―富陽	昭定院（昭定広福院）	天福六（九四一）	龍山―富陽	銭元瓘建立		咸淳志七七
232	龍山―富陽	積善院（興善院）	天福八（九四三）	龍山―富陽	銭弘佐建立		咸淳志七七
233	龍山―富陽	宝相院	天福九（九四四）	龍山―富陽	銭弘佐建立		咸淳志七七
234	龍山―富陽	華厳院（法宝院）	天福（九三六～四三）	龍山―富陽	呉越王建立		咸淳志七七
235	龍山―富陽	顕瑞院（顕聖院）	天福（九三六～四三）	龍山―富陽	呉越王建立		咸淳志七七

236	龍山—富陽	尊勝院（崇徳院）	開運二（九四五）	龍山—富陽	銭弘佐建立		咸淳志七七
237	龍山—富陽	仁寿院（祖塔法雲院）	開運二（九四五）	龍山—富陽	大慈院から改名		咸淳志七七
238	龍山—富陽	霊泉院（霊泉広福院）	開運三（九四六）	龍山—富陽	銭弘佐建立		咸淳志七七
239	龍山—富陽	雲岫院（真空院）	開運三（九四六）	龍山—富陽	銭弘佐建立		咸淳志七七
240	龍山—富陽	宝福院（広福院）	開運三（九四六）	龍山—富陽	銭弘佐建立		咸淳志七七
241	龍山—富陽	安真庵（安真院）	開運四（九四七）	龍山—富陽	銭弘佐建立		咸淳志七七
242	龍山—富陽	真相寺（無相寺）	広順二（九五二）	龍山—富陽			咸淳志七七
243	龍山—富陽	霊恵院（恵泉院）	広順三（九五三）	龍山—富陽	銭弘俶建立		咸淳志七七
244	龍山—富陽	真際院	顕徳三（九五六）	五雲山	志逢禅師開山		武志一
245	龍山—富陽	常楽院	顕徳三（九五六）	龍山—富陽、范村塢	銭弘俶建立		咸淳志七七
246	龍山—富陽	安呉塔院（普安院）	顕徳四（九五七）	龍山—富陽	銭弘俶建立		咸淳志七七
247	龍山—富陽	霊源院（普沢院）	顕徳六（九五九）	龍山—富陽	銭弘俶建立		咸淳志七七
248	龍山—富陽	龍門院（悟空院）	建隆元（九六〇）	龍山—富陽	銭弘俶建立		咸淳志七七
249	龍山—富陽	集福院	建隆元（九六〇）	龍山—富陽			咸淳志七七
250	龍山—富陽	広福院（安定院）	建隆三（九六二）	龍山—富陽	銭弘俶建立		咸淳志七七
251	龍山—富陽	界石院（定明院）	建隆三（九六二）	龍山—富陽	銭弘俶建立		咸淳志七七
252	龍山—富陽	霊智院（大智院）	建隆三（九六二）	龍山—富陽	銭弘俶建立		咸淳志七七
253	龍山—富陽	霊渓院（法華院）	乾徳元（九六三）	龍山—富陽	銭弘俶建立		咸淳志七七
254	龍山—富陽	常楽院	乾徳三（九六五）	范村塢？	銭弘俶建立		咸淳志七七
255	龍山—富陽	静慮庵（真際院）	乾徳四（九六六）	龍山—富陽	銭弘俶建立		咸淳志七七
256	龍山—富陽	雲棲院（棲真院）	乾徳五（九六七）	龍山—富陽	銭弘俶建立		咸淳志七七
257	龍山—富陽	弥陀院（法性院）	乾徳五（九六七）	龍山—富陽	銭弘俶建立		咸淳志七七

258	龍山—富陽	涌金庵（明性院）	開宝元（九六八）	龍山—富陽	銭弘俶建立		咸淳志七七
259	龍山—富陽	慈恩開化教寺・六和塔	開宝三（九七〇）	月輪峰	知覚禅師、銭氏南果園に建立		西志二四
260	龍山—富陽	報国院（保聖院）	開宝三（九七〇）	龍山—富陽	銭弘俶建立		咸淳志七七
261	龍山—富陽	天柱院（布金院）	開宝三（九七〇）	龍山—富陽	銭弘俶建立		咸淳志七七
262	龍山—富陽	万寿院（保寿院）	開宝七（九七四）	龍山—富陽	銭弘俶建立		咸淳志七七
263	龍山—富陽	浄亮院（小浄明院）	開宝七（九七四）	龍山—富陽	銭弘俶建立		咸淳志七七
264	龍山—富陽	崇慶院（永慶院）	太平興国二（九七七）	龍山—富陽	呉越王建立		咸淳志七七
265	龍山—富陽	法華院（法華普済院）	広運（九七四～七九）	龍山—富陽	呉越王建立		咸淳志七七
266		相厳院	天福二（九三七）	大仏禅寺付近	銭氏建立		十国七九・武志五
267		百福院	天福（九三六～四三）	城外			西志一三
268		報恩元教寺	広順三（九五三）	？	銭弘俶建立		十国八一・西志三
269		宝塔寺	乾徳二（九六四）	城南？	銭弘俶重建		備史五
270		宝塔寺	乾徳三（九六五）	城北？	銭弘俶重建		備史五
271		奉先寺	開宝元（九六八）	城西？	銭弘俶建立		備史五
272		天柱寺（常楽寺）	開宝（九六八～七五）	雲棲三聚亭里付近？			武志二
273		定慧院	？	？	銭弘俶建立		十国八九
274		雲隠上寺	？	？			十国八九

＊『呉越備史』・『乾道臨安志』・『咸淳臨安志』・『武林梵志』・『武林旧事』・『西湖遊覧志』・『十国春秋』はそれぞれ備史・乾道志・咸淳志・武志・武事・西志・十国と略記した。

結論　五代天下のうちとそとの形成

第一節　五代天下秩序の形成

五代という時代は華北に中原王朝が据えられ、また江南には呉・南唐、呉越、閩、楚、南漢、蜀の諸国が分立した時代であり、その期間は後梁建国の九〇七年から、江南最後の呉越国が宋朝に納土する九七八年の七〇年あまりである。しかし、後梁建国の前段階から江南諸国の形勢はほぼ固まっていたから、やはりその時代は前後一〇〇年ぐらいと見ていいだろう。この期間内に滅んでしまった国は閩のみであり、そこには経済的失策を含む政治的紊乱が見られるが、その他はやはり余命を保ち続けていた。そもそも、これら諸国の形成には当時の経済的要件が深くかかわっている。この点については後に見るとして、今はこれまで述べきたった「五代天下秩序」というモザイク画を、第一部の各章で明らかにした諸要素をもとに総合的に描いてみることとしよう。繰り返し述べることになるが、そこに五代「分裂」の状態が維持され続けた要因を探りうると考える。

まずは「中国」の支配空間から。中原王朝が直接的実効支配を行う地域には節度州と防禦・団練・刺史州よりなる藩道が敷き詰められていた。後唐朝ではほぼ全域が藩道に色塗られる。これらの地域では直接的実効支配の根幹である人戸の自己申告制にもとづく戸籍を作成し、その戸籍をもとに夏秋両税の徴収を行っていた。むろんその他の専売・商税・雑税も各種各様に徴納される。これらの税物は上供・留使・留州に分割され、道単位での地方財政が成立していた。支郡は財政上、中央と切り離れていただけではなく、行政的にも節度州の指揮を受けていた。中央政府が各地に命令を出す場合には節度州に出すことが後唐朝には制度として認められたのである。しかし、支郡の刺史の任命権は中央に帰していた。ここに中原直接支配領域＝「中国」での中央—道—州という支配体制が見て取れる。

この道制上に、いわば理念的に地理画定するものとして東西南北に「平王」が設置された。平王の置かれた藩道は当然「中国」内にあるが、その際限に置かれ直接支配領域の四限を表現するものであった。平王の置かれる地は「中国」内に含まれ、さらには藩道に対してなされるのであるから、道制はやはり貫かれる。荊南が諸国とは違い、属州刺史の任命権を持たなかったのもそのためである。中原の直接的支配領域である「中国」は理念としては「平王」に囲まれた領域であり、実質的には道制が行われる領域であったのである。

次に「天下」の支配空間について。右記の「中国」を除く「天下」には基本的には諸「国」が設定されていた。「中国」皇帝により封爵され王言の届く「呉越国」「楚国」「閩国」と、王言は届かないがいわば独立国として、「敵国」として認められる「呉・南唐国」「南漢国」「蜀国」とに分けられる。中でも「敵国」の場合、「国主」ではなく「皇帝」を外に称する場合には「中国」皇帝に認められず、「天下秩序」から省かれたものとなる。また諸「国」の中で「呉越国」は「中国」皇帝＝天子に次ぐ「真王」位におり、「天下」を維持する役目を担っていた。呉越国王に与えられる元帥が「諸道兵馬都元帥」から「天下兵馬都元帥」に上進したのは象徴的である。道制の及ばない（つまり「中国」でない）地域に対する征伐権は「諸道」ではなく「天下」を対象とせねばならないのである。そしてこれら諸「国」は戸籍と租税収取による人戸支配を行い、特に両税はその「国」内で経費として運用される。封爵国の場合には「中国」に対し、貢献・上供（専売商税部分）の義務を負っていたと思われ、また私的な恩寵関係を求める進奉も行われていた。封爵されず「国主」待遇の「国」の場合には進奉のみ行なわれていた。こうした貢献・上供・進奉を通して「中国」と諸「国」の関係は積極的に維持されていたのである。

また別の角度から眺めてみよう。理念的に五代の「天下」は「中国」と諸「国」とからなっていた。「中国」は「平王」によって囲まれている。その外域に（実際には南に）諸「国」が設けられる。封爵されるか、されないかの違いがあるとはいえ、「国」は積極的消極的に設置されていた。その諸「国」内で「真王」はやはり位階第一位であり、いわば覇者として諸「国」を指導・征伐する役目を負っていた。これら「中国」・諸「国」というブロックとそのブロックを画定維持する「平王」・「真王」の諸装置によって五代「天下」は理念的に構成されていた。

一方実社会の方では、「中国」は道制によって成り立つ。そして藩道より上供（両税を含む諸税）・貢献・進奉が上納される。諸「国」からは同様に上供・貢献・進奉が上納されるが、上供には両税は含まない。両税は直接的な人戸支配にかかわる部門だからである。諸「国」においては当然領域内の刺史任命権をその国王・国主が持つ。故に藩道と「国」との相違は、「国王」に封ぜられる、あるいは「国主」待遇となることも当然だが、両税上納と属州刺史任命権の有無に根源するのである。「中国」と諸「国」とは段階を異にしながらも、「天下」を有機的に構成していた。

今述べた五代天下秩序を実際に地図に落としたものが〈**五代天下秩序図**〉である。時期は後唐清泰帝期としている。道制の成立や「真王」「平王」概念の形成など、「五代天下秩序」の諸要素の完成がこの前後の時期であるからである。ここに図示した地図は当然歴史の一断面であって、流動する政治、社会の中では一部欠けることもあるが、一モデルとしては容認しうるであろう。

「五代天下秩序」は区域と段階とを設けて「天下」を構成していた。いってみれば、中央権力の浸透具合によって各地を等級付けし、天下一統の理念を維持しようとした上で創出されたものである。「中国」皇帝が天子である以上、「天下」を治めなければならない。しかし五代の現実では江南に諸国が勢力を持ち、確かに「天下」は政治的に分立していたのである。「天下」を治めるべき天子が直接には治めえない現実に向かったとき、一つの「秩序」が模索されたすえ、「五代天下秩序」が生み出され、そして維持されていったと考えられる。五代において

五代天下秩序図

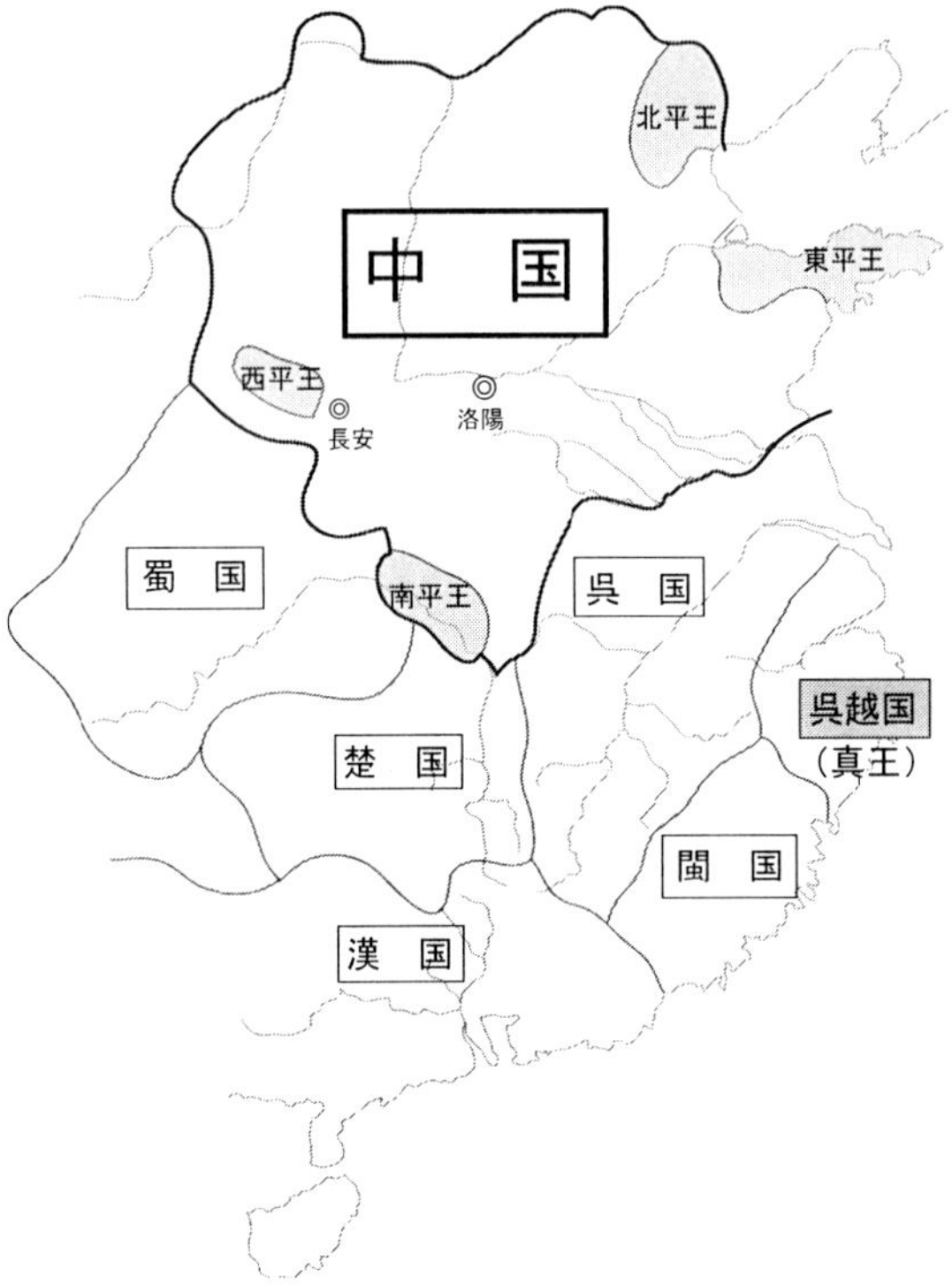

＊日野開三郎「大唐方鎮図」(『日野開三郎全集』1)をもとに製図。朱玉龍編『五代十国方鎮年表』、栗原益男『五代宋初藩鎮年表』を参考とした。
＊後唐清泰帝期をモデル化した。

「天下」は失われることなく、さまざまな装置を必要としながら、存続していた。ここに五代という「分立」状態が一定維持されていたことの原因を見たい。

後周朝から始まり宋朝に完成する「天下」一統の事業は、その実「天下」内の諸装置を取り除いてゆくことによって、等級づけられた各地域を一色に塗りつぶす、つまり「中国」を「天下」の領域まで広げてゆくことであった。「平王」号が「中国」内に設置されるのは顕徳元年正月の南平王で最後であり、宋朝には「天下」の外に設置されるようになる。同時に道制も解消されてゆく。また諸「国」も順次平盪され、「中国」化が図られる。諸「国」を指導する役務にあった呉越国王＝「真王」は、諸「国」がすべて「中国」化し終わった後に、その役目と「国」を返上することとなった。ここに「五代天下秩序」は歴史上の役割を終えたのである。

以上のように、五代の天下は確かに分立するものであったが、中原王朝のさまざまな装置によってイデオロギー領域として、不安定ながらも維持されていたと見るべきである。このような天下像は渡辺信一郎氏の定義する天下型国家とはまた異なるものである。天下の中にはまず「中国」があって、それはどのような政治背景があれ前代の正統天子＝皇帝より権力を授与されることで天下の中心たる「中国」を称するようになる。また「中国」を称する条件として中国大陸における中原を支配していること、あるいは洛陽を首都としていることも挙げうるかもしれない。天下のうちにはその「中国」以外にさまざまな政治条件を伴いながら、諸国が分立した状態にあり、それはかつ維持される志向をもつ。こうした萬国（萬邦）とも称しうる諸国分立状態は、第三章でも示唆したが、遡れば成周朝に見ることができる。それは渡辺氏が追究した天下＝九州を最初に統一した秦漢朝に先立つ、天下萌芽期の政治社会である。「中国」である成周は、その権力構造のうちに直接支配領域内だけでなく、〝四方（＝天下）〟に対する支配も含まれるという。その権力構造は「文王の天命の膺受」者である「天子」と「武王の四方の僩有」者である「王」としての二重性の側面を持っている。(2)こうした権力構造を有した「中国」＝成周が天下に対する支配を実行する装置は、いうまでもなく封建制にあり、封爵・封土にくわえて周王を頂点とする血縁関係・擬制的血縁関係によって相互に結びついていた。(3)

安易に成周期と五代を結びつけて考えるのは控えねばならないが、しかしながら前近代中国の国家を考える際にとらえておかねばならない問題である。この国家像は渡辺氏のいうように簡単に天下型国家とは呼びえない。あえて許されるのならば、「萬国型天下秩序」と呼べるものである。それは「中国」から発信する「天下秩序」のイデオロギー的形態に諸国が内包されることで、その関係性が創出維持される。しかし一方で、諸国の側からもその「天下秩序」への積極・消極の参画を通して国家が組織され、「天下秩序」のイデオロギー的成立を助成するのである。しかも諸国は呉越国に見られたように、「天下秩序」の外部と接する領域において、その外部に対して国家権力を進出する契機を備えており、諸国の程度の差はあれ独自の「国家秩序」の生成をも模索するのである。いわば、「中国」をも含めた諸国がその国家権力をさまざまなベクトルへ放出し、その多方向的志向性による秩序形成の複合総体という、「国家秩序」なのである。そしてそれは天下が「中国」＝九州と符合する「統一型天下秩序」と対置されるものである。前近代中国国家はその相互転化によって読み解く必要があろう。またこうした「萬国型天下秩序」もその古典的国制の一つとして歴史上、選択されるものとして論及されるべきである。

先に述べたように、周王朝下では「四方」（＝「天下」）の支配をも含有する権力構造を持ち、その王権は自らの直接支配地（＝「中国」）の外部へ波及する契機を持つものであった。それは封建制という間接統治システムを採用して成立するものであるが、渡辺氏が明らかにしたように、まだ実体としての「天下」は成立しておらず、秦漢時代を待たねばならない。この時期ではまだ「天下」は明確な形を取らず、漠然とした〝世界〟程度であり、実体としての領土を完結していなかった。いわば「未成熟の萬国型天下秩序期」と呼べる。

しかし秦始皇帝による「天下」統一は「天下」にその姿をもたらし、「天下」は具体的な統治空間として出現することとなった。特に漢武帝期には「天下」の内外観念が「内臣」「外臣」の二元的統治となって確立する。(4)また漢代にかけて「天下」の思想的背景を具有するようになる。(5)この時期は「天下」がはじめて支配空間としての実体と理念を共有した時代である。それは王莽前後の時期に諸制度・諸儀礼を整えることで一つの到達点を迎えたといえるだろう。しかし、それは次なる分裂への序曲である。

後漢期の十二州制度による「天下」の細分は諸地域の山川風俗を基準として区分される禹貢九州にもとづくものであり、また監察区域として当初設定されていたとはいえ、結果として行政区画化する。そしてその州を単位に天下は〝三分〟される。三国と称されるこの時期はしかしながら、「天下」のうちに魏を「中国」とする三国以外にも諸勢力が想定されるから（燕の公孫氏や魯の張氏など）、実体としての「天下」が出現してはじめて、「萬国型天下秩序」の顕現化した時代だったといえる。

しかし難しいのは次の南北朝時代である。三国時代は一たび晉によって統一されたかに見えたが、五胡十六国といわれる情勢を導き、ついには「天下」は南北に分断されることになった。しかも南北朝の場合、共に互いを夷狄視しており、共に「中国」たらんとしていた。とくに周代より絶えず「中国」であった地域が夷狄である北魏に支配されているという現状に対し、『宋書』の著者沈約はその著書の中で、江南を中華、中原を夷狄とする苦しい現状認識を開陳している。(6)それでも『宋書』巻九五、索虜伝に「索虜は慕容を破りてより、拠りて中国有り」と吐露してしまっていた。ここに、自らのイデオロギー上の「中国」は江南と認識しながらも、本来支配すべき領域としての中原「中国」さえも相違する時代人の苦しい胸の内を聞くことができる。以上からして、この時期の「天下秩序」に関する問題は、北方遊牧民族による中国統治という点に加えて、それまで「天下」の中心としてあった洛陽を追い出され、東隅に追いやられつつ正統を任ずる南朝という点をそれぞれ個別に論じることなく、相互作用の中で説く必要があると考えるが、ここではこれ以上の議論に踏み込まないでおきたい。

この天下分裂をようやく統一した隋唐は、天下に対する十道制を採用して天下を治める基準とし、また五経正義などの編纂を通じて、南北朝期に形成された天下論を整理して天下に対する解釈を纏め上げた。唐代はまちがいなく「天下秩序」の完成期であった。しかし、行政区画化した道は五代に入り天下分裂の単位と化しつつも、道制にもとづく「中国」と諸国に落ち着く。そして「天下」は理念的に統一体として存続し続けたのである。言ってしまえば、秦漢より五代に及ぶまで「天下秩序」はそのイデオロギー上において保全され、分裂していたのは実際の政治社会の方（きわめて素朴であるが）である。現実に政治を執行する政治社会は「イデオロギー天下秩序」へすり合わせる上で、さまざまな形で「萬国型天下秩序」を創出させていたのである。

燕雲十六州を奪取されながらも、「天下」を〝統一〟していた北宋では、序論で見た欧陽脩や、また蘇軾に代表されるように、実体としての「天下」（「離」に対する「合」）と社会秩序としての「天下」（「乱」に対する「治」）とが近似した社会を、少なくとも彼らのイデオロギー上で実現させていた。近藤一成氏によると、北宋の蘇軾は、仁義の備わる中国（＝「天下」。括弧引用者、以下同じ）が遼・西夏に悩まされながらも、「統一国家としての対面（「天下秩序」）を維持し」、夷に対する華の文化的優位を確信していた。ところが南宋の永嘉学派の葉適にいたっては、南北時代の再来に対し、「礼儀の中国と宋朝を同一視することができず」、「華を中心に夷をも含めて作り出す政治秩序（＝「天下秩序」）への構想が見られなくなり、夷を一個の独立した対象と把えるようにな」ったのである。(7)

それは、一極的な帝国秩序ではない重層的な外交による国家間秩序の時代を迎えた結果、「天下秩序」の相対化が始まったと見ることができるだろう。[8] そして金や元などの夷狄による「天下」支配はやがて、王夫之にいたって正統の断絶と解釈されるようになり、華人による「天下」支配こそが正統であると理解されるようになるのである。[9]

そして周代より清朝にまで及んで紆余曲折を経ながらも脈々と存続した「天下秩序」は、欧米諸国による資本主義グローバリズムの進行によって引き起った外部〝世界〟との接触・摩擦によって相対化され、解消されるのであった。その過程を康有為の文章に見ることができる。日清戦争に敗北した翌年（一八九五）に光緒帝へ上申した「公車上書」[10]には、康有為の天下統治に関する記述が見られ、当時の治政について「列国並立の勢で天下を治めるべきで、一統垂裳の勢で天下を治めるべきでない」と言っている。ここにいう列国とは「環地球の五十餘国」で、とりわけイギリス・フランスなどの列強をいう。康有為の認識では、すでに「今昔勢を殊にし」天下は地球を覆い、中国は諸国の一つであって、全てを統一する政治を志向するのではなく、並立して「雄を争い智を角べる」政治を模索していた。そしてこうした諸国並立の状況を生む原因を「凡そ一統の士は、必ず農を以て立国し、民心を靖んずべし、並争の世は、必ず商を以て立国し、敵利を侔るべし」と、商業経済の中から建国されて生成すると理解していた。康有為は欧米列強の資本主義経済とそのグローバリズムによって世界（天下）が諸国並立することを看取し、その中で中国も、一統ではなく雄を争う必要を感じていた。ここに「天下秩序」が資本主義グローバリズムによって相対化している様が見えてくる。なお康有為は同書のなかで中国再興のための方策の一つとして、「乃ち官制を改め、漢世太守の令長を領するの制、唐代節度の観察を兼ねるの条を用い、道毎に一巡撫を設け、上は章奏を通じ、下は知県を領す」と、中間行政区の再設置を願い出ていた。それは列国並立の世の中で、中国改変の一施策に中間行政区が求められており、五代における「道制」成立と軌を一にする事象といえるだろう。

再び戻って、五代では「天下」は一つの秩序の元で形成されていた。しかしその維持装置としてさまざまな要素を生み出さねばならなかったのは、現実として「天下」が諸勢力に各地それぞれ占められていたからである。次に「天下」分立の現実とそれでもなお「天下」が一定のまとまりを持つことの意義を見ておきたい。

第二節　五代天下秩序の意義——地域経済の発達を中心に——

五代の「天下」は一つにまとまりを持ちながらも、「中国」および諸「国」のブロック分けがなされていた。特に諸「国」認定に関しては中原王朝の創出にかかわるものはほとんどなく、大体が各地域諸勢力の追認というのが現実であった。つまり五代中原王朝が「天下」を「中国」化できなかった要因は江南が群雄割拠とでも言うべき状況にあったからである。そしてそれら諸勢力が力を持ち、各地に割拠しえたのは当時の地域経済の発達が深くかかわっている。本論で扱った両浙地方を中心に見ておこう。

第二部で見たように、呉越国の興った両浙地域は東シナ海と南シナ海の交易圏が交錯する地であり、その圏域に組み込まれていた。呉越国が海上に飛雄し、また「真王」位に登りつめる礎を築いたのも、両浙地域の経済状況が深くかかわっている。

九世紀の東アジアの海域は大きく二つの交易圏域で構成されており、一つは、渤海・黄海を中心とした遼東半島から長江河口域までの中国沿岸部に加え、朝鮮・渤海・日本を含む圏域である。当時日本に持ち込まれた交易品を見てみると、扱われた商品は新羅特産の佐波理製食器、唐の茶碗・錦などの工芸品、渤海の貂の毛皮などの自然産品などであり、日本の絹や金と取引されていた。(11) 今ひとつは東南アジアから広州を経て、沿岸沿いに長江河口域以南にまでいたる圏域である。この海域では東南アジアやペルシアなどから、蘇芳・沈香などの香料、真珠・玳瑁などの海産物を広州や揚州にもたらしていた。また中国からは、越州磁器などが南海のマレー半島にまでもたらされ交易されていた。

これら二つの交易圏は最初、長江河口域の中心港揚州で交錯していたが、九世紀半ば以降、揚州は戦乱と黄河の海水汚染により衰退に向かう。代わってその南に位置する銭塘江河口域が両交易圏の結節点として登場するようになった。この時期に、貿易を担う河口域が長江河口域から銭塘江河口域へと南下したのである。同時に両浙地域出身の海商が史上に登場し、東アジア海域での海上交易に従事するようになっていった。

唐代の杭州城は天目山系のふもとに位置し、あいだに湖をはさんだ低地に位置していた。またすぐ東と南には銭塘江が流れ、陸地はさほど広くはなかった。杭州は銭塘江北岸に位置し、江潮の影響を強く受けていた。銭塘江は毎日二度の満潮時に海水が上流に向かい遡上する現象を引き起こし、そのため杭州城南辺と東辺は絶えず波に洗われ城下に迫っていた。潮水が市街地にまで流れ込むこともあり、現在では街中に位置する呉山のふもとには桟道があったとされる。このように杭州城の南・東辺にはすぐ河岸線が迫っており、都市の整備が進んでいなかった。ところが揚州を衰退させた黄河の海水汚染が一方で杭州東面の陸地化を促しており、呉越国の首都となって海港としての変貌を成し遂げる準備をしていた。

国内における運河流通上の諸都市や、海上交易ルート上の諸都市は唐末の混乱のさなか、やがて杭州を結節点として連結し、郷土防衛の武装集団を形成するようになる。浙東地域山間部では個別に武装勢力が見られたのに対し、浙西地域の低地氾濫原野や浙東地域の平地部は水路や陸路を媒介に諸都市が連合し、血縁関係を媒介として呉越国の基礎を形成していったのであった。

海外との貿易で立国し、海上に覇権を図った呉越国は、海上に首都に定めた杭州を港湾都市へと変貌させた。それは交易圏を背景とした呉越国の性格がそのまま首都に反映された結果であり、かつ首都となることで呉越国領域の中核都市へと昇格し、国内流通と海上交易をより有効に連結することにもなったのである。

呉越国を経験した杭州は、唐代の最盛期とされる開元期に比べ人口が倍増していた。『太平寰宇記』によると、その戸数は開元期に約八六、〇〇〇戸、宋初太宗期には主客戸すなわち中小農民や移住者を合わせて約一七〇、〇〇〇戸にまで成長している。この場合の戸数には杭州管轄下の諸県を含み、またその数も呉越国時代に増えているので、杭州城の戸数を考えると額面どおりには受け取れず、割り引いて考える必要がある。とはいえ、杭州城の人口が急増したことは間違いなく、杭州が海上交易に加わり、呉越国の首都となったことによって経済繁栄したことの一つの証となるだろう。

こうして呉越国時代に港湾都市となった杭州を中心に両浙地方は、海上交易圏の一角として堂々の位置を占めるようになった。こうした都市と地域形成に深く影響した「呉越国海上秩序」は、大地に根ざした方形を基本とする「天下秩序」に対置される、海上に浮かぶ無形の「国家秩序」であった。五代「天下秩序」期にあっては、大陸において「萬国型天下秩序」が展開されながら、海上ではそれとは異なる独自の「海上秩序」が模索・展開されており、しかも両「秩序」は呉越国を結節点に両存しあっていた。

以上の呉越国で明らかなように、閩、南漢も南シナ海交易圏内にあって、大陸の周縁部で海上交易に組み込まれることに伴って、これらの「国」が「海上秩序」を目指したり、称帝したりするのも故無きではない。終始中原王朝と対抗していた蜀地方も経済的独自性を持っていたことは著名である[12]。ここに「天下秩序」に包摂されない「国家秩序」形態の萌芽を見ることができるが、こうして見れば、江南諸国が存立する要件としてその地における地域経済の発達――特に「天下」外部との接触による――が深くかかわっていることが諒解されるだろう。

この時期の地域経済の独自性については宮崎市定氏による「五代宋初の通貨問題」なる研究があるが[13]、貨幣発行の理由はどうあれ、ある地域内で流通する貨幣の発行はその地域を経済的に包囲画定するものである。江南諸国による独自貨幣発行はなによりも地域経済の存在を示すものであるが、またこれら地域経済が隣接地域と活発な通商関係にあったことも重要である。宮澤知之氏は近日、五代十国の貨幣状況について「開元通宝という全国共通の通貨圏の上に、華北の銅銭通貨圏と江南の鉛銭通貨圏が重なり、さらにその上に各国独自の銭法で区別される通貨圏が重なっていた[14]」と論じている。

また佐竹靖彦氏の研究を挙げることができる[15]。氏によれば唐宋間には巨視的に見て中国は華北・華中・華南の地域的経済構造を持ち、またそれぞれ内部でも各地域経済の独自的発展が見られるとし、しかもその発展には諸地域の相互関係と相互交渉が深くかかわり、こうした重層的地域構造は全社会的再生産構造を基礎に持つとされる。筆者なりに理解すると、この時期には各地に地域経済が発達し独自の歩みを持ちながらも、隣接地域と密接な相互作用を持ち、それはまた全中国経済の流通を底辺として持つということであろう。

この諸氏の研究に依拠するならば、当時五代の経済は、地域経済が独自に発達しながらも相互連関し、全国的商業流通をもたらしていたのであった。その独自に発達した地域経済の上に諸国（「中国」も含む）が成立していた。ここに地域経済の発達と、その土壌に立つ諸国分立の相関関係を見ることができる。しかし、地域経済はそれだけで存立するものではなく、全国的商業流通構造の中にあってこそであった。伝統的にはすでに『荀子』の中で以下のように述べられていた。

北海は則ち走馬吠犬有り、然して中国は得て之れを畜使す。南海は則ち羽翮・歯革・曾青・丹干有り、然して中国は得て之れを財とす。東海は則ち紫紶・魚塩有り、然して中国は得て之れを衣食とす。西海は則ち皮革・文旄有り、然して中国は得て之れを用ゆ。故に沢人は木に足り、山人は魚に足り、農夫は斲削せず陶治せずして械用に足り、工賈は耕田せずして菽粟に足る。故に虎豹猛を為す、然れども君子は剝ぎて之れを用ゆ。故に天の覆う所、地の載する所、其の美を尽くし其の用を致さざるはなく、上は以て賢良を飾り、下は以て百姓を養いて之れを安楽せしむ。

北海則有走馬吠犬焉、然而中国得而畜使之。南海則有羽翮・歯革・曾青・丹干焉、然而中国得而財之。東海則有紫紶・魚塩焉、然而中国得而衣食之。西海則有皮革・文旄焉、然而中国得而用之。故沢人足乎木、山人足乎魚、農夫不斲削・不陶治而足械用、工賈不耕田而足菽粟。故虎豹為猛矣、然君子剝而用之。故天之所覆、地之所載、莫不尽其美・致其用、上以飾賢良、下以養百姓而安楽之。（『荀子』王制篇第九）

ここでは、中国と四海との関係において、四海の特産物が中国で加工・消費され、その結果水辺の民は木材に苦労せず、木こりは魚を手にし、農民は道具を手にし、商工業者は穀物を手にすることができるとされる。それは中国が全国各地の特産物を流通させ、さらに加工を施し各地で消費されることを通じて、官僚は官僚たりえ、人々も安楽を得ることができるとする理想である。中国はそれ一つで巨大な全国市場を前提として国家・社会が成り立つと古典は提示していた。こうした古典を背景として、五代の世でも全国的商業流通は実体化していた。

呉越国の場合、海上交易で得た貿易品は「中国」への貢献、その送納時に付随する道々での民間取引などのように、消費地を必要としていた。ここに全国的物流を統制する国家権力の必要が生まれる。さて、五代においては上供・貢献・進奉などの形式によって絶えず中原王朝に物品が流入していた。もちろん、これらの流入を経済的流通と見ることは早計だが、少なくとも全国的流通を前提とする専売商税の上供は全国的物流の一環としてとらえることができよう。また貢献・進奉の送納過程における諸国の経済活動も無視できない。また「中国」の諸道単位における節度使の経済活動は、「中国」内での、さらに諸国・外域との全国的商業流通を促している。こうして見れば、地域経済の発達による地域政権の存立と全国的商業流通による全国的政治統一の必要性こそが五代の底流にあり、その経済的政治的な分立兼統一を理念的に昇華したものこそが「五代天下秩序」となって現出したと考えられるのである。やがて地域経済と全国的物流の比重が後者に傾いたとき、地域政権は存立意義を消失し、宋王朝の天下統一がなされる。しかし形成された地域経済はそのまま消失するのではなく、宋代では中間領域である路など数州が単位となって、全国的物流を下支えすることとなるのである。[16]そして五代を経験した前近代中国の「天下秩序」は再び、長きにわたる分裂時代を伴わなくなった。それは五代で萌芽した「中国」による「天下」領域での中間行政区の永続的成功[17]と、全国を対象とした中央権力による国家的物流の達成[18]によると考えられる。

本書では地域経済の分立と全国的商業流通について詳しく論じることはできなかったが、この点に諸国の分立と天下的一体を同時に成立せしめる「五代天下秩序」の存在理由を予見したい。

結　語

「五代天下秩序」の形成要因は基層にある地域経済と全国的商業流通の重層構造にあるとの予想を述べた。地域経済として成立しながらも全国的流通の中でのみ存立するという前近代中国の経済的特質は、そのまま政治社会およびイデオロギーに反映される。いわば湖面に映った影のように、政治・イデオロギー層はゆらぎを持って実社会に現出する。

本書では「五代天下秩序」のうちとそとにおける実体を明らかにすることに専念した。従来分裂時代と語られる五代に通底する「秩序」とそれによって形成される「国家」の理念的構造という観点からすると、決して分裂混乱・「乱離」では済まされない時代の、そして前近代中国そのものの本質が見える。各地に興った諸国家間の相互作用とその総体としての「天下」を論じることは前近代中国史における国家の構造と、さらには地域経済と全国的流通の相関関係にまで及ぶ論点を提示することを最後に提起しておきたい。

（1）西江清高「『中国』的文化領域の原型と『地域』文化」（『文化人類学』八、一九九〇年）、同「「中原」の意味するもの」（『アジア読本　中国』河出書房新社、一九九五年）。
（2）豊田久「周王朝の君主権の構造について――「天命の膺受」者を中心に――」（『西周青銅器とその国家』東京大学出版会、一九八〇年）、同「周王朝と「成」の構造について――「成周」はなぜ「成」周と呼ばれたか――」（『東洋文化研究所紀要』一〇九、一九八九年三月）。
（3）松井嘉徳『周代国制の研究』（汲古書院、二〇〇二年）。
（4）高津純也「戦国秦漢の支配構造に関する一考察――「外臣」「外国」と「諸夏」――」（池田温編『日中律令制の諸相』東方書店、二〇〇二年）。
（5）渡辺信一郎「天下の領域構造――戦国秦漢期を中心に――」（初出一九九九年。『中国古代の王権と天下秩序――日中比較史の視点から』校倉書房、二〇〇三年）。
（6）川合安「沈約『宋書』の華夷意識」（『東北大学東洋史論集』六、一九九五年）。
（7）近藤一成「宋代永嘉学派葉適の華夷観」（『史学雑誌』八八―七、一九七八年七月）。
（8）拙稿「外交文書よりみた宋代東アジア海域世界」（平田茂樹・遠藤隆俊編『外交史料から十～十四世紀を探る　東アジア海域叢書七』汲古書院、近刊）を参照。
（9）内藤虎次郎「十二　清朝の史学」における「王夫之と胡承諾」（『支那史学史』光明社、一九六七年）。

（10）康有為「公車上書」（『康南海先生遺著彙刊』一一、宏業書局）。
（11）石井正敏『東アジアと古代の日本』（山川出版社、二〇〇三年）。
（12）松井秀一「唐代前期の四川」（『史学雑誌』七一―九、一九六二年八月）、「唐代後期の四川」（『史学雑誌』七三―一〇、一九六四年九月）。
（13）宮崎市定「五代宋初の通貨問題」（初出一九四三年。『宮崎市定全集九　五代宋初』岩波書店、一九九二年）。
（14）宮澤知之「五代十国時代の通貨状況」（『鷹陵史学』三四、二〇〇八年九月）。
（15）佐竹靖彦『唐宋変革の地域的研究』（同朋舎、一九九〇年）、同「朱温集団の特性と後梁王朝の形成」（『中国近世社会文化史論文集』中央研究院歴史語言研究所、一九九二年）。
（16）後藤久勝「北宋における京師と江淮地域との間の商業流通について――専売手形の流通より見た――」（『九州大学東洋史論集』二八、二〇〇〇年四月）、同「北宋における商業流通の地域構造――『宋会要輯稿』所収熙寧十年商税統計を中心として――」（『史淵』一三九、二〇〇二年三月）。
（17）Robert M. hartwell. *Demographic, Political, and SocialTransformation of China, 750-1550*, Harvard Journal of Asiatic Studies, 1982. 小林隆道「北宋期における路の行政化――元豊帳法成立を中心に――」（『東洋学報』八六―一、二〇〇四年六月）。
（18）宮澤知之「中国専制国家財政の展開」（『岩波講座世界歴史　中華の分裂と再生』九、一九九九年）。

あとがき

本書は二〇〇五年に提出した博士論文に、その後執筆した論文二篇を加え、補正加筆したものである。各論文の初出は以下のとおり。

①「呉越国王と「真王」概念――五代十国の中華秩序――」（『歴史学研究』七五二号、二〇〇一年八月）
②「未完の海上国家――呉越国の試み――」（『古代文化』五四巻二号、二〇〇二年二月）
③「五代における「中国」と諸国の関係――国書、進奉・貢献・上供――」（『大阪市立大学東洋史論叢』一二号、二〇〇二年三月）
④「港湾都市、杭州――九・一〇世紀中国沿海の都市変貌と東アジア海域――」（『都市文化研究』二号、二〇〇三年九月）
⑤「五代の道制――後唐朝を中心に――」（『東洋学報』八五巻四号、二〇〇四年三月）
⑥「唐末杭州における都市勢力の形成と地域編成」（『都市文化研究』七号、二〇〇六年三月）
⑦「九世紀における東アジア海域と海商――徐公直と徐公祐――」（『人文研究』五八巻、二〇〇七年三月）

⑧「五代の「中国」と平王」（宋代史研究会研究報告第九集『「宋代中国」の相対化』汲古書院、二〇〇九年）

また第八章「港湾都市、杭州——五代における都市、地域、海域——」第三節「呉越国の寺院建立」については、「唐末五代における杭州と両浙地方——九・一〇世紀中国港湾都市と河口域——」（『中国史研究』（韓国）四〇輯、二〇〇六年二月）の「Ⅱ．寺院の建立」を抜粋して加えた。

旧稿から言葉遣いなどを改変しているが、論旨は変わっていないはずである。

私が大学を京都府立大学に選んだのは、たんなる偶然だった。高校の先生に歴史を勉強するならそこがいいと言われて、ふたつ返事で即答した。しかしながら、この選択が人生の方向を決めるとは思ってもみなかった。

高校生時分から、漠然と研究者か大学の先生になりたいと思ってはいた。しかし、いざ大学に入ってみて、中国史のより専門にすすむうちに、とんでもなく険しく難しい道のりだと感じるようになった。それでも頑なに、この道にこだわったのにはいくつかの理由があった。

京都府立大学時代の指導教員は、渡辺信一郎先生であった。一回生のころから先生の授業を受け、最初むずかしすぎて、理解が追いつかない日々が続いた。それでも回生が進むにつれて、少しは理解できるようになった。先生の理路整然とした授業や日常会話は、私を魅了してやまず、先生のようになりたい、そして一度でいいから論破したいと、不遜にも思うようになった（未だにできずにいる）。

庶民の歴史を知りたいというのが学生時分からの願望だが、中国史ではなかなか明らかにし難い状況のなかで、渡辺先生に指導を受け、卒業論文に『広陵妖乱志』、修士論文で呉越国をあつかった。本書の大半を占める呉越国の研究は、修士論文を基礎にしている。

当時の京都府立大学には後期博士課程がなかったため、大阪市立大学の大学院に進学した。そこでは中村圭爾先生に指導を仰いだ。当時中村先生は大変お忙しいご様子だったが、そんな中でも時間を見つけては、つたない論文を丁寧に議論してくださった。先生の研究室で二人で研究のお話をさせていただいたことは、今でも得がたい経験だったと思う。また、平田茂樹先生には、海外の学会に同行させていただくなど、研究にあたっての機会をたくさんいただいた。こうした機会があればこそ、論文を書く動機もうまれ、みずからの研究の幅を広げることができた。博士課程在籍中に大阪市立大学に着任された井上徹先生も、多く研究の機会をくださり、またさまざまな場で議論をさせていただいた。これらの経験全てが、私の研究の血肉となっている。

しかしそれ以上に、私を研究に駆り立てたのは研究仲間だった。京都府立大学時代は史学専攻だったので、東洋史に限らず、日本史や西洋史を専攻する者とともに、輪読したり議論しあったりした。また大阪市立大学時代も、なにかあれば研究室のみんなに議論を吹っかけては、多くの刺激を受けることに努力した。今から思えば迷惑をかけたと思うが、それでも私の研究の骨組みは、同窓のみんなに作っていただいた。いまの私があるのも先生方や仲間のおかげである。

最後に、私を研究へと突き動かす気持ちを鼓舞し続けるのは、亡き母の存在である。私は母子家庭に育ち、兄弟もなく、母と二人で暮らしてきた。母は私を育て上げるために、日が昇ってから日が暮れるまで働き、贅沢せず、すべての心血を私に注いでくれた。立派になれと言われたことはない。定職につくまで時間がかかり、それまでお金のかかる研究職をめざすと決めても、なにも言わずただただ見守り、援助してくれた。なんとか博士号を取れたことを伝えることができたが、二〇〇五年にすべての命を燃やし尽くした。あの母がいなければ、現在のわたしはない。本書を亡き母にささげたい。

本書の作成にあたって、大阪市立大学大学院後期博士課程の辻高広氏に校正を手伝っていただいた。また巻末の中文梗概は阪南大学非常勤講師の姜暁麗氏、その校正には佛教大学研究員の金賢氏の手をわずらわせた。そして思文閣出版編集部の那須木綿子氏には、本書の編集にわたり、丁寧な心配りと的確な指摘をしていただいた。これまでお世話になった方々含めてお礼を申し述べたい。

そして、気持ちよく研究させてくれている家族にも、ありがとうを伝えたい。

二〇一〇年十一月

嵐山にて

山崎　覚士

中国五代国家論

山崎覚士

序論

近年來，世界上的資本主義全球化有所進展，在新的帝國出現之際，在歷史學界，國民國家論成為了非絕對化的存在，而帝國論則日益受到關注。但是，這種帝國論缺少的是關於前近代中國之帝國分裂期的研究。因此，本研究以中國之分裂期即五代十國為題材，主要目的在于闡明並重新把握國家及帝國秩序（天下秩序）像的結構性特徵。具有帝國相貌的“天下”在唐代等天下統一時期，其意識形態與實質是一致的，但是在五代時期意識形態與實質是相背離的。因此，為了弄清五代的天下，我們要了解在意識形態上被保護的天下以及作為實質的支配空間，並要把握二者之間的關係。本研究以上述認識為基礎，論述了五代十國期天下秩序之內部結構及與外部之關係。

第一章　五代之“中國”與平王

從《五代史記》概觀歐陽修的五代十國觀，他以“五代之君”統治的中原王朝之“中國”以及該“中國”以外的十國為當時的天下。歐陽修所看到的時代像中也有許多值得我們學習之處。本文欲對成為天下核心的“中國”進行論述。

在天下四分五裂的五代十國時期，“中國”意味著中原王朝的直接實效支配的領域。然而該“中國”並不是一個不言而喻的領域。為了表明它是中原工朝的支配領域，在理念上設置了邊界領域。這是表現東西南北邊界之爵號的平王被設置在了“中國”之內。

也就是說，在五代時期，直接實效支配領域之邊界的藩道等在不斷分離的過程中，中原王朝作為直接實效支配領域的“中國”之政治表明設置了“平王”，將

"北平王"、"南平王"、"東平王"、"西平王"分別設置在"中國"的邊界，還將"中國"之內外作為在空間上進行區分的裝置而被理念化了。如此看來，可以說將"中國"在理念上劃定的"平王"號是指在"天下"的分裂及統一的相爭中誕生的、由中原政權"中國"發信的國家秩序裝置。而且宋王朝統一了"天下"，在與"中國"相等和的過程中，五代"平王"號也結束了其歷史使命。

第二章　五代"中國"之道制——以後唐為中心——

以往的研究認為：從唐代後半期到宋代初期所謀求的是行政、財政、軍事的中央集權化。但是，若注意到當時州縣的上級政治區畫—藩道的機構、消長的話，就不能一概而論地說這是中央集權化。於唐代後半期實質上誕生的道制，在五代時作為比州範圍更廣泛的政治區畫發揮了作用。評價位於中央與州縣中間的藩道在五代後唐時所發揮的作用是本稿的目的所在。

在五代後唐時期幾乎所有的州都形成了由2～4個州組成的藩道，而且全部被配置到了直接支配領域，形成了該領域支配體制的根基。雖然在大藩道的分割事例以及直屬州的存在得以確認，但藩道本身是在五代時期積極設置起來的。屬州與藩道的關係是：由中央政府發給屬州的命令及屬州給中央行政府的上奏都必須經過藩道，通過各種行政級別屬州進入到了其統屬之下。任命屬州的長官即刺史的人事權掌握在中央行政府手中，對藩道有規制的一面，但這種由中央政府將地方政治委任給藩道這一情況也直接體現在了地方的財政構造上。當時的財政採用了將各州縣上繳的租稅分為交納給中央和地方系留的制度，後者的地方財政充當到了以藩道的軍事為中心的經費之中。與中央財政不相關的獨自裁量的地方財政主要由該地長官運營或者將其私財化。將稅物系留到地方這一制度正如北宋的政治高官所主張的：這是一個中國國家應該有的財政構造。

第三章　吳越國王及"真王"概念——五代天下之形成，其一——

五代十國的研究本來是在唐宋變革的命題之下進行的，因此我們要了解這一

時期的過渡性性格。但是換一個角度思考，為什麼在該時期出現了五代十國這樣的狀況呢，這是本篇論文的問題所在。分析該問題的方法是將五代及十國相互聯繫起來，它們擁有一個秩序體系，通過最能體現這兩者關係的吳越國王的權力結構進行了探討。

具體探討了五代諸王朝下達給吳越國王的冊命文。在此出現的吳越國王並沒有超越天子的身分，但是根據關於服飾等的表現，可以看出將他定位在了諸侯及其他十國的王之上。在冊命文上將其位階表現為“真王”，這並不是冊命文的概念性的表現，而是在本質上體現出了“真王”之含義。

吳越國王向五代諸王朝繳納了各種各樣的貢獻，筆者將各種貢獻作成表，對內容仔細地進行了分析，發現可以將這些貢獻品分為加工品及原材料兩大類。而且吳越國的貢獻趕在五代諸王朝的元會時，以原材料的土貢為主，藉此顯示出了政治上的從屬關係。另外，憑藉天下兵馬都元帥一職對諸國有征伐權、監督權，到達了諸侯、十國的頂點。

在五代十國期，所謂的“中國”只象徵著五代的實行支配地域，該中國通過對十國下達冊命而形成了一定的秩序結構。吳越國王＝“真王”是該秩序結構的監督、維持者。這樣就形成了五代十國的“天下國家”。

第四章　五代時期“中國”與諸國之關係——五代天下之形成，其二——

本章將綜述“中國”與諸國的關係，進而整體性地把握天下秩序。包含在“天下秩序”中的諸國被劃分為兩種，一種是得到“中國”封爵的封爵國，另一種是沒被封爵的期望保持對等關係的敵國。敵國不久之後可能會自稱皇帝或國王，國主也被“中國”皇帝所認可，作為“國”是被容許的。而且自稱國主的敵國對“中國”皇帝進行私人性質的贈與行為即進奉，建立了私人之間的人際關係。而封爵國在進奉的同時，也繳納了同等的為建立政治從屬關係的貢獻，通過物品推動了天下的結構化。而且還徵收了封爵國的商稅，與人戶支配有關的兩稅被諸國所採用。

第五章　九世紀之東亞海域及海商——徐公直與徐公祐——

很早以前我們就知道在空海的書簡集《高野雜筆集》的末尾處混入了給與空海沒有直接關係的渡日唐僧義空的書簡。但是，因該書簡大部分缺少記年，利用時需要慎重，所以至今還沒有詳盡的分析及研究。因此本文對該書簡進行了分析，盡可能地闡明了記年。由此可以判明各種各樣的史實。其中具體內容是追尋了在書簡中登場的出身於浙東地域婺州的徐公直及徐公祐兄弟的活動，最終闡明了九世紀日本大宰府鴻臚館對唐商到來與對其規制及交易方法的對應，以及把握了在日唐間進行交易的浙東海商的動態。該浙東海商原本出身於兩浙地域的山間盆地部，之後移居到沿海城市從事了海上交易。綜上，論述了在該時期兩浙地域進入到東亞海域，與活動在當地的海上商人、僧侶以及刺史等當地的公的權力者建立了互酬關係。

第六章　唐末杭州都市之勢力形成及地域編成

唐代後半期以後的地域分節構造為地域及都市帶來了什麼呢？本文特別要考察在唐末浙西、浙東地域的城市中所見到的武裝勢力的特點。我們看到位於長江三角洲南端的杭州，在受到黃巢之亂這一社會不安因素的影響之後匯集了武裝勢力。這一情況出現在當時比較發達的運河及支流上以及與此有聯繫的塩業務機構所在的城市，武裝勢力試圖相互聯合，構築婚姻關係。而在浙東地域，可以看到在山間部結成了武裝勢力，但是只是個別地、分散地配置於山間立寨中。而在縣城等地看到了流賊的流入。在杭州結成的武裝勢力將堅固的聯合做為基礎並將其擴大，通過排除流入流賊而吞併了浙東地域，最終在以杭州為中心的浙西、浙東地域進行了再編。

第七章　未完之海上國家——吳越國的挑戰——

在思考前近代中國社會國家之際，中華秩序的問題佔有很大比重這一想法是不可避免的。所謂中華秩序是指政治秩序圈的一種形態，是對世界的秩序化，在

前近代的中國國家被普遍應用。然而我們更需要探討的是：在政治秩序圈的其他形態中，並不僅僅有以大陸為基軸的中華秩序，以海上為基軸的秩序圈也具有現實的可能性並被摸索這一事實。本文的目的在於通過考察這一問題，使其對中華秩序進而對政治秩序圈有更豐富的理解。

在唐王朝這個中華秩序崩潰時，在中國大陸的周邊摸索新的政治秩序圈的正是吳越國。與當時有通交往來的朝鮮、契丹、日本的關係也充分體現了這一點。對朝鮮進行封爵，當初也試圖同契丹締結同盟關係。另外也試圖將日本納入到秩序圈當中。同樣，與中國內地的閩及南漢也擬制了家族關係並締結同盟關係，由此鋪設了好似環繞大陸一周的海上政治秩序圈。也可被稱作為“海上國家”的初期吳越國的這種情況，被當時已經展開的東支那、南支那海交易圈所牽引。9世紀在東支那海上有廣泛的商人活動，朝鮮、日本、兩浙等地相互密切相連，而且同南支那海也相互聯結。其中兩浙發揮了聯結點的作用。在這樣的狀況中，吳越國構想了以交易圈為中心的國家形態。但是最終卻被中原王朝的中華秩序所涵蓋。

第八章　港灣都市，杭州——五代之都市，地域，海域——

隋唐時期在大運河的南端設置了杭州，杭州與運河緊密相連，正如五代宋時所看到的：作為海港它是不安定的。流過杭州南端的錢塘江令其與海域的聯結不安定是其主要原因。

進入五代以後，將杭州作為首都的吳越國在南岸修建了防波堤，並對水門及渡口、道路等港灣設施進行了整修，整修的結果是：杭州首次位於錢塘江的河口處卻能夠安定地、永久地出入海域。在此可以說杭州是以港灣都市開始的。另外由於杭州成為了中心點，兩浙地方內的聯繫也變得容易了。

杭州從運河都市轉變為港灣都市，其機能變化之背景在於五代當時的政治狀況以及海外貿易窗口的轉移，這種窗口的轉移是指唐末至宋代自以揚州為中心的長江河口向以杭州為中心的錢塘江口的轉移。在這種背景的支持下，杭州作為港灣都市發展起來，最終作為錢塘江河口附近的港灣中心而活躍。本文通過捕捉都

市機能的變化，進而考察中國港灣都市發展的一例。

結論

五代時期的天下秩序在意識形態上被保護，在與現實社會相磨合的過程中使用了各種各樣的裝置被創造出來。這些裝置分別是：在該時期所見到的為了空間畫定、維持的平王、真王、為了“中國”實際支配的道制以及為實現“中國”與諸國關係的進奉、貢獻、上供。而且在該天下秩序之中，構成天下的諸國方面也超出天下這一範圍摸索著國家秩序的結構，推進了獨特的在地形成。吳越國的國家秩序與天下秩序未有分歧，其中包含了兩者並存的轉機。綜上，五代天下秩序之特點是：它並不是只將自身發信的秩序作為存在的必須條件，也將與諸國之國家秩序的關係作為存在的必須條件。這樣的天下秩序並不僅限於五代，在西周的天下萬國期就已經萌芽了。此外三國時期也在該天下秩序的基礎下諸國之間相互聯繫，分裂時期的天下秩序，規定了統一型天下秩序及與之對比的萬國型天下秩序，在此可以下結論說在其相互轉用的過程中天下秩序做了膨脹、收縮運動。

索　　引

つ

て

と

な

に

ね

は

ひ

ふ

へ

ほ

ま

み

む

◎著者略歴◎

山崎覚士（やまざき・さとし）

1973年大阪府生.
大阪市立大学大学院文学研究科後期博士課程単位取得退学.
博士(文学).
佛教大学歴史学部歴史学科准教授.

〔主要論文〕
「宋代両浙地域における市舶司行政」(『東洋史研究』69巻1号, 2010年6月)
「天聖令中の田令と均田制の間」(『唐代史研究』11号, 2008年8月)
「貿易と都市――宋代市舶司と明州――」(『東方学』116輯, 2008年7月)

佛教大学研究叢書12

中《ちゅう》国《ごく》五《ご》代《だい》国《こっ》家《か》論《ろん》

2010(平成22)年11月30日発行

著　者　山崎覚士
発行者　佛教大学長　山極伸之
発行所　佛教大学
〒603-8301 京都市北区紫野北花ノ坊町96
電話 075-491-2141(代表)
制　作
発　売　株式会社　思文閣出版
〒606-8203 京都市左京区田中関田町2-7
電話 075-751-1781(代表)

印　刷
製　本　株式会社 図書印刷 同朋舎

© Bukkyo University, 2010 ISBN978-4-7842-1545-4 C3022

『佛教大学研究叢書』の刊行にあたって

二十一世紀をむかえ、高等教育をめぐる課題は様々な様相を呈してきています。科学技術の急速な発展は、社会のグローバル化、情報化を著しく促進し、日本全体が知的基盤の確立に大きく動き出しています。高等教育機関である大学も、その使命を明確に社会に発信していくことが重要な課題となってきています。

本学では、こうした状況や課題に対処すべく、先に「佛教大学学術振興資金」を制度化し、教育研究の内容・成果を公表する体制を整備してきました。その一部はすでに大学院、学部の研究紀要の発行などに実を結び、また、通信教育課程においては鷹陵文化叢書、教育学叢書、社会福祉学叢書等を逐次刊行し、研究業績のみならず教育内容の公開にまで踏み出しています。今回の『佛教大学研究叢書』の刊行はこの制度化によるもう一つの成果であり、今後の本学の研究を支える根幹として位置づけられるものと確信しております。

研究者の多年にわたる研究の成果は、研究者個人の功績であることは勿論ですが、同時に、本学の貴重な知的財産としてこれを蓄積し、活用していく必要があります。したがって、それはまた特定の研究領域にのみ還元されるものでもありません。社会への発信が「知」の連鎖反応を呼び起こし、延いては冒頭にも述べた二十一世紀の知的基盤社会を豊かに発展させることに、大きく貢献するはずです。本学の『佛教大学研究叢書』がその貢献の柱になることを、切に願ってやみません。

二〇〇七年三月

佛教大学長　福原隆善

山崎覚士(やまざき　さとし)…佛教大学歴史学部歴史学科教授

佛教大学研究叢書 12

中国《ちゅうごく》五《ご》代《だい》国《こっ》家《か》論《ろん》（オンデマンド版）

2016年9月20日　発行

著　者　山崎　覚士
発行者　佛教大学長　田中　典彦
発行所　佛教大学
〒603-8301　京都市北区紫野北花ノ坊町96
TEL　075-491-2141(代)
制　作
発　売　株式会社 思文閣出版
〒605-0089　京都市東山区元町355
TEL　075-533-6860　FAX　075-531-0009
URL　http://www.shibunkaku.co.jp/
装　幀　上野かおる(鷺草デザイン事務所)
印刷・製本　株式会社 デジタルパブリッシングサービス
URL　http://www.d-pub.co.jp/

©Bukkyo University, 2016

AJ803

ISBN978-4-7842-7019-4　C3022　Printed in Japan

本書の無断複製複写（コピー）は，著作権法上での例外を除き，禁じられています